U0954792

股权激励项目实战

高建华◎著

電子工業出版社
Publishing House of Electronics Industry
北京•BEIJING

内 容 简 介

本书是国内首本将股权激励视作一个项目来系统诠释的实战类图书。全书以“带学习者成为股权激励项目实操专家”为主线：从引用“二元”思维模式带领股权激励学习者入门；到使用通俗的语言帮助学习者掌握 19 种常用激励模式的应用；再到教学习者如何运用“六定、二来、一去”的设计系统构建适用的股权激励方案；最后介绍如何进一步做好股权激励方案的落地实施及后期管理。书中除介绍股权激励项目的专业知识和架构外，还介绍了如何运用大多数人想不到的独特思路和方法完成难度较大的工作项目，以获得跨越式的进步。

未经许可，不得以任何方式复制或抄袭本书之部分或全部内容。
版权所有，侵权必究。

图书在版编目（CIP）数据

股权激励项目实战 / 高建华著. —北京：电子工业出版社，2020.5

ISBN 978-7-121-38549-0

Ⅰ. ①股… Ⅱ. ①高… Ⅲ. ①股权激励－研究 Ⅳ. ①F272.923

中国版本图书馆 CIP 数据核字（2020）第 031627 号

责任编辑：黄爱萍　　　　特约编辑：田学清
印　　刷：北京天宇星印刷厂
装　　订：北京天宇星印刷厂
出版发行：电子工业出版社
　　　　　北京市海淀区万寿路 173 信箱　　　　邮编：100036
开　　本：720×1000　1/16　印张：20.25　字数：426.4 千字
版　　次：2020 年 5 月第 1 版
印　　次：2020 年 5 月第 1 次印刷
定　　价：89.00 元

凡所购买电子工业出版社图书有缺损问题，请向购买书店调换。若书店售缺，请与本社发行部联系，联系及邮购电话：（010）88254888，88258888。

质量投诉请发邮件至 zlts@phei.com.cn，盗版侵权举报请发邮件至 dbqq@phei.com.cn。

本书咨询联系方式：010-51260888-819，faq@phei.com.cn。

推荐序一

一个人、一本书、一件事

经过五年多的酝酿、准备、写作和完善，这本凝聚着高建华老师心血和智慧的《股权激励项目实战》终于和大家见面了！

第一次了解高建华老师，是听高老师讲授的微课，微课是一个语音课，不见其人，只闻其声。高老师的声音自信、舒缓，把如何讲好微课的关键点娓娓道来，一个多小时的微课中融入了孙子兵法的微课示例，知识丰富、生动有趣，使人收获良多，课程主页上的高老师知性优雅、美丽端庄，给人留下了深刻的印象。

第二次接触高建华老师，是在朋友组织的分享会上，分享会的主题是《如何讲出接地气的好课》。到达会议地点后，我一眼就认出了主讲嘉宾高建华老师，高老师当时在修改、完善自己将在分享会上使用的 PPT，直到分享会开始前十分钟起身和大家点头微笑。当我看到课程开始时的 PPT，便理解了什么叫作“追求完美”，正如高老师所言：“我讲的所有内容仅代表自己当下的观点，也许明天再讲，很多内容将有所调整。学习就是时刻思考，不断更新甚至是推翻自己的过程！”整个分享会持续了一个多小时，高老师从理论讲到实践、从形式讲到内容，并结合自己讲授股权激励课程的经验做了一个完美的讲座。

第三次深入和高老师沟通，知道高老师正在撰写这本书，我深感敬佩，感觉高老师在做一件特别有意义的事情。以华为公司为例，华为取得的业绩和成就令世界瞩目，华为的成功有很多原因，而实施力度超大的股权激励也是推动华为飞速发展的一个重要因素。任正非先生于 1987 年创立华为公司，从 1990 年起华为开始实施内部股权激励项目，至今已经进行了四次大规模的股权激励。我到华为考察时发现员工津津乐道的事项之一就是去年和前年的分红是多少，入职较早的资深员工拿到的分红已远超薪酬收入，华为的员工早已经与企业结成了命运共同体，使得华为的长期快速发展有了重要保障。从这个角度来说，高老师是在用自己的努力推广一项行之有效的企业管理制度和方式，用自己的努力在推动中国企业的进步和发展。

目前关于股权激励的书籍不算少，但是这本书的特色很明显。本书正文分为七章，以股权激励的知识体系为根基，按照实施股权激励项目的步骤有序推进，而且提炼了 27 个股权激励的案例穿插在不同的章节中，做到了理论和实践的紧密结合。全书贯彻了一个主要目标——帮助读者及企业管理者“成为专家，项目落地”。这本书凝聚了高老师的心血和智慧，更饱含着高老师满满的诚意和期望，在此祝愿高老师实现自己的心愿，愿股权激励这项行之有效的企业管理制度能在中国企业中推广开来，助力中国企业进步发展！

郭校敏

中国民航机场建设集团有限公司人力资源部总经理

推荐序二

让你的股权激励方案充满个性

在接触到建华之前，前前后后也见过不少做股权激励咨询的公司和团队，风格各异：有的经验丰富，能将几十家甚至上百家的上市、准上市公司的案例如数家珍；有的阵容豪华，拥有金牌咨询师、“五大咨询公司”①背景、上市公司人力资源副总裁等头衔，光环耀眼；有的路径清晰，愿意免费授课、免费辅导、免费咨询，情深意切。但可能是我太挑剔的缘故吧，总是觉得差了点什么。

第一次见到建华，我在想是不是人事部嫌我太难伺候，找了家资质一般到不能再一般的公司来管理我的预期，以促使我尽快做出决定。但建华的第一句话就改变了我的看法，她说：“曹总，我没有方案模板，我也不会拿任何案例的模板把你们的需求修改进去，来作为一数科技的股权激励方案。我希望最终给你的是完全基于一

① 指 IBM 咨询（含普华永道）、凯捷安永咨询、毕博咨询、德勤咨询、埃森哲咨询五家世界知名咨询公司。

数科技自身特点和需求而定制的方案，这套方案只适用于一数科技，也只能用于一数科技。”当时我眼睛一亮，心想，应该就是她了。

与建华合作的商务条款的商谈很顺利，她和我说：我做多少事就收多少钱，项目费用完全取决于方案的内容和定制方案的复杂程度。在接下来的时间里，我面对最多的就是建华的各种提问，她很善于提出问题。她的问题至少有两层价值：不仅巧妙地培训了我这个在股权激励及一、二级市场方面半文盲的CEO；而且更重要的是，帮我梳理清楚了股权激励项目里面每个细小的环节，公司想要达到的目的，以及该环节设置对整体方案、对公司、对每名参与到和参与不到该方案中的员工的影响。最终方案的出炉，毫无悬念地令我十分满意，原因很简单，因为我几乎和建华的团队一起设计了方案中所有的关键设置和条款描述，这是一份专属于一数科技的股权激励方案。

建华的团队为一数科技设计的股权激励方案目前已经执行了两期，覆盖 70 多名核心员工。我期待着和她再一次的合作，也期待着她的新书发行。

预祝建华新书成功！

曹腾

一数科技 CEO

前言

我这前半生做了很多“有心栽花花不开，无心插柳柳成荫”的事，包括我十几年的人力资源职业经历及走上股权激励之路，当然，还有这本书。

为什么要写这本书？因为“水到渠成”。很多听过我股权激励课程的学员朋友们呼吁：“高老师，写本书吧！”经过几年的沉淀，书的架构早就在脑子里，很幸运在恰当的时候遇到电子工业出版社，是时候让它出版了。

这本书有什么不一样

1. 将股权激励视作一个项目来诠释

最近几年，我发现自己的爱好竟然是安静地研究一些自己感兴趣的事情。我在创作这本书之前，认真地查阅了相关资料，并对这些资料进行了细致的分析。

我在实际实施股权激励项目后发现，股权激励绝非一个方案或制度，而是一个需要单独立项，并且需要专门成立项目组来实施的项目。

在股权激励项目初期，需要对公司进行全面梳理，包括总体战略、商业模式、运营流程等，还需要优化公司的股权架构设计，以及在公司管理结构更加完善，公司未来融资更加顺畅的前提下，进行股权激励方案的设计、方案的实施、后期的管理、风险的管控、结果的分析。

2. 这本书更关注读者的学习体验和效果

本书所包含的内容除了股权激励项目全面导入及实施股权激励项目的必备知识和技能外，还有许多能对读者有帮助的人际关系处理技巧、咨询的技术、高效会议的组织等适合职场人直接应用的方法。

本书之所以命名为《股权激励项目实战》并附语："带你成为股权激励项目专家"，源于我"希望有更多的朋友加入稀缺的股权激励项目咨询师队伍中来"的初心；为此，我总结出了"成为股权激励项目实施专家的能力模型"供读者参考。

我是如何走上股权激励之路的

六七年前，一位前同事找到我，说自己创业了，开了一家互联网金融公司。公司已经度过产品验证阶段进入规模扩张阶段，并获得了千万元级天使投资，希望我帮忙推荐一位股权激励专家，为其公司设计股权激励方案。

我动用了各种资源，也没有为他找到合适的人选。当我非常遗憾地告诉他实在是没有合适人选时，他说："建华，你来做吧！我认为你肯定行！"

我愣了一下说："我没有做过！"

他说："我了解你！你没有问题的，只要你想做，一定会做得非常好！"

"好的！我试试。如果能用，你就拿去用；不能用，就当没这回事儿吧！"我当时这样回复他。

带着这份信任，我"闭关"一周，四处查资料，那时候没有什么专业的股权激励书籍，网上的案例也很少，在有限的资源下，我凭借阅历、经验、所学为其撰写了《×××公司利润分享及虚拟股权激励方案》。之后，应邀到该公司给所有股东进行了现场讲解。股东们对该方案评价很高，并且按照该方案实施了股权激励计划，不仅提高了员工的工作积极性，而且公司业绩得以提升。

前同事为表示感谢，还支付了感谢费。这就是我的第一个股权激励咨询项目，我永远都会记得这位前同事，永远感谢他那句“我认为你肯定行！”

后来，我和我的搭档黄艳芳老师陆续为多家公司的股权激励项目提供了咨询服务。

“认真做好自己决定做的每一件事，剩下的交给时间！”这是我的座右铭。

请自我评定当前的你是否适合阅读本书

以下自评问题满分为 10 分，得分在 5 分以上的建议仔细阅读本书，得分在 8 分以上的一定要将此书读三遍！

1. 我未来希望从事股权顶层设计、股权激励咨询方面的工作。2 分
2. 我现在所任职的公司需要我负责股权激励项目。2 分
3. 我从事 HR 工作 5 年以上，未来希望成为 HR 高管。2 分
4. 我对公司的长期股权激励设计感兴趣。1 分
5. 我在创业或未来有创业的计划。1 分
6. 我未来想从事与资本运作相关的工作。1 分
7. 我未来有可能获得公司的股权，成为被激励的对象。1 分

把自己调整至阅读本书的最佳“姿势”

1. 确保读过目录前的所有内容后，认真读读目录，了解本书的逻辑架构。

2. 在打开每一章内容前，先认真读读思维导图。

3. 对于没有股权基础知识的朋友，建议按顺序阅读本书；有股权基础知识的朋友，原则上建议按顺序阅读，也可按实际情况选读部分章节。

4. 若需要在公司实操股权激励，或者想成为这方面的专家，本书一定要读三遍：第一遍通读；第二遍边做笔记边读；第三遍看自己的笔记，选择重点章节再次阅读。

5. 若有问题可以先记录下来，有的问题读完全书，自己就能找到答案，实在找

不到答案的，可以按照封面上的联系方式，向我提问。

6. 劳逸结合效率更高，累了，就闭上眼睛休息一下！

你负责你的学习收获，我负责写“真材实料”

相信你在认真阅读本书后，一定会收获有关股权激励项目导入及实施的知识和技能。我也深信有很多朋友会从书中领悟到“如何让自己成为高潜能人才的思维方式及解决问题的方法”这句话的含义。

这是一本以如何更好地帮助你成为股权激励项目落地专家为目标的书。为便于不同基础的读者阅读和理解，本书内容通俗易懂。因为我本人不是学术研究者，所以本书不是学术研究成果，而是我的一些经验总结。从学术研究的角度讲，本书难免有不够严谨的地方，敬请谅解！

关于本书中的术语解释

首先声明：股权激励不是“1+1=2”的数学题，以下术语解释仅代表我对本书中的一些术语的解释。

术语名称	术语解释	应用范围
等待期	指标的授予与行权之间的时间	期权授予时至行权前的时间
授予	指签订股权激励授予协议的时间点	各种标的都有授予
行权	指受让股权（购买股权）	一般用于权益类激励标的（如期权）
行权期	指可行权日至行权结束日	一般用于权益类激励标的（如期权）
认购	指签订授予协议时购买标的的行为	一般用于实股激励（如期股）
认购期	指可认购日至认购结束日之间	一般用于实股激励标的
限售期	指限制可以转让的时间	一般用于限制性股权
对价	指获得股份所需要支付的对应的本金	用于所有需要支付本金获得的标的
配股	指分配股份（一般指预分配）	在股权激励方案中对分配股份的简称
兑股	指实际兑现股份（指实际获得）	用于激励方案中实际获得的股份
股份（票）	指股东持有的公司的份额	非上市公司为股份，上市公司为股票
公司	指有限责任公司及股份公司	—
企业	指所有法人主体	—

目录

第 1 章

带你入门：用“二元”思维重新认识股权激励

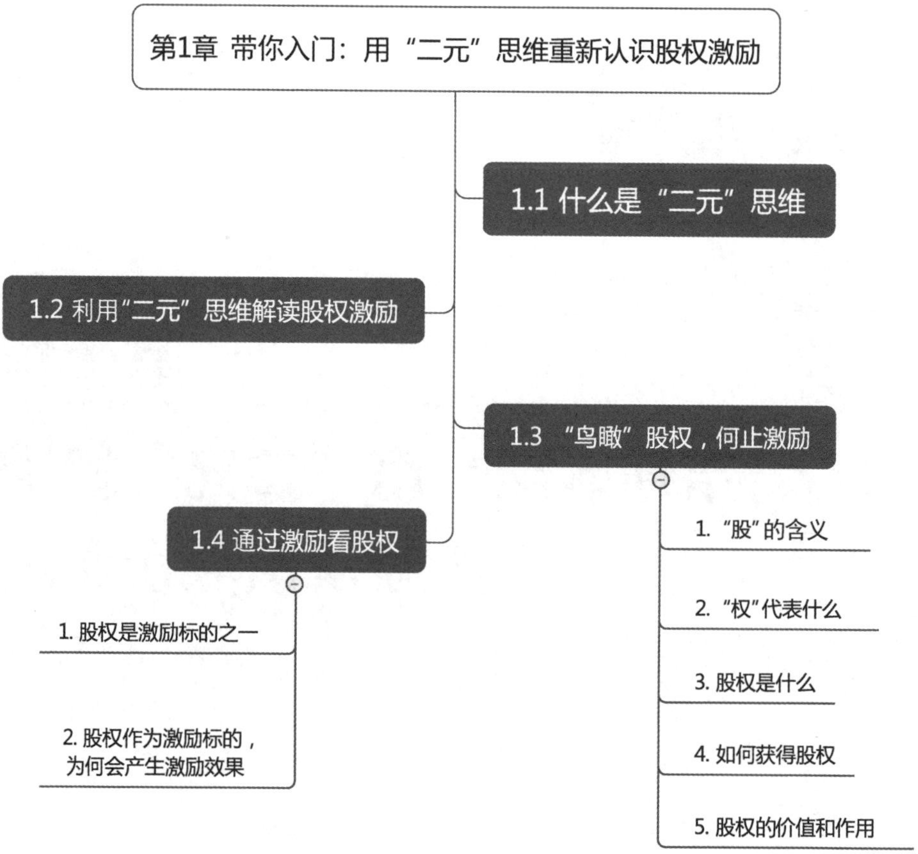
第1章 带你入门：用“二元”思维重新认识股权激励
1.1 什么是“二元”思维
1.2 利用“二元”思维解读股权激励
1.3 “鸟瞰”股权，何止激励
1. “股”的含义
2. “权”代表什么
3. 股权是什么
4. 如何获得股权
5. 股权的价值和作用
1.4 通过激励看股权
1. 股权是激励标的之一
2. 股权作为激励标的，
为何会产生激励效果

1.1 什么是“二元”思维

“二元”思维通俗来讲就是人们无意识的一种对立式的思维方式。它的常见表现形式为不是黑的就是白的；不是对的就是错的……

如果持这样的思维方式面对生活会很累，还有可能陷入人际关系的僵局。但是，凡事皆有两面性，将这种对立式的“二元”思维方式用在股权激励的学习中，会帮助我们快速理解并记忆一些理论知识。

1.2 “二元”思维解读股权激励

股权激励在“二元”思维的世界里，不是股权就是激励；二者孰重孰轻？我们是站在股权的角度来理解激励？还是站在激励的角度来研究股权？

先说股权，这里的股权指股东的权利，特指股东基于股东资格而依法享有资产收益、参与重大决策和选择管理者等权利。

再说激励，通常是指组织运用各种方法激发员工的工作积极性，从而达成组织目标，而股权在激励中则为诸多激励方法中的一种。

本书的重点是股权激励，落脚点在“激励”二字上。股权激励既是公司长期激励计划中的一种，又表示公司管理者会运用公司的股权作为标的来激励员工。

1.3 “鸟瞰”股权，何止激励

在学习股权激励前，我们必须先了解股权。这与我们要学习开车，必须先了解“车是什么”的道理是一样的。

在这里之所以用“鸟瞰”二字，是因为其意为从高处向下看。我一直有一个习惯，遇到全新的事物，我会把自己想象成一只在天空中翱翔的鸟，向下俯视，以便看清事物的全貌，用全面的视角来认识它。站在一定的高度，鸟瞰股权，如图 1-1 所示。

图 1-1

“鸟瞰”股权，我们会发现它关系到公司的管理结构、投资与融资、人才吸引和激励。本书的重点是如何运用股权进行对人才的激励，而股权激励方案的设计与实施都必须在公司管理结构更加完善、未来融资更加顺畅的前提下进行。

如此，股权到底是什么？我们没有人看得到它或者摸得到它，它虽然无形但确实存在。

为了便于理解，我们将股权拆解为“股”和“权”。

1. “股”的含义

股，原意是指人体胯与膝盖之间的部位，引申为事物中的一部分。获得股权，相当于获得了公司的一部分所有权。与“股”有关的术语解释如图 1-2 所示。

图 1-2

在有限公司中，通常用“股份比例”来表示公司股份的一部分，最大为 100%；在股份公司中，通常将公司的股份分成若干相等的份数，没有最大数量的限制。

2. “权”代表什么?

权：代表权利，这里特指股东所享有的权利。《中华人民共和国公司法》赋予股东的权利包括但不限于以下几点，如图 1-3 所示。

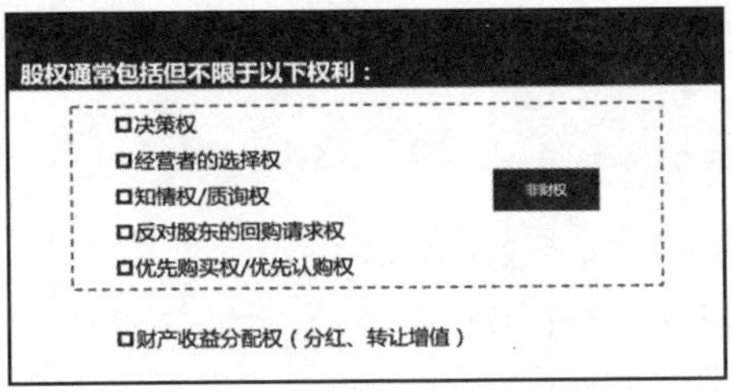

图 1-3

而从股权激励的实际应用角度而言，获得股份激励的对象所享受的权利通常取决于契约的具体约定，大多数情况下以财产收益分配权为主，具体受股权激励目的及具体应用模式的运用而有所差别，本书后续章节会有说明。

3. 股权是什么

抛开股权本身的含义及法律赋予的意义，依我个人理解：股权是拥有者间的责任与权利的契约及价值和利益的载体；股权是承载创业者的梦想之舟；股权是价值交易过程中的“货币”；当然股权还是激励方案设计中的标的。

4. 如何获得股权

股权是一种稀缺资源，任何人想要得到它都需要付出相应的代价，而这种代价必须是可以换算成货币进行计算的。法律允许的获得股权的出资方式，如图 1-4 所示。

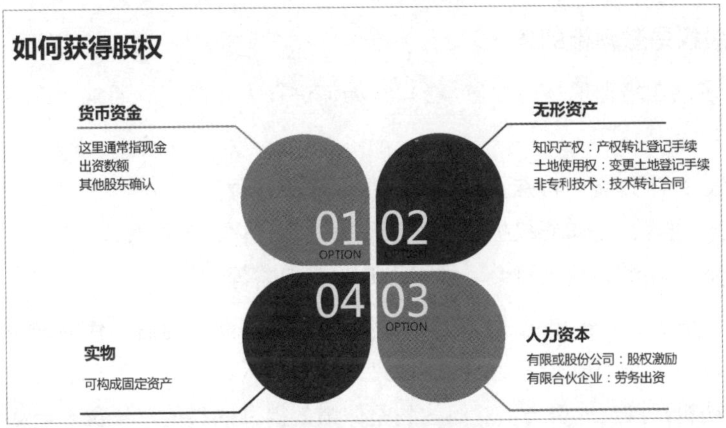

图 1-4

5. 股权的价值和作用

对于个人而言，股权是良好的财富增值的载体，更是未来持有资产的一种重要方式；持有优质的股权资产，是多数人的追求。

对于公司而言，股权在公司管理、投资与融资、人才激励等方面发挥着举足轻重的作用。

（1）股权比例与公司管理

- 67%：绝对控制权（大于 2/3 表决权）。
- 52%：相对控制权（大于 1/2 表决权）。
- 34%：一票否决权（大于 1/3 表决权）。
- 10%：有权申请召开临时股东大会。

（2）股权与投资和融资

- 融资：公司可直接用股权进行融资，也可用股权进行质押，称为债权融资。
- 投资：企业或个人根据未来发展规划或者实际需求进行投资，成为被投资公司的股东。

（3）股权与激励

股权在公司人才激励中是非常重要的激励标的，如何更科学地运用股权做好激励将是本书后续内容的重点。

1.4 通过激励看股权

1. 股权是激励标的之一

我曾多次在培训现场问学员，公司该如何进行人才激励？通常回答不外乎以下几种方式。

- 奖金：年终奖、特殊贡献奖、业绩提成等各种奖金。
- 工作内容：工作职权扩大化、工作方式多样化、轮岗等。
- 其他：旅游、培训机会、授权、升职、加薪等。

总之，很少有人提出运用股权进行人才激励。其实，随着时代的进步，很多公司开始觉醒并且深刻地意识到，与其通过外力促使人才努力工作，永远不如让人才产生内在动机，自发地努力，从而达到整体绩效提升的目的。从我多年从事人才长期激励方案设计及应用实践来看，将股权作为激励标的，更有利于公司吸引及留住优秀人才。越来越多的职场精英将是否提供股权激励作为优质雇主的衡量指标之一。

2. 将股权作为激励标的，为何会产生激励效果

将股权作为激励标的并运用得当，会产生非常明显的激励效果；而激励效果产生的机理是什么，让我们从与其直接相关的五大理论来分析，如图 1-5 所示。

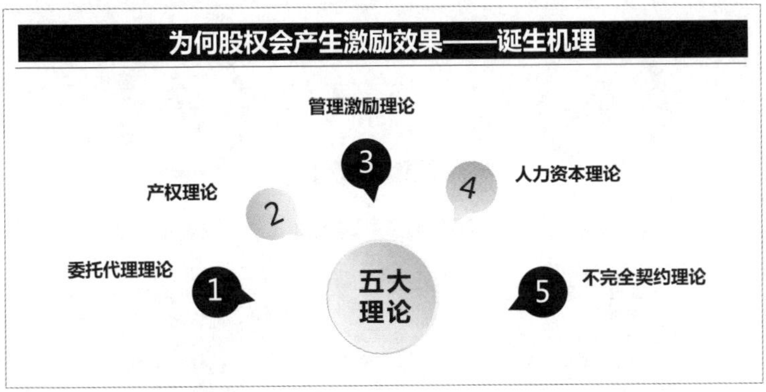

图 1-5

（1）委托代理理论

委托代理理论，由美国经济学家伯利和米恩斯于 20 世纪 30 年代提出。因为他们发现公司所有者兼经营者的做法存在弊端，于是提出了“委托代理理论”。委托代理理论倡导所有权和经营权分离，公司所有者保留剩余索取权，而将经营权让渡。“委托代理理论”之所以早已成为现代公司管理的逻辑起点，有众多原因。

- 委托人与代理人之间信息不对称，导致代理人不能以委托人的利益最大化为目标。
- 所有权与经营权分离，经营者与公司目标不一致，由此产生代理成本。
- 降低代理成本，股权激励就是一种股东约束经理人的良好选择。
- 股权激励可以使经理人成为公司所有者之一，从而消减了双方的目标差异和利益关注点。
- 委托代理理论是股权激励产生的动因，也是股权激励起源的基本理论。

（2）产权理论

西方经济学家认为产权理论是由诺贝尔得主科斯提出的。通过对产权的定义，产生了成本及收益的论述，从法律和经济的双重角度阐明了产权理论的基本内涵。

简而言之，产权理论是站在法律确权及经济价值产出再分配的双重角度来定义资产的权利所属的。

产权理论产生激励作用的原理，如图 1-6 所示。

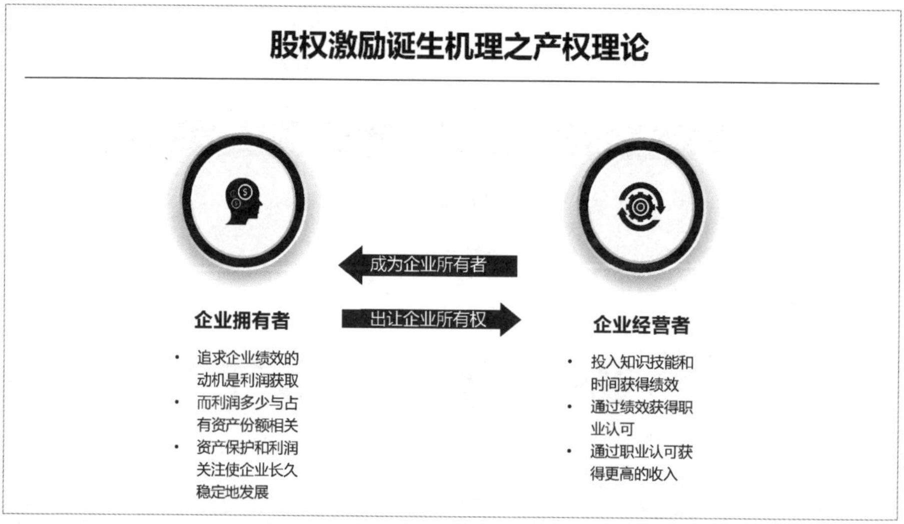

图 1-6

产权理论很好地诠释了股权作为资产的一种形式，使原有委托人（股东）与代理人（职业经理人）因股权（产权）的转让产生目标与价值观趋同从而产生激励效果。

（3）管理激励理论

管理激励理论是指通过特定的方法与管理体系，将员工对组织及工作的承诺最大化的过程。管理激励理论是关于如何满足人的各种需要、调动人的积极性的原则和方法的概括总结。激励的目的在于激发人的正确行为动机，调动人的积极性和创造性，以充分发挥人的主观能动性，实现企业效益最大化。

自 20 世纪以来，国外许多管理学家、心理学家和社会学家结合现代管理的实践，提出了许多激励理论。这些激励理论按照形成时间及其所研究的侧面不同，可分为行为主义激励理论、认知派激励理论和综合型激励理论三大类。

管理激励理论产生激励作用的原理，如图 1-7 所示。

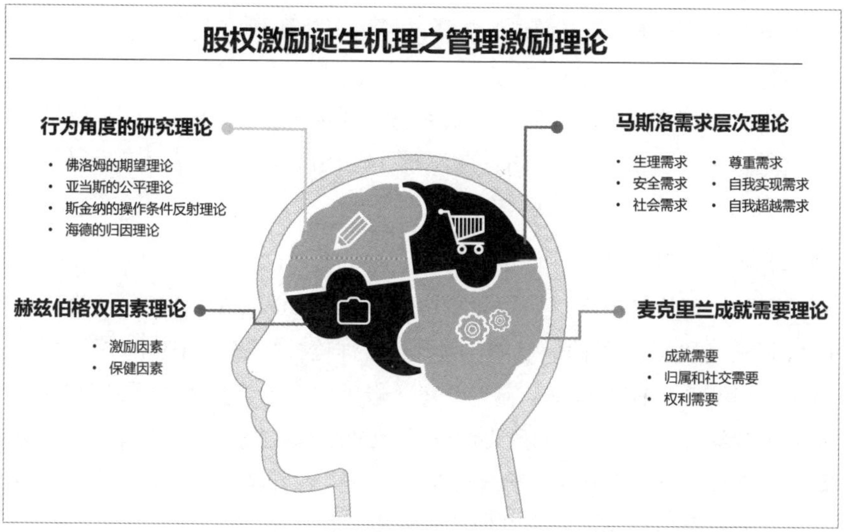

图 1-7

- 从管理激励理论的各学派的理论主张来看，其共同点是激励效果的产生都是源于人的内在动机得到了某种程度的满足，从而自发地产生利于绩效达成的外在行为。
- 由于股权是资产持有的一种特殊形式，将股权作为激励标的不仅满足了人的自我价值实现的精神层面的需求；又因股权持有人对所持股权经济价值的增值预期，使人们自发地努力工作。

（4）人力资本理论

人力资本理论最早起源于经济学研究。20 世纪 60 年代，美国经济学家舒尔茨和贝克尔创立了人力资本理论。该理论认为物质资本指附着于物质产品上的资本，包括厂房、机器、设备、原材料、土地、货币和其他有价证券等；而人力资本则是体现在人身上的资本，即对生产者进行教育、职业培训等支出及其在接受教育时的机会成本等的总和，表现为蕴含于人身上的各种生产知识、劳动与管理技能及健康素质的存量总和。

- 人力资本理论主张社会创造财富价值的要素不只是货币等物质资本，人也是资本要素之一，每个人的知识、技能及健康、时间等要素的总和统称为人力资本。它属于人自身，具有财产性，同时也能增值；应该获得因增值产生的资本收益
- 股权激励即人力资本拥有者根据人力资本价值对公司所做贡献来获取公司

部分剩余索取权，公司通过股权激励可更有效地利用人力资本价值实现公司目标。

- 人力资本作为一种重要的资本要素参与到实体经济投资活动中，资本界也越来越认可并重视人力资本的价值。而公司用股权对优秀人才进行激励，也是对人力资本价值认可的最好方式。

（5）不完全契约理论

不完全契约理论是由格罗斯曼和哈特（Gross man&Hart，1986）、哈特和莫尔（Hart&Moore，1990）等共同创立的，因而这一理论又被称为 GHM（格罗斯曼一哈特一莫尔）理论或 GHM 模型。国内学者一般把这个理论称为“不完全合约理论”或“不完全契约理论”。不完全契约理论以合约的不完全性为研究起点，以财产权或（剩余）控制权的最佳配置为研究目的，是分析公司理论和公司管理结构中控制权的配置对激励和信息获得的影响的重要分析工具。

不完全契约理论告诉我们：由于人们的有限理性、信息的不完全对称性、人们在交易活动中的不确定性、明晰所有契约内容成本过高等，想要拟定完全契约是不可能的。

股权激励的设计即在明晰所有特殊权力成本过高的前提下，经营者有着重要的投资决策权。通过赋予经营者所有权或者剩余控制权来实现资源的有效配置，使经营者同时作为所有者做出利于公司发展的决策，使经营者自发地规范并约束个人行为。

从以上五大理论不难看出，股权激励之所以产生激励效果的最主要的原因是它符合人们的期望，换句话讲，即股权激励人们对未来预期的管理。如图 1-8 所示。

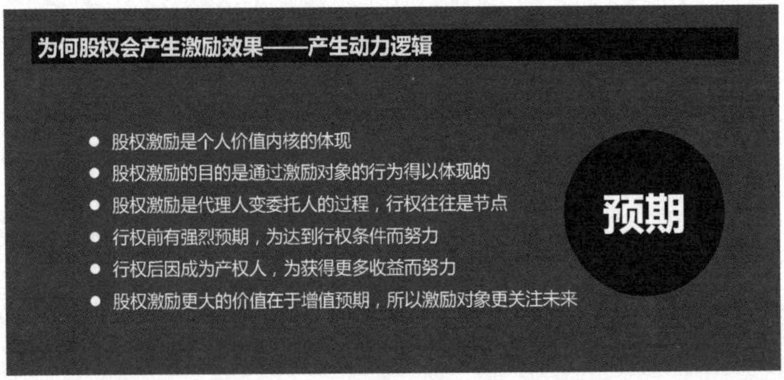

图 1-8

第 2 章

助你掌握：十九种股权激励模式的应用

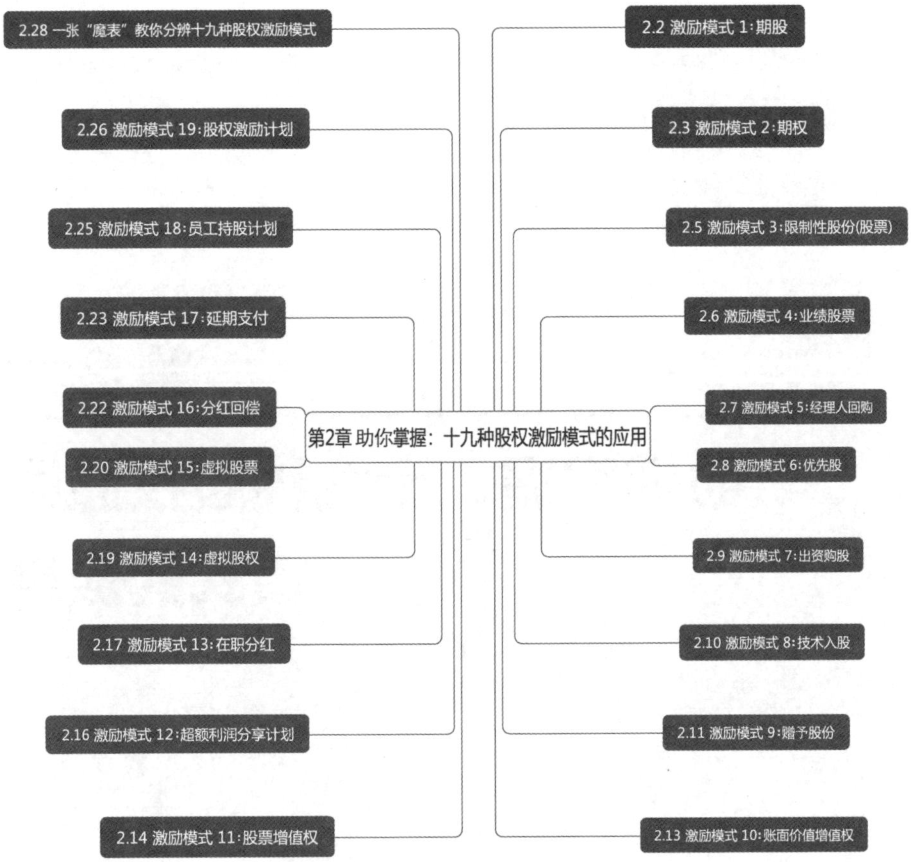
第2章 助你掌握：十九种股权激励模式的应用
2.2 激励模式 1:期股
2.3 激励模式 2:期权
2.5 激励模式 3:限制性股份(股票)
2.6 激励模式 4:业绩股票
2.7 激励模式 5:经理人回购
2.8 激励模式 6:优先股
2.9 激励模式 7:出资购股
2.10 激励模式 8:技术入股
2.11 激励模式 9:赠予股份
2.13 激励模式 10:账面价值增值权
2.14 激励模式 11:股票增值权
2.16 激励模式 12:超额利润分享计划
2.17 激励模式 13:在职分红
2.19 激励模式 14:虚拟股权
2.20 激励模式 15:虚拟股票
2.22 激励模式 16:分红回偿
2.23 激励模式 17:延期支付
2.25 激励模式 18:员工持股计划
2.26 激励模式 19:股权激励计划
2.28 一张“魔表”教你分辨十九种股权激励模式

2.1　为什么是十九种激励模式

如果你曾经了解过股权激励，相信你在很多书中或者是网络课程中都看到过有关股权激励模式的说法。下面我将经常应用的十九种股权激励模式为读者进行系统介绍。本书中的十九种股权激励模式是从广义角度而言的，包含了所有与股权激励相关的模式。

严格来讲，有些所谓的激励模式不能单独作为一种股权激励模式或者不属于股权激励的范畴。例如，超额利润分享计划就属于奖金制度的范畴，与股权基本没有什么联系；再如，员工持股计划和股权激励。本书将这些内容收录在股权激励模式中，一方面是考虑学习内容的关联性，便于读者理解和记忆；另一方面是考虑到大多数人对股权激励的普遍认知习惯。

2.2　激励模式 1：期股

1. 期股的含义

期股是一种公司按照约定的价格，给予激励对象一定数量的股份；激励对象可在一段时间内，以个人出资、贷款奖励等转换形式分期支付相应对价的激励模式。相应对价即在股本金支付完成之前，激励对象不享有完整的股权，通常仅约定其享有分红权。

简而言之，期股是一种可以通过分期付款取得股份所有权的实股激励方式。最形象的比喻莫过于按揭购房。获得股权的激励对象相当于按揭购房者，受让的股份相当于所购的住房；同时也是按揭抵押标的物。与按揭购房一样，激励对象通常也需要缴纳一定比例的首付款，剩余的款项通过股份抵押贷款、分期付款等方式支付股份本金。本金支付完成后进行工商变更，激励对象获得完整股权。

两者略有不同的是，按揭购房通常是购房者将所购房屋作为抵押物向银行进行贷款，用货币进行分期付款后，获得房屋所有权；而期股是股权持有者将所得股份的所有权抵押给公司，用未来的间接货币，如分红、奖金、工资或非货币形式，如工作业绩等进行分期支付后，获得股份的所有权。

2. 期股的特点

期股是实股，大多数情况下期股获得者在付清认购本金后需要进行工商登记实名注册。

期股需要支付对价，授予期股时双方需要签订协议。期股通常在公司早期阶段授予，所以股份价格相对较低；多数公司授予期股时，激励对象需要实缴首期认购资金；期股认购本金除首期款外，剩余款项通常可按双方约定，以货币或非货币方式分期偿还。

在期股认购本金足额付清前，双方通常只约定分红收益权。

3. 期股对公司和激励对象不同的应用价值

（1）对公司的应用价值

因为激励对象获得期股时需要支付对价，故期股有收益共享、风险共担，减少短期利益行为等限制激励对象的优势。公司可以将期股计划当期应支付的奖金以延期股份支付的方式兑现给激励对象，故期股有利于公司资金流使用效率的提高。

（2）对激励对象的应用价值

对激励对象而言，能以较低价格获得公司股权，并通过努力达成公司绩效目标，获得成为公司股东的机会；同时因期股具有分期支付股权对价的特点，可以缓解激励对象购股资金的压力。

4. 如何运用期股激励模式

首先，可以参考以下内容评估公司当前是否适合运用期股激励模式。

- 评估公司未来增长潜力，未来增长潜力越大则公司估值越高，估值越高越适合运用期股激励模式。
- 越是公司早期阶段，往往越适合运用期股激励模式；公司早期阶段股份认购价格相对较低。这里需要特别指出的是必须让激励对象主观意识到股价相对较低。
- 被知名天使投资人或知名投资机构领投的处于创业早期阶段的公司；或者已经经历过股份改制，多数员工对公司未来三年内公开募股有信心的公司。
- 创业发起人尤其是控股大股东有实施股权激励项目意愿的公司。

其次，可以参考以下内容结合公司的发展规划挑选合适的激励对象。

- 与公司签订书面劳动合同且在存续期内的人才。
- 有意愿成为期股受让对象的人才。
- 当前在关键岗位上任职且符合公司价值观的人才。

- 关键岗位的储备人才。
- 联合创始人外的潜在合伙人。
- 强烈希望与公司共同成长的优秀管理人才。

最后，一定要保证股权激励方案合情合理、操作流程规范严谨。

- 期股在实际操作中通常根据实际需求与其他激励模式组合运用，关于不同的激励模式的组合运用策略，您在详细阅读本书十九种激励模式后会有更清晰的理解。

例如，期股与期权组合运用，则为一个有等待期的可以分期付款的实股激励计划；期股与限制性股权组合运用，则为一个有限售期的可分期付款的实股激励计划；期股与在职分红组合运用，则为先虚后实的不需要支付资金的实股激励计划。

- 关于期股激励模式的实际操作，需要注意的是：认购价格不可过高；付款方式必须是激励对象可接受的，同时是利于公司操作的；根据不同的股份来源方式处理好股份的转让或增资等手续；选择合适的持股方式。期股属于实股激励，后续章节会详细介绍关于实股激励各种情形的实际操作。

期股的关键点在“期”字上，主要是指可以通过分期贷款的方式获取股权。说到期股，我们联想“按揭购房”，便容易记住有关期股的一些特点。在股权激励方案中如果用期股作为激励标的，应将重点放在股份本金的支付方式上。

【案例 1】某科技公司期股激励计划

（1）公司背景简介

初创公司，生产并销售世界顶尖技术产品；产品前期硬件团队价值更大；产品后期软件团队价值更大；拥有知名公司天使投资背景；A 轮融资进账；公司成员中的 80%是从世界知名公司挖来的精英。

（2）公司需求分析

股权激励目的为约束并激励现有人才；提升公司对未来所需人才的吸引力；股权激励有助于公司战略的达成；公司短期不盈利，未来增值潜力大；未来五年内创业板首次公开募股的可能性比较大。

（3）股权激励模式设计

限制性股权+期股=限制性期股，如表 2-1 所示。

表 2-1

授予方式	分期授予，当下授予第一期	授予签协议，支付首付款
股份来源	预留股份 20%（800 万股）	由一个股东（CEO）代持
本金支付方式	部分工资回偿支付	四年内按季度扣除
限售设计	无固定期限	首次公开募股前限售期
认购价格	创业元老原始净值定价	其他 A 轮投资前估值折扣
持股方式	有限合伙持股平台	CEO 设一人有限公司为持股平台做 CP
退出机制	3 年内正常本金退出	满 5 年正常本金+利息退出
配股聚焦	股份数量对应阶段工作成果	股份价格与职位级别及入职时间挂钩

（4）激励效果

员工踊跃认购，工作积极性明显提升

2.3 激励模式 2：期权

1. 期权的含义

期权，大多数人提起股权激励时最容易想到的就是期权，甚至有人会认为股权激励就等同于期权。实则不然，那期权到底是什么？

相信大家都会经常收到购物优惠券吧？想想看，每张优惠券上是不是都会有优惠金额、使用权限、有效期？至于优惠券未来是否会被使用，在优惠券的有效期内选择权在持券者。

相较于股权激励标的之一的期权而言，只不过是公司将未来可以选择购买或放弃本公司股份的权利给了激励对象，至于激励对象在有效期内选择购买股份还是放弃股份所有权，完全取决于激励对象本人。

为便于理解，我们可以把“期”与“权”拆开。“期”在这里指的是时间，而且是一段时间，换句话讲，就是未来的而非当前的某一时间段；“权”在这里则为“权利”，这里的权利并非本书前面所指的股东的权利，而是选择拥有股份还是放弃股份的权利。

用一句话来概括期权：期权是一种公司给予激励对象未来在满足一定条件下的某个时间段内以一定价格购买或放弃公司一定数量的股份（股票）的权利。

对激励对象而言，期权不是当前可以获得的股份，而是未来可以受让或放弃受让所在公司股份的权利。

2. 期权的特点

期权是一种可无义务放弃的权利；签订授予合同时不需要支付对价；只在将来行权时才需要支付相应对价以获得股份（股票）。

期权是一种权利，而非直接的股票或股权。

3. 期权对于公司的应用价值

期权的激励价值来源于授予时与行权时的股份差价，而非公司经营净盈利，所以是一种低成本激励策略。期权具有降低用人成本，利于公司资金流的管理，具有在公司实施股权激励项目的过程中无须支付资金的优势，故有“公司请客，市场买单”的说法。

由于激励对象在获得期权时并不需要支付对价，只在决定行权时才需要支付对价，激励对象具有无风险选择行权与否的自由。期权因其风险相对较小且有增值收益的特点，颇受职场人青睐。正因如此，对公司而言，期权不仅具有较好的激励效果，且实施成本相对较低。

4. 期权对于激励对象的应用价值

对于激励对象而言，有是否行权或放弃行权的选择权；如果公司公开募集的股份有财富倍增的可能性；不受约束，风险相对较小。

5. 哪些公司适用期权

处于高速发展阶段，未来估值增长预期较高的公司；当下股价相对较低，未来升值潜力巨大的公司；有可能公开募股的创新型“黑马”公司；被知名风险投资机构领投或跟投的公司；短期内未必赚钱，未来一定值钱的公司。

6. 期权适合激励哪些人才

公司关键岗位的储备人才；当前在关键岗位任职且符合公司价值观的人才；公司未来需要引进的特殊高潜力人才；激励需求高于约束需求的阶段性关键人才；市场稀缺，工资较高，难以获得的人才。

7. 期权的五个关键字

- 关键字一：【签】。指签订期权授予协议。根据公司发展需求设定总体及激励对象个体授予条件并签订期权授予协议。
- 关键字二：【等】。指授予期权后至行权前需要等待的时间；等待期一般不超过 4 年。

- 关键字三：【行】。指行权，即激励对象买入股份或股票的行为；可一次性行权，也可以分期行权，分期行权期不超过 3 年。
- 关键字四：【禁】。指行权后禁止出售的时间；禁售期一般为 1 年。
- 关键字五：【卖】。指禁售期满后，期权可转让变现。

8. 实施期权计划的关键提示

上市公司实施期权计划要认真学习《上市公司股权激励管理办法》，期权计划方案必须符合此管理办法的相关要求；在定价方面要尽量遵循公允价值原则，授予价格应与公司当期股价相当。

非上市公司要考虑行权时公司股份的市价与授予价格之间的合理性；要考虑未来的融资路径和行权时间点的设计，提前约定融资轮次对期权行权价格的影响问题；要考虑不同股份来源相应的行权方式的可操作性；要考虑股份来源，特别是原有股东转让股份的持续性保障；要考虑未来股份的出口变现的设计；如果行权本金过高，需要提前考虑行权资金的来源问题。

【案例 2】某物联网技术公司期权计划实施方案

（1）公司背景简介

某物联网技术公司，其技术在数字音响、艺术、餐饮、航空、出版等行业具有广泛的应用价值。该公司出于对公司长期发展的考虑，重新设计股权顶层架构，计划用技术入股的方式与天使轮投资方共同成立一个投资公司，用新成立的投资公司入股此物联网技术公司，并持有其 70%的股权。

同时启动股权激励项目，授予管理及运营团队相应股份。

（2）实施股权激励项目的目的

约束并激励现有人才；提升公司主营产品的销量、营收、利润；该公司以技术入股的方式持有 70%的股份，成立各行业子公司；吸引国际工业设计大师加入公司，激励公司核心骨干。

（3）股权激励模式设计

2015 年年底为筹备期；2016 年进入考核期，核心团队共同努力达成公司目标，方可获得期权授予权。

每年授予公司全部股份的 3%额度的股份期权，如表 2-2 所示。

表 2-2

授予期次	净利润	销量目标	授予条件
第一期	净利润达到 1000 万元	相关产品 100 万台	每增加 100 万台或净利润每增加 1000 万元，授予 1%～3%期权
第二期	净利润达到 5000 万元	相关产品 300 万台	每增加 300 万台或净利润每增加 5000 万元，授予 1%～3%期权
第三期	净利润达到 1 亿元	相关产品 600 万台	每增加 600 万台或净利润每增加 1 亿元，授予 1%～3%的期权

（4）激励效果

公司总体销量及净利润大幅提升。

2.4　期权与期股的区别

期权与期股在实践中容易被混淆。两者其实有明显的区别，如图 2-1 所示。

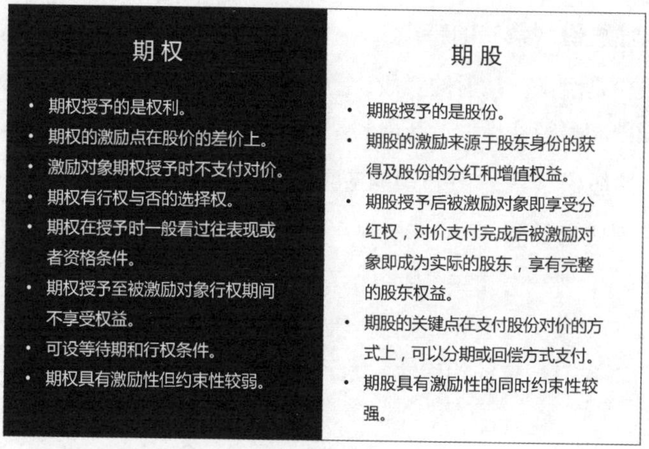

图 2-1

期权授予的是权利；而期股授予的是股份。期权的激励源于股份授予与行权时间点间的差价，而期股的激励则源于股东身份的获得及股份分红和增值权益。期权授予时通常不需要激励对象支付资金对价，而期股在授予时则需要激励对象支付资金对价的首付款。

期权对于激励对象而言，风险较小，约束力较弱；而期股则是约束力较强的激励方式。

两者应用方向不同，期权适合任何阶段和规模的公司；而期股更适合处于创业初期，且股份价格相对较低，未来增长潜力较大的公司。

2.5 激励模式 3：限制性股份（股票）

1．限制性股份（票）的含义

限制性股份（票）是公司按照预先确定的条件授予激励对象一定数量的公司股份（票），激励对象只有在工作年限及工作业绩目标符合限制性股份（票）规定条件时，才可进行股份（票）变现。

限制性股份（票）的关键点在限制出售的环节上，激励对象受让股份或获得股票后需要持有相应的时间并达到相应的考核条件才可将其出售变现。

限制性股份（票）的激励源于获得股份（票）的价格与未来出售变现时股价的市值间的差值及公司经营利润的分红收益。

2．限制性股份（票）的特点

限制性股份是经工商注册的实股；授予时通常需要支付对价；一般会设置 3 年左右的限售期限和可转让条件；在限售期内，受让对象通常只享有分红收益权。

3．限制性股份（票）对公司的应用价值和不利因素

（1）对公司应用价值

- 如果增资扩股，公司无须支出资金，通常会有现资流入。
- 利于激励对象关注公司长期发展而非短期利益。
- 对激励对象有一定的约束性，尤其适合留住核心人才。

（2）对公司的不利因素

- 公司如果进行折价激励或 0 元赠股则对一定时期的利润有影响。
- 双方如果约定分红收益权对一定时期内的资金流有要求。
- 原有股东折价转股则会损害其自身利益。
- 上市公司如果采用限制股票的股权激励方式则受相应政策的限制。

4．限制性股份（票）对激励对象的应用价值和不利因素

（1）对激励对象的应用价值

- 可以相对较低的价格或无须支付对价获得公司的股权。

- 有财富大幅增值的机会。
- 可以不用支付大量资金而成为公司的股东。

（2）对激励对象的不利因素

- 限制性股权变现需待限售期满且通过公司设定的考核条件。
- 授予时需要支付对价，有一定的投资贬值风险。
- 成为公司股东有按持股比例承担债务的风险。
- 如果在限售期内提出离职，可能损失股权投资收益。
- 如果公司没有上市，双方又没有约定其他转让通道，收益变现比较困难。

5. 限制性股份（票）适合哪些公司

产品已经经过市场验证，具备规模扩张且价值较高的公司；具备公开募股潜质的创新型“黑马”公司；被知名风险投资机构领投或在初创早期投资额度过千万的公司；实施股权激励时未必盈利，但未来盈利及增值潜力较高的公司；运营稳定且业绩增长较好的已上市的公司。

6. 限制性股份（票）适合哪些激励对象

上市公司用限制性股份（票）作为激励标的，须参照《上市公司股权激励管理办法》有关激励对象的相关内容。

当前在关键岗位任职且价值观与公司倡导的价值观吻合度较高，至少有一技之长或优势资源的人才；公司未来需要引进的高潜力稀缺专业人才；在激励的同时需要约束的高级管理人才及关键人才；对公司未来发展充满信心且具备极佳培养潜质的储备人才。

7. 用好限制性股份（票）的五个关键字

- 关键字一：【签】授予限制性股份（票）时签订授予协议。
- 关键字二：【认】签订授予协议时的认购股份的手续。
- 关键字三：【购】在认购期内支付对价款并办理工商登记变更的过程。
- 关键字四：【限】获得股份（票）后进入限制转让变现的时间段。
- 关键字五：【卖】限售期满转让变现的过程。

8. 如何更好地使用限制性股份（票）

（1）上市公司

前文我们曾提过，与制定股权激励方案相关的人员必须认真学习《上市公司股权激励管理办法》，在撰写方案时最好以其内容为基础依据及方案主线。激励对象的选择、授予标的的数量、股份定价、股份来源、限制出售、披露监管等各项条款的制订需要遵循合法且合理的原则。

（2）非上市公司

股份定价要考虑合理性，通常采取当期账面净值定价。定价既要保障不分享原有股东的存量收益，又要兼顾激励对象的接受程度。

可以采取提前预留股份的方式来平衡原始股东与股权激励受让对象及未来投资方所担心的股份比例稀释问题。

持股方式的选择尽量从长计议，不建议以自然人代持的方式进行持股。为了不影响公司的原有股权管理结构，非上市公司可以采取股权激励持股平台（有限合伙企业）的方式解决员工持股问题；为保障各期股份来源的持续性，最好将预留的股份提前转让至股权激励持股平台暂由普通合伙人（GP）代持，在未来授予限制性股份时由普通合伙人（GP）转让给受让对象，即有限合伙人（LP）。

为保证股权激励的激励效果，在公司可承受的范围内，最好设计出合理的退出变现机制。

如遇受让对象的认购本金较高，可合并期股模式进行方案设计，即可通过以受让股份作为按揭分期支付认购本金的方式解决资金来源的问题。

9. 公司实施限制性股份（票）激励方案的要点汇总

（1）限制性股份（票）的授予

公司计划授予限制性股份（票）通常会有授予条件，授予条件分为公司整体授予条件及激励对象个体授予条件。在公司整体授予条件达成时，限制性股份授予计划正式启动，符合个体授予条件的员工则可通过受让公司限制性股份标的成为公司股东。

（2）限售及解锁

限制性股份一定有限售期。限售期一般为 3 年，按年分期解锁，通常每期解锁比例为 20%、30%、50%；或 30%、30%、40%；公司整体解锁条件通常为业绩目标或财务目标或融资目标等的达成；个人解锁条件通常与其项目参与程度及工作绩效成绩直接挂钩。

（3）股份定价

股份定价可采用当期账面净值定价或在最近轮次融资投前估值的基础上适当折扣取值定价。定价既要考虑股价的公允性，也要考虑受让对象的承受能力及激励效果的预期；低于当期账面净值的受让需要受让对象承担个人所得税，公司负有代扣代缴的义务。

公司采取股份兑付进行限制性股份激励的财务处理时需合理确定对当期利润的影响，以及相应的税赋。

（4）股份来源

股份来源可采用原有股东转让、增资扩股、预留股权池；上市公司在符合相关法律规定的前提下可回购本公司股票用于股权激励。

（5）限制性股份激励计划的实施

在实施限制性股份激励计划前应确保激励对象对公司的未来发展有信心。限制性股份激励效果的关键点在前期宣导，要让激励对象知晓并认可受让股份当前及增值预期值；限制性股份如果需要支付对价，应有详细的支付方案，并与受让对象签订一对一书面协议以便对关键条款进行约定。限制性股份对受让对象有激励作用的同时也具有约束性。

【案例 3】某物联网技术公司的限制性股份

（1）公司背景简介

我们延用案例 2 中的某物联网技术公司，公司背景简介参考案例 2 相关内容。

（2）实施股权激励的目的

实施股权激励的目的参考案例 2 相关内容。

（3）股权激励模式设计

2015 年底为筹备期；2016 年进入考核期，公司总体目标达成后，符合条件的核心高管可 0 元受让公司一定数量的限制性股份。

限制性股份的限售期一般为 3 年，分 3 期解锁。具体每期限售解锁安排如表 2-3 所示。

表 2-3

授予期次	净利润	销量目标	限制性股权解锁条件
第一个解锁期	净利润达到 1000 万元	相关产品 100 万台	解锁比例为总受让股份数量的 20%
第二个解锁期	净利润达到 5000 万元	相关产品 300 万台	解锁比例为总受让股份数量的 30%
第三个解锁期	净利润达到 1 亿元	相关产品 600 万台	解锁比例为总受让股份数量的 50%

（4）激励效果

公司总体销量及净利润大幅提升，受让限制性股份的核心高管工作主动性及主动学习的热情明显提升。

2.6 激励模式 4：业绩股票

1. 什么是业绩股票

业绩股票，顾名思义，就是以业绩为授予条件的股票激励。业绩股票是指公司以普通股作为长期性激励报酬支付给激励对象。由于是股票而非股份，所以业绩股票只可应用于上市公司，如果是非上市公司，则为业绩股份。

业绩股票的本质就是限制性股票的一种，只是在授予或者限售条件的设计上更侧重于公司和激励对象个体业绩的达成。业绩股票通常不需要支付对价，而是以股票的形式代替业绩奖金支付给激励对象作为奖励。

业绩股票在授予前一般会先设定一个业绩考核周期（以一年为一个考核周期或者以一个业务周期为一个考核周期），并设定明确的业绩指标；待业绩考核周期届满，公司根据事先约定的业绩考核评估办法组织相应的评估。公司整体业绩条件达成则实施业绩股票授予计划。而激励对象个人获得的股票额度与自身业绩达成情况直接挂钩。

激励对象获得业绩股票后，根据公司业绩股票限售期的规定（一般为 1～3 年），在限售期届满分批解锁后在二级市场将股票出售变现。

2. 业绩股票与限制性股票的联系及区别

业绩股票是限制性股票中的一种，但限制性股票未必是业绩股票。公司在设计业绩股票计划时可以参照《上市公司股权激励管理办法》中有关限制性股票的相关规定。

业绩股票与限制性股票的区别在于业绩股票可当期授予，也可在完成既定业绩目标后授予；而限制性股票一般当期授予。业绩股票通常不需要激励对象支付对价，而限制性股票在多数情况下需要激励对象支付对价。业绩股票的授予或解锁条件以业绩条件为主，而限制性股票的授予及解锁条件的范围相对较广。业绩股票可以以业绩达标为授予或解锁条件，而不再设置具体的授予前考核期或限售期；而限制性股票则分别设置授予及解锁条件、授予考核期及解锁期。

3．业绩股票对公司而言有何利弊

业绩股票利于公司整体业绩的达成，受政策限制相对较少；可操作性强，实施成本可控。不利因素为业绩目标设置难度大，有可能使激励对象过度关注短期业绩；对公司资金流要求高，特别是需要公司从利润中计提相应的资金用于回购股票，对相应时期的利润和资金流有一定影响。

4．业绩股票对激励对象而言有何利弊

业绩股票对激励对象而言最有利的是，无须个人出资即可通过获得公司的股票达到财富倍增的目的。不利因素是个人需要达成公司的业绩条件，且在限售期满后股票才可出售变现。

【案例 4】万科业绩股票

万科企业股份有限公司成立于 1984 年，经过三十余年的发展，已成为国内领先的城乡建设与生活服务商。2016 年该公司首次跻身《财富》“世界 500 强”，位列榜单第 356 位，2017 年、2018 年接连上榜，分别位列榜单第 307 位、第 332 位。万科企业股份有限公司旗下有万科地产、万科物业、印力集团、泊寓、万纬物流等。其中万科地产的业务覆盖中国四大区域 65 个城市和 6 个海外知名城市；万科物业的业务覆盖 83 个城市，拥有超过 2844 个物业项目；印力集团实行商业地产全价值链的业务模式。

（2）启动业绩股票激励计划

2006 年 5 月 30 日董事会通过股权激励计划，计划分三期执行。

（3）激励对象

- 受薪董事。
- 中高级管理人员。
- 总经理提名的骨干业务人员。

（4）业绩条件

- 年利润增长率超过 15%。
- 全面摊薄的年净资产收益率超过 12%。
- 当年每股收益增长率超过 10%。

（5）激励规模

每年从净利润增长额中提取激励基金，净利润增长 15%为基准线，超过 15%的按增长率计提，30%封顶。

（6）操作方式

委托深圳国际信托投资总公司从二级市场回购本公司股票；设置授予业绩条件；归权有等待期和股价达标条件。

（7）股权激励结果

2006 年净利润增长 54.68%，业绩股票总体获授；王石获得了 500 多万股，这也是唯一的一期；2007 年公司达成了业绩考核指标，但股价却未达标，导致行权无法进行，公司只得通过委托的信托机构出售原本用于激励员工的业绩股票；而 2008 年由于业绩考核未达标，计划也随即终止。

2.7 激励模式 5：经理人回购

1. 什么是经理人回购

经理人回购也叫经营者强制回购。这里的经理人通常指公司的实际经营者或者创始人，他们往往是公司的股东。经理人回购一般应用于公司股权投资，比较常见的情况是投资方为降低股权投资风险，与投资对象达成的一种自我保护性条款。

相对于投资方而言，募集资金、投资回报价值高的项目及公司、进行投资后的管理、选择合适的时机退出变现是其商业模式。如何识别并投资回报价值高的项目及公司，同时尽可能地控制投资风险是股权投资机构永恒的课题。而风险投资基金生命周期大多为 10 年，前 4 年为项目投资期，后 5～7 年为资金回收期。

投资方通常会与被投资公司在投资协议中约定：被投资公司在经营不利情况出现时，投资方有权要求经理人强制部分或全部回购投资方所持目标公司的股份。此举是基金清算时投资本金的基本保障出口路径。因此经理人回购条款在股权投资契约中的设计，有利于被投资公司增强责任意识，从而降低投资者的投资风险。

原则上理性投资者一般不会设计或采用由于投资对象经营不善导致的强制回购权。只是资本市场有其追求投资回报收益的理性，我们需要去了解。

以下是常见的经理人回购应用条款列举。

在特定条件出现时，例如，达到法定分红条件 3 年而未分配红利，投资方可以要求公司回购其手中的股权。

回购一般从投资后第五年开始，分期进行回购，通常优先股会被优先回购。

回购价格为原始价格加未支付的红利，或者根据不同的回购情形和回购时期约定相应的回购价格。

而对于被投资的公司而言，在解决资金缺口的前提下，接受经理人回购条款时，应注意以下几条关键的协议条款。

注意投资方要求行使回购权的时间点对公司经营有可能带来影响。

回购及支付方式最好是分期付款，期限尽可能长，一般为 3～4 年，回购顺序与投资先后最好没有关联。

回购价格越低越好。通常是原始价格加应分配的红利；尽可能不接受一定的投资回报率承诺或者几倍的回购价格。

回购的触发条件。例如，回购前一般需要一半以上的股东同意，也有到达某个时间点或某些条件回购机制自动生效的情况，对被投资公司而言，回购的触发条件越复杂对自身越有利。

2．经理人回购在公司股权激励中的应用价值

经理人回购也并非投资方的“专利”，对于未来经营预期比较好的公司，完全可以在资金缺口较大的时期进行股权融资，并与投资方约定，未来达到一定的回报周期或回报收益后有权溢价回购公司的股权，从而保证长久的经营控制权。

经理人回购在公司股权激励计划中可以应用于被全资天使投资的公司，根据经营者不同时期达成的经营业绩要求，给予其溢价回购股份的权利，直到由经营者掌握经营控制权。

【案例 5】阿里巴巴利用回购条款维护控制权

（1）背景简介

雅虎公司在 2005 年 9 月以 10 亿美元加上其中国子公司“雅虎中国”收购阿里巴巴 39%的股权。

（2）回购条款约定

在收购协议中双方约定，如果雅虎被第三方公司收购并导致雅虎持有的阿里巴

巴股权的控制权即将发生转移，阿里巴巴拥有对雅虎持有股份的优先回购权。这是因为阿里巴巴管理层担心，一家规模更大的公司（如微软），一旦收购雅虎可能会插手阿里巴巴的经营管理， 而马云等本土管理层认为保持企业独立性和经营控制权对于阿里巴巴非常重要。

（3）第三方收购

2008 年 2 月，微软计划以每股 31 美元收购雅虎已发行普通股，交易总价值约为 446 亿美元。微软计划以一半现金、一半股票的方式完成这一交易，雅虎股东可以选择获得现金或者固定数量的微软普通股。

微软的收购报价较雅虎 1 月 31 日的收盘价 19 美元溢价 62%。

2008 年 2 月，马云称将介入微软收购雅虎的全面谈判。微软欲收购雅虎的计划最终并没有实现，其中缘由各方说法不一。

（4）对我们的启示

当然，我们并不能完全确定微软收购雅虎最终失败的原因是否与阿里巴巴当初与雅虎约定的优先回购权直接相关，或者说这点对我们的学习来讲并不是最重要的，重要的是我们可以吸取阿里巴巴在与雅虎的相互并购中回购条款设计的经验——对自己公司控制权的保护。

在公司并购过程中，可以根据实际情况应用或者反应用关于经理人回购或者公司回购条款。

2.8 激励模式 6：优先股

1. 什么是优先股

优先股是相对于普通股而言的，是介于普通股和债券之间的一种混合证券；在利润分配及剩余财产分配方面有优先权。

（1）优先股对于股东而言有何利弊

优先股的股东对公司资产、利润分配等享有优先分配权，其风险较小。优先股股东除特殊约定外对公司经营决策无参与表决权；无选举和被选举权。公司解散清算索偿权优先于普通股东，但次于债权人。

（2）优先股对于公司而言有何利弊

股息固定，不影响公司利润分配；利于公司资金流的管理。优先股不可退股，只可根据赎回条款被公司赎回，风险可控。股息税后发放，对公司而言，优先股不可作为资金成本进行税前抵扣。

为便于我们对优先股的理解和记忆，我将优先股的特点总结为八个字：似股非股，非债似债。

2. 优先股的分类

（1）累积优先股和非累积优先股

根据经营年度内是否需要在未来补足未达到的承诺红利可以将优先股分为累积优先股和非累积优先股。累积优先股持有者有权根据契约相应内容要求补足经营年度内未达到的承诺红利。对于投资者而言，持有累积优先股在投资收益方面相较于非累积优先股更稳定且更有保障。

（2）参与优先股与非参与优先股

根据是否有权在公司利润增大至一定程度时分享固定股息外的利润权可以将优先股分为参与优先股与非参与优先股。参与优先股持有者有权分享公司超出固定股息之外的利润。公司是否接受参与优先股的权益约定完全取决于资金缺口压力导致的融资难易程度。

（3）可转换优先股与不可转换优先股

根据是否有权转换为普通股可以将优先股分为可转换优先股与不可转换优先股。可转换优先股是指持有者有权在特定条件出现时，将优先股全部或部分转换为普通股。从投资者的角度而言，只有被投资的公司有持续稳定的盈利，才会使其将优先股转换为普通股。

（4）可收回优先股与不可收回优先股

根据发行公司是否具有溢价收回权可以将优先股分为可收回优先股与不可收回优先股。可收回优先股是指在公司未来发展状况良好的情况下，公司对其进行回购。

3. 优先股在公司股权激励中的应用价值

优先股在公司股权激励中最大的应用价值是提升股权激励的实际激励效果。尤其是需要激励对象出资支付对价的激励标的，为增加激励对象对公司未来发展的信心，同时降低激励对象对于个人投资风险的担忧，采用优先股进行员工激励不失为一种好的选择。

4. 从公司角度看优先股的优势与劣势

优先股的存在有利于提高公司偿债能力，因其股利支付不构成公司的法定义务，故筹资无须抵押资产；回收灵活，一般不规定到期日，回收时间可自由确定；不改变原有股东控制权。

优先股对于公司而言的不利之处在于资金成本高，股利不能抵减所得税，股利支付往往高于普通分红。

【案例 6】新三板首例优先股发行

（1）公司背景

- 公司全称：苏州高新区鑫庄农村小额贷款股份有限公司。
- 公司简称：鑫庄农贷。
- 公司代码：830958。
- 行业分类：货币金融服务。
- 挂牌日期：20140808。
- 法人代表：平小发。
- 公司董事会秘书：王建荣。

（2）发行优先股公告

2015 年 11 月 2 日晚，新三板公司鑫庄农贷在股转系统官网上发布《非公开发行优先股预案》，新三板出现首例优先股发行。公告显示，鑫庄农贷采取非公开发行的方式，本次拟发行的优先股数量不超过 220 万股，每股票面金额为人民币 100 元，以票面金额平价发行，计划融资规模不超过 2.2 亿元人民币，发行对象为符合《优先股试点管理办法》规定的合格投资者。

（3）优先股更适合金融类公司

王建荣认为，优先股对于鑫庄农贷而言是一种“可进可退”的选择：“鑫庄农贷属于金融类公司，与高科技公司爆发式的利润增长模式不同的是，我们每年只能拿到相对固定的收益。采用发行优先股的方式，既可以不稀释原有股东的股权，又可以让优先股股东拿到固定收益，公司也可以到期赎回这些股份。在主板上发行优先股的公司绝大部分是金融类公司，可见，优先股特别适合金融类公司。”

（4）对我们的启示

对于盈利稳定的公司，无论是融资还是内部股权激励，均可适当考虑优先股的合理运用。由于持有优先股的股东没有参与公司经营的决策权，更利于公司在解决资金需求或员工激励的同时，不丧失经营决策权及公司的实际控制权。

2.9　激励模式 7：出资购股

1．什么是出资购股

出资购股，即公司允许激励对象通过增资或受让的方式有偿购买公司的股权，成为公司真正的股东。

简而言之，出资购股其实就是花钱买股份，出资购股对于股份受让者而言是投资行为。股份受让者往往会站在投资收益的角度去审视并决定是否受让标的股份。

2．出资购股的特点

出资购股是当期通过支付对价及股份交割，使股份受让人直接通过工商变更成为公司股东的实股激励模式。股东的权利与责任与原始股东同股同权；享有法律赋予股东所有的权利。

3．出资购股对公司的益处及不利之处

- 对公司的益处

无须公司出资，不影响公司利润及资金流；在出让股权的同时，公司有资金进账。出资购股具有约束并锁定关键人才的作用；如果股价合理，该方式就具有一定的激励效果；实施过程相对简单。

- 对公司的不利之处

新股东的引进，会改变原有股权结构，可能影响公司原有的管理结构；有可能产生短期效益行为；如果股价过低，可能损害原有股东的利益或影响公司利润；实施出资购股方案需要股东大会表决通过；如果激励对象与公司价值观相差较大，可能影响公司决策。

4．出资购股对激励对象的益处及其面临的风险

- 对激励对象的益处

受《中华人民共和国公司法》《中华人民共和国劳动法》的双重保护；增强个体

的荣誉感及归属感；可以快速成为股东，享有股东权益；如果公司持续发展甚至公开募股，有获得高投资回报的可能。

- 激励对象面临的风险

激励对象通过受让公司股份成为公司股东之一，在享有股东所有权利的同时，需要承担相应的责任和风险；有可能因股权贬值而损失投资收益及本金；有可能面临共同承担公司相应债务的风险；通常需要履行竞业限制的义务；主动离职可能会受相应限制，离职成本较高。

5. 适用出资购股的公司及激励对象

（1）适合的公司

- 初创早期且未来增长潜力较高的公司。
- 人力资本驱动型，高脑力人才密集型公司。
- 创新型产业，对专业技术及高收入人才依赖度高的公司。
- 备受资本市场青睐的公司。

（2）适合的激励对象

- 潜在的联合创始人。
- 重要项目合伙人。
- 高层管理人员。
- 专业技术人才及核心骨干。
- 掌握重要或稀缺资源的者。

6. 出资购股的操作注意事项

从股份来源角度考虑，原有股东转让需要考虑纳税筹划；增资扩股需要股东大会表决通过。从股权定价的策略来说，采取原始实收资本定价、当期账面净值定价还是投前估值定价需慎重考虑，原则是价格越低激励效果越明显，且更容易被激励对象所接受。

如果设置限售期及限售条件，可以参考限制性股份（票）的激励模式；如果需要更宽松的购股本金支付模式，可以参考期股的激励模式；如果合并期权设计，可以设定等待期及行权条件，并给予激励对象受让股份与否的选择权。

2.10　激励模式 8：技术入股

1．什么是技术入股

激励对象以相应的技术成果或发明专利作价出资成为股东，无特殊约定享有法律赋予的股东权利。

2．技术入股的特点

受让对象成为股东不需要支付资金对价，而是以技术成果评估作价，以无形资产形式进行出资。

3．公司实施技术入股的价值及难点

公司可以通过技术入股获得核心技术的知识产权，而经过专业评估机构评估的技术属于公司的无形资产；同时也可以通过股权激励留住专业技术人才。

难点是技术评估作价相对较难，技术价值如果被高估，原有股东股权稀释比例较大；技术价值如果被低估，对专业技术人才激励效果弱；另外，专业技术的更新迭代速度快，未来应用价值存在不确定性。

4．对激励对象而言技术入股有何利弊

技术入股对激励对象而言，最大的优点是可以通过技术评估作价入股，成为公司的股东，不需要动用个人资金支付对价；不利因素为以技术入股后，个人不再拥有技术专利的知识产权，同时需要遵守相应的竞业限制条款。

5．适用技术入股的公司及激励对象

技术入股适合对专业技术依赖程度较高的公司及掌握核心专业技术的人才。

6．技术入股的操作要点

技术入股的操作要点主要在于技术价值的评估，可以请专业的评估机构进行评估作价；也可以根据市场价格计算使用期限内的专利费，以股份兑付的方式折股作为激励标的支付给目标激励人才。

或者设定使用技术专利的产出目标，以期权的方式授予技术专利拥有者，目标达成后方可行权，行权对价以应支付给激励对象的技术专利费或者产出目标奖金的形式兑现。

在实施技术入股方案前，一定要与原有股东进行商讨，并由股东大会表决通过，

在关注技术的价值及知识产权的同时，一定要同步设置对专利技术知识产权拥有者既有激励效果，又能对其形成约束的条款。

2.11 激励模式9：赠予股份

1. 什么是赠予股份

公司或股东将一部分股份或股权赠予激励对象作为对其价值的认可，激励对象可直接0元受让股份，成为公司股东，享受股东权益。

2. 赠予股份的特点

- 可以是适时工商注册的实股，也可以合并虚拟股权设置等待期。
- 不需要支付对价，而是通过突出的工作业绩或特殊资源获得。
- 可以设置限售期及限售条件。
- 无特殊约定则激励对象可享受法律赋予股东的所有权益。

3. 赠予股份对公司的应用价值及不利之处

赠予股份对公司而言有利于激励优秀人才；对未被当期激励的人才有示范效应。

不利之处是如果激励对象的价值观与公司理念相悖，公司的经营决策可能会受影响；采取股权转让的方式解决股份来源，对原有股东的利益有影响，须股东大会表决通过。

4. 赠予股份对激励对象的益处及不利之处

激励对象可以无须支付对价成为公司股东，在承担股东责任的同时享受股东权益。提升职业安全感和归属感。

不利之处有获批准的难度较大，必须有突出的工作业绩；在受让过程中需要支付个人所得税；需要承担责任并承受可能的股权贬值的风险；需要更严格地要求自己，遵守竞业限制条款；离职或退出成本较高。

5. 适用赠予股份的公司及激励对象

赠予股份适用于缺资金、缺资源、缺人才的初创型公司。

适用的激励对象为稀缺专业人才、优秀管理人才、核心骨干人才及拥有独特资源的人才。

2.12　出资购股、技术入股、赠予股份的共同点和区别

出资购股、技术入股、赠予股份均属于实股型激励标的，其焦点都在出资方式上。

三者的区别在于出资购股是以资金获股，技术入股是以技术换股，赠予股份是无成本获股。

总之股权是公司既稀缺又有价值的资源，获取的过程必须符合价值对等交换的原则，否则即使成交，日后也会出现各种问题。

2.13　激励模式 10：账面价值增值权

1. 什么是账面价值增值权

一种以公司账面净值增值价值为计算依据的奖励制度。

换言之，公司为了激励员工而制定的奖金制度，其核心目标是以公司一定时期内账面净值是否增值为激励条件，以增值数量的多少为计算依据的奖励制度。

账面净值指公司的账面净资产，也就是所有者权益的价值之和。

奖金的来源为账面净值增值部分中一定比例的资金。

2. 账面价值增值权的特点及局限

账面价值增值权的特点是：它是一种奖金制度，属于非实股激励的范畴；计算依据为公司账面净值的增值，而非利润；如果公司是上市公司，其与股票增值权的区别是不受股市波动的影响。

账面价值增值权的局限是：这种激励方式虽有利于公司净值的增长，但也有影响资产使用效率的可能性；激励效果有限，只适用于轻资产型公司及对净资产增值影响较大的激励对象。

2.14 激励模式 11：股票增值权

1. 股票增值权是什么

一种以股票价格的增长为计算依据的奖金制度。

其核心是以股票价格的增长是否达到设计值作为奖励与否的条件，以股票价格实际增长的部分作为奖金额度的计算基准。

股票增值权是公司授予激励对象的享受股票增值差额的权利，而非直接给予其股票。

如果股价上升，激励对象可通过行权获得股价增值收益；激励对象无须为行权支付资金对价；激励对象行权后可获得等值的资金或股票；股票增值权实际是一种权利，可使用也可放弃。

2. 股票增值权的特点

- 非实股激励，除非特殊设计奖金兑现方式为股票，激励对象在整个激励过程中无须持有股票。
- 股票增值具体额度是核算依据，奖金支付主体为公司本身，而非市场。
- 对于激励对象而言，以智力资本获得增值权利享有权，而非金钱投资。
- 非股票但与股票价格挂钩，授予及行权时参照的是不同时间点的股价。
- 一种以股价增值差价为核心，以契约为形式，以劳资关系为基础的激励制度。
- 股票增值权可以根据一定的财务账期设置奖金兑付的时间，有延期支付性。

3. 股票增值权对公司的应用价值

- 股票增值权是虚拟激励模式，不影响原有股本结构和公司管理。
- 激励对象无须支付对价，激励效果好。
- 因其奖金具有延期支付性，增加了激励对象离职成本，故对激励对象有约束力。
- 操作简单灵活，由股东大会通过即可，在制度约束方面相对宽松。
- 奖金兑付形式可灵活设计，现金、股票或者二者相结合均可。

4. 股票增值权实际操作的重点

为便于理解和记忆，我结合个人实际操作的经验，总结出以下五个关键字。

【算】根据历史数据测算股价增长率与利润增长率，计提合理的奖金池。

【定】确定股票基准价及未来增值目标价。

【授】将股票增值权授予符合条件的激励对象，并签订授予协议。

【行】股价增值目标达成，符合行权条件的激励对象可以行权。

【兑】公司依据增值授予计划和授予协议承诺兑付奖金或等值的股票。

股票增值权适合股票相对稳定，自由资金充足的公司，一般不单独使用。

【案例 7】招商银行股票增值权

（1）公司背景

招商银行 1987 年成立于深圳蛇口，是中国境内第一家完全由公司法人持股的股份制商业银行， 也是中国内地市值第五大的银行、香港中资金融股的八行五保之一。

（2）股票增值权计划

第八届董事第九次会议通过股票增值权计划，董事会同意授予激励对象第四期 H 股股票增值权，激励对象不实际拥有股东权利（表决、配股、分红），增值权不得转让及担保、偿还债务。

（3）计划相关条款

- 授予数量：1990000 份，占总股本 0.0088%。
- 授予时间：2011 年 2 月 19 日。
- 授予价格：授予日收盘价与授予日前五个交易日均价，两者取其高者为 19.24 港元。
- 授予对象：行长 300000 份；董事副行长 19.50000 份；副行长 190000 份；纪委书记 150000 万份；行长助理 150000 份；技术总监、审计、董秘 120000 份。

（4）对我们的启示

股票增值权和账面价值增值权虽与股权整体价值对应，但都是虚拟股权激励计划，而非实股激励；在运用过程中可根据公司实际情况灵活设计，也可与其他激励模式结合应用。

2.15 账面价值增值权与股票增值权的不同

从奖金核算依据上来说，账面净值增值权的奖励计算依据是账面净值的增值额；而股票增值权奖励计算依据是股价的增长额。

从适用范围来讲，账面净值增值权不与股票挂钩，既适用于上市公司，也适用于非上市公司；而股票增值权只可用于上市公司。

2.16 激励模式12：超额利润分享计划

1. 什么是超额利润分享计划

（1）什么是超额利润？

超额利润是指公司实际完成利润超出预设基准目标利润之外的利润额。

超额利润一般应用在公司奖金分配制度设计中，指公司将实际完成超过预设基准目标利润之外的一部分利润分享给激励对象。

（2）什么是超额利润分享计划

超额利润分享计划是公司将超出基准目标利润之外的部分利润分给员工的一种奖励制度。

公司实施超额利润分享计划的激励效果，取决于超额基准目标利润设定的合理性与适用性。

什么是基准目标利润呢？如何确定基准目标利润呢？我们举例说明。

例如，某公司2006年税后利润额为1000万元；2007年税后利润额为1200万元；2008年税后利润额为1600万元；那么这家公司2009年的基准利润额是多少元呢？

我们用不同的方式来确定这家公司的基准利润额，其结果是不一样的。

方案一：直接主观确定基准利润额为1000万元。

方案二：求三年的平均值

方案三：求平均增长率。

方案四：根据行业内对标公司的年利润额来确定。

方案五：根据公司成本倒除利润率推算年利润额确定。

最终选择哪种方案来确定这家公司的基准目标利润额没有标准答案，需要根据现实资源及基准目标利润额对于公司当时的实际意义来综合确定。

确定了基准利润，那么超额利润又该如何确定呢？我们沿用上面的例子，采用不同的确定基准利润的方案得到了不同的答案。

方案一：超额利润>1000 万元的利润

方案二：超额利润>三年平均利润值的利润

方案三：超额利润>三年平均利润增长值的利润

方案四：超额利润>对标公司的年利润或行业平均利润

方案五：超额利润>年度成本除以利润率倒推出的利润

所以，超额利润就是超过预设基准目标利润之外的利润，它是公司根据自身实际情况自由设定的。超额利润分享计划的激励效果取决于超额利润确定的过程及取值的方式是否符合激励对象的主观期待，而非最终实际的数字目标值的多少。

2．超额利润分享计划的应用价值

超额利润分享计划适合于经营业绩相对稳定且处在高成长阶段的公司；更适合对公司经营业绩有直接影响的岗位及业绩绩效表现优秀的激励对象。

超额利润分享计划的操作简单易行，奖金可直接以资金兑付，也可以以股份兑付；可根据周期设置递延兑付，对激励对象具有激励性的同时具有约束性。

3．实施超额利润分享计划的步骤

（1）设定基准目标利润

基准目标利润的多少不是最重要的，重要的是确定基准目标利润的流程和方法能让大多数激励对象感受到公平、合理。

（2）确定超额计提比例

确定超额计提比例需要考虑的因素包括公司年度利润的多少、未来需要激励人数的多少、公司的资金链畅通；一般计提比例为超额利润的 30%～50%。计提比例的多少对总体奖金额度有直接的影响。

（3）确定激励对象

超额利润分享计划的激励对象应该是与公司业绩增长直接相关的人员。根据公司不同的关键价值创造阶段，通常包含的激励对象岗位类别有产品设计与研发、生产、市场营销、运营管理、项目管理等。

（4）商讨并确定分配机制

包括目标的分配机制及奖金的分配机制。重视整体分配机制制定过程的参与性，可以成立专门委员会，共同商讨确定分配机制，尽量保证分配机制让大多数激励对象感受到公平、合理。

（5）确定奖金兑现方式

奖金兑现方式有三种：资金兑现，短期激励效果好；部分奖金延期兑付，具有约束力；非资金方式兑付（如股权）具有长期激励和约束效果。

不同的奖金兑现机制各有利弊，需根据实际情况选择应用。

（6）订立书面契约

超额利润分享激励计划属于虚拟类股权激励标的，通常以契约的形式予以确定。

公司需要将具体激励标的及对应的授予条件等以书面的形式承诺给激励对象；而激励对象则需要达成契约中载明的业绩目标。

4. 超额利润分享计划实际操作的要点

（1）制订计划重过程

我们在前文中不止一次强调超额利润分享计划要多方参与，共同制订，甚至奖金分配方案也可以共同商讨，最后投票表决。

（2）激励要有刺激度

尊重人性，高挑战的目标意味着高回报。人们对所得往往不敏感，但对丧失很在意；所以激励奖金的设计要运用正向加法而非负向减法的逻辑，尽量避免从员工现有收入中拆解部分资金作为奖金的来源。

（3）指标设定重认可

指标的设定没有标准，执行者对指标的认可度越高实现的可能性越大；可以设定三级指标：门槛指标对应奖金获取资格；理想指标对应奖金平均值；挑战指标对应高额奖金。

2.17 激励模式 13：在职分红

1. 什么是在职分红

在职分红属于虚拟股权激励范畴，是公司授予激励对象在职期间可享受企业的税后利润分享权，即常说的“干股”。

在职分红的激励对象虽未获得实际股东资格，却享受着股东的部分权利，即税后利润分配权，如图 2-2 所示。

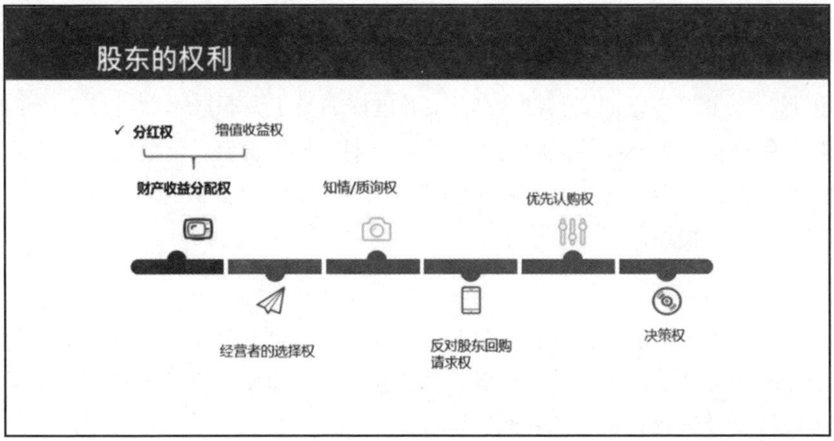

图 2-2

《中华人民共和国公司法》赋予了合法股东各项权利，我们可以把它们分成两大类，即财产收益分配权和非财产收益分配权，而在职分红则是财产收益分配权中的一项权利。

2. 在职分红的特点

在职分红属于非实股激励，激励对象并未获得实际的公司股份；激励对象一般无须支付对价。

在职分红是企业授予在职员工企业税后利润分享的权利，其前提条件是公司与员工之间签有书面的且在存续期内的劳动合同，并且具有事实劳动关系；即员工在职则享受分红，离职后则不再享受在职分红；简而言之，“人在股在，人走股留”。

3. 在职分红的优势与劣势及适用范围

（1）优势

公司实施在职分红可以在不改变原有股权管理结构的基础上使员工获得相应激励；在职分红一般不需要员工支付资金对价，对员工而言是无风险的收益机会，员工只需要更加努力地工作就可以获得公司的利润分配；而不需要为没有达到公司的在职分红授予条件而承担额外的经济责任；激励效果相对较好。

（2）劣势

在职分红如果采用资金兑付，将对企业一定时期内的资金流带来影响。

因其为正向激励逻辑，即员工达到在职分红条件可进行分红，而未达到分红条件时则无须接受惩罚，所以除非激励力度足够大，否则在激励员工的同时，很难同时产生约束人才的作用。

在职分红可以与延期支付结合使用，通过增加员工离职成本而对员工产生约束作用，其前提是在职分红的额度较大，才有延期支付的价值。延期支付是将当期应支付的奖金不断滚存，延期至未来某个时间点一并支付给员工的激励模式，本书后续章节会有详细描述。

（3）适用范围

在职分红适用于能够持续稳定盈利、自有资金充足的公司。这样的公司通常已经从规模扩张价值阶段发展到了财务价值产出阶段，即使没有外部资金的支持，公司也可以持续经营且有稳定的利润和资金流。

适用于对业绩影响较大的核心人才的中期激励，如核心中高层管理者、优秀营销人才、精尖技术人才等。

4. 如何实施在职分红

实施在职分红计划前，需要确定在职分红的激励目的、在职分红激励额度总量、在职分红激励对象、在职分红兑现考核办法、在职分红兑现机制、分红转股策略及其他相关事项。具体实施步骤可参考下文案例详解。

【案例 8】某信息公司在职分红

（1）公司背景

某信息公司，从事证券决策类软件开发、投资咨询等相关业务，员工 500 人以上，拥有 9 家分公司；公司处于稳步发展期；组织架构为直线职能制架构。

（2）实施在职分红计划的目的

促进业绩增长；员工激励；员工发展；绩效管理；人才优化。

（3）激励总量的确定

- 集团股权总数 6000 万股。
- 股权分红提取税后利润的 60%。

- 在职分红股为免费赠送。
- 在职分红股份来源为股东同比稀释授予激励对象。

（4）在职分红激励对象如表 2-4 所示。

表 2-4

职　　位	人　　数	激 励 额 度	职　　位	人　　数	激 励 额 度
副总裁	2	150 万股	行政经理	2	25 万股
总监	4	120 万股	高级经理	1	55 万股
销售总监	2	100 万股	研发经理	1	80 万股
销售副总监	2	80 万股	其他经理	3	40 万股
业务总经理	18	75 万股	合计：35 人　725 万股		

（5）在职分红兑现考核办法如表 2-5 所示。

表 2-5

考 核 指 标	评 分 标 准
价值观	一票否决，按公司价值观考核
部门指标	=85%，系数为 1；≥70%且<85%，系数为 0.7；<70%，系数为 0
自律项	一票否决，违纪次数不能超过规定次数
内部客户满意	一票否决，违纪次数不能超过规定次数
品德项	一票否决，员工支持率不得低于 85%
学习成长项	系数 1=学习成长投资等于或高于收入的 5%；投资额度每降低 1%，系数降低 0.05；学习成长项系数最低为 0.80

（6）在职分红兑现机制

激励对象实际激励额度=应激励额度×价值观系数×公司指标系数×部门指标系数×自律项系数×客户满意系数×品德项系数×成长项系数

（7）在职分红奖金转注册实股策略

- 在职分红股考核完成后，即进入注册股等待期成为待注册股。
- 待注册股数量：前三年在职分红股考核结果的平均值。
- 等待期内按照前三年考核结果的平均值进行分红。

例如，某领导的在职分红转股如表 2-6 所示。

表 2-6

考 核 方 式	在职分红股考核	在职分红股考核	在职分红股考核
考核时间	2012 年	2013 年	2014 年
担任职位	教育销售总监	教育销售总监	教育销售总监
应奖励额度	80 万股	80 万股	80 万股

续表

考 核 方 式	在职分红股考核	在职分红股考核	在职分红股考核
考核结果	80 万股	39.2 万股	80 万股
待注册股		66.4 万股	

（8）需履行的签署程序

- 签署《在职分红激励计划授予协议书》。
- 签署《保密协议书》。
- 签署《竞业禁止协议书》。
- 保证《劳动合同》期限超过等待期。

2.18 在职分红与超额利润分享有何区别

在职分红与超额利润分享计划虽然授予的都是公司税后利润的分享权，但在诸多细节尤其是计算逻辑、分配顺序及激励效果方面有明显不同。

1. 激励奖金池不同（见图 2-3）

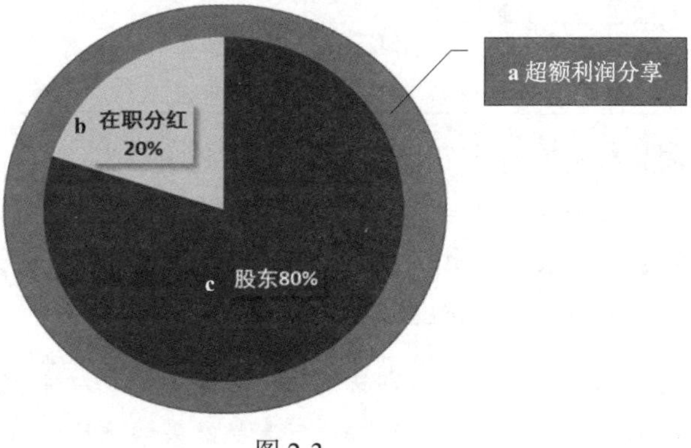

图 2-3

- a 为超额利润分享计划的资金池，分配顺序为 1，企业所得税前列支。
- b 为在职分红资金池，分配顺序为 2，企业所得税前列支。
- c 为股东分红资金池，分配顺序为 3，企业所得税后列支。

2. 奖金计算逻辑不同

（1）超额利润分享计划奖金计算逻辑

- 第一步：计算超额=实际完成业绩-基准设定业绩。

- 第二步：计算提额=超额利润×预计奖励比例。
- 第三步：计算实得奖金=预计奖励比例×个人计提比例。

注：个人计提比例=各项要素评分之和/所有人评分之和。

（2）在职分红奖金计算逻辑

- 第一步：计算总股本，并虚拟为相等的股数（可按利润或资本为依据）。
- 第二步：计算激励总股数，激励总股数=原有总股数×（1+增发比例）=增发后总股数。
- 第三步：计算每股实际对应价值，每股实际对应价值=原有总股数/增发后总股数×（原有总价值/原有总股数）
- 第四步：计算个人应得股数。方式一：个人实现利润/（预计可分配总利润/总股数）方式二：（个人各项要素得分之和/所有人各项要素得分之和）×可分配总股数；各项要素是知识、能力、绩效相关、重要项目参与度等要素。
- 第五步：计算个人实获股数，个人实获股数=个人应获股数×个人绩效评估结果系数

3．激励效果和授予对象不同

（1）超额利润分享计划

超额利润分享计划更适合短期需要刺激业绩增长的企业；授予对象主要是与业绩直接相关的销售精英或高级管理人才。企业在实施超额利润分计划时，既可以按不同的业务模块或独立的项目单独计算授予，又可以公司总体计算授予，操作简便。

（2）在职分红

在职分红相对于超额利润分享计划而言，更偏重于公司的长期激励。授予对象为与公司整体业绩增长及未来发展关联度高的核心骨干及高级管理人才。公司在实施在职分红计划时至少要按一个独立的法人为主体进行核算授予；授予在职分红的权利与原有股东所有权益对接。在职分红模式如果与延期支付、分红回偿激励模式相结合，未来可由虚拟激励模式逐渐转换为实股激励模式。

4．奖励兑付策略不同

（1）超额利润分享计划

在超额利润分享计划中，分配给激励对象的“超额利润”属于企业所得税前列支的工资薪金范畴。奖金兑付通常为资金及时兑付；如果奖金规模较大时可分期兑

付。为降低奖金兑付对公司一定时期内资金流的影响，可采用延期支付的方式，即每年激励对象可领取一部分奖金，另一部分奖金进入“奖金锁定池”；锁定池内待发放奖金随超额利润分享计划的实施不断累积（可设银行专户，进行稳健投资）。奖金锁定期满或激励对象正常离职时一次性兑付给激励对象。或者与期权激励模式结合，将锁定期直接视作等待期，等待期满且符合条件者，可自行决定是否通过行权成为公司实股股东。

（2）在职分红

在在职分红计划中，分配给激励对象的部分企业利润依然属于企业所得税前列支的应付职工薪酬。虽然理论上“分红所得”属于股东权利的范畴，但由于在职分红计划属于虚拟激励模式，实施过程无须进行工商注册，激励对象也没有成为公司股东，只是享受企业部分税后利润分配的权利。只有符合《中华人民共和国公司法》的相关规定且经过工商登记注册的实名股东，才可按照股东分红即企业税后利润分配进行财务处理。

在职分红通常与实股激励结合应用，可将当年度分红所得中的一部分以资金形式兑付，剩余部分锁定至未来期满并且激励对象符合相应考核条件后以公司股份形式兑付给激励对象。

让我们用一句话来总结超额利润分享与在职分红的区别：超额利润分享属于奖金制度范畴，在职分红属于股权激励计划范畴。

2.19 激励模式 14：虚拟股权

1. 虚拟股权是什么

虚拟股权是公司的股东在保留其股份所有权的前提下，为了获得公司经营过程中一些必要的资源或者出于对人才激励的需求，出让部分股东权利，从而达到预期目标。

虚拟股权在实施过程中，通常只出让股份的经济收益权，即利润分配及股份增值收益权。

2. 虚拟股权的特点

虚拟股权属于非实股激励范畴，通常同时授予激励对象股份经济收益权，即企业税后利润分配及股份增值收益权。如果公司只授予激励对象税后利润分配权，则属于在职分红激励模式；如果公司只授予激励对象股份增值权，则属于账面价值增值权或股票增值权激励模式。

【案例 9】某公司的虚拟股权激励计划

（1）公司背景

公司处于规模价值扩张阶段；线上线下 O2O 经营模式；线上有 PC 端网站平台及手机端 App，线下为连锁门店。

（2）虚拟股权激励计划目的

提高公司经济效益、提升公司市场竞争力、吸引和稳定高素质人才队伍。营造利于实现战略目标和自我管理的企业环境、发展以业绩为导向的企业文化，鼓励员工长期服务于公司，分享公司发展的收益。

（3）虚拟股权有效期

初定有效期为 3 年，期满根据实施效果评估另行确定是否续期；有效期内如果股东大会表决通过的其他激励计划与本计划冲突，本计划可终止。

（4）虚拟股权的组织实施

董事会负责组织管理，股东大会负责批准激励计划及年度分配方案。

（5）授予对象

有过突出贡献的人才；公司未来发展需要的人才；年度工作表现突出的人员；符合授予条件并在公司工作满一个自然年的员工或符合授予条件经董事会批准的当年入职的新员工。

（6）授予数量的确定

授予数量=基础股数×能力系数×工龄系数

根据职位级别确定基础股数（1 级：1 万股，按指令基本完成工作；2 级：1.5 万股，独立合格完成工作；3 级：2 万股，技术/专长/管理岗位；4 级：2.5 万股，完成业绩目标且团队管理优秀的管理岗位）。

根据能力（中级：1.0 ；高级：1.1；专家：1.2）及工龄（3 年及 3 年以下：1.0；3～5 年：1.1；5 年及 5 年以上：1.2）系数确定授予数量。

根据年度绩效成绩确定当年兑股数量，兑股数量=授予数量×绩效系数。

3. 虚拟股权计划操作要点

虚拟股权的授予条件一定要与公司战略直接相关的重要指标挂钩。例如，利润增长额、市场占有率、研发成果、新产品（用户数、付费客户数）等。

在实施过程中，即使未进行股份改制的有限公司也最好把股份虚拟平均分成相等的股份数量进行授予。公司可以根据注册资本（实收资本）、净资产或者估值作为股份数量的计算依据，具体选择策略时需同时考虑企业所处的发展阶段及各项指标与激励效果预期，相关内容会在本书后续章节中进行介绍。

2.20 激励模式 15：虚拟股票

1. 虚拟股票是什么

虚拟股票激励模式是一项公司授予激励对象与实际股票权益相对应的股票经济收益权，激励对象可以据此享受一定数量的分红和股价升值收益，但并不实际拥有股票的激励计划。

虚拟股票激励计划在实施过程中，激励对象无须支付对价获得实际股票。公司只是将股票实际的增值或分红情况作为奖金核算依据。

与股票增值权有所不同的是，虚拟股票授予的并非只是股票价格升值的差价，而是与实际股票相对应的所有经济收益权。换言之，虚拟股票一定包含了股票增值权，但股票增值权不是虚拟股票。

2. 虚拟股票特点

虚拟股票是股权形式的虚拟化，激励对象实际未获得股票，不改变股本结构；虚拟股票通常包括分红权和股票增值权（账面净值增值、股价增值）。

一般情况下，公司根据授予条件及工作绩效将虚拟股票奖励给激励对象，激励对象无须支付对价；虚拟股票不能转让和出售，激励对象离职时虚拟股票自动失效。虚拟股票授予前和行权时均可设置相应的条件。

虚拟股票兑付形式灵活，可现金兑付或折算成相应的股票。

3. 虚拟股票在应用中的优缺点

虚拟股票具有不改变股本结构、操作简便、无须激励对象出资、激励效果明显且有一定的约束力、具有延期支付性、利于业绩目标达成等优点。

公司在应用虚拟股票时需要注意资金在奖金兑付时是否充足，如遇股价暴涨可能出现兑付危机；同时企业应做好股份兑付对企业当期利润影响的准备。

【案例 10】华为公司虚拟受限股制度

（1）基本信息

- 公司名称：华为技术有限公司。
- 成立日期：1987 年 09 月 15 日。
- 注册资本：3990813.182000 万元。
- 组织形式：有限责任公司（自然人投资或控股的法人独资）。

（2）主营业务

程控交换机、传输设备、数据通信设备、宽带多媒体设备、电源、无线通信设备、微电子产品、软件、系统集成工程、计算机及配套设备、终端设备及相关通信信息产品、数据中心机房基础设施及配套产品的开发、生产、销售、技术服务、工程安装、维修、咨询、代理、租赁等。

（3）股权架构（如图 2-4 所示）

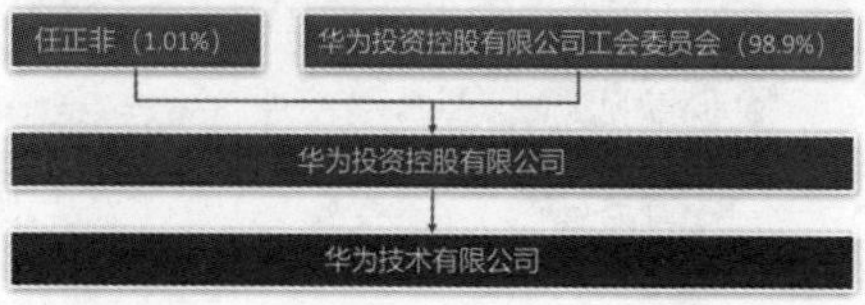

图 2-4

（4）华为股权激励发展历程（如图 2-5 所示）

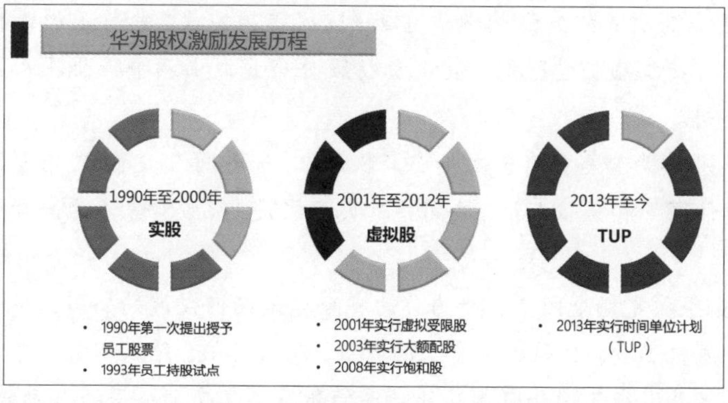

图 2-5

（5）实股阶段（1990 年至 2000 年）

- 激励目的：解决资金短缺问题，内部融资。
- 激励对象：在华为公司工作满 1 年的员工。
- 激励模式：实股激励，出资购股，股价 1 元/股。
- 分红约定：以税后利润 15%作为股权分红，当时员工的工资、奖金、股票分红比例约 1:1:1。
- 实施效果：在华为早期不能上市，获取银行融资较为困难的初期，华为公司依靠这种内部融资的方式渡过了难关。

（6）虚拟受限股阶段（如图 2-6 所示）

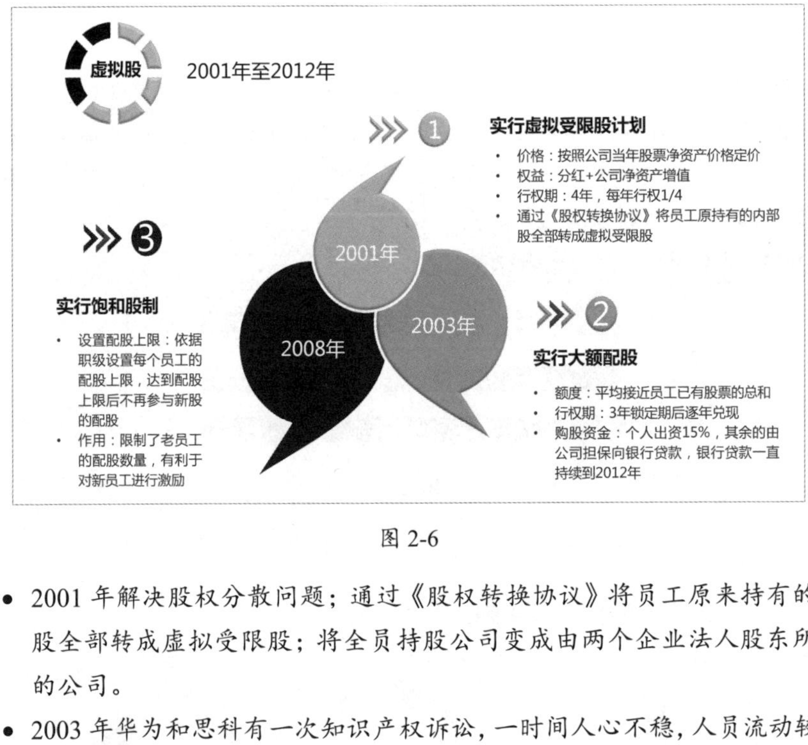

图 2-6

- 2001 年解决股权分散问题；通过《股权转换协议》将员工原来持有的内部股全部转成虚拟受限股；将全员持股公司变成由两个企业法人股东所控股的公司。
- 2003 年华为和思科有一次知识产权诉讼，一时间人心不稳，人员流动较大，为稳住高管和核心人员，公司推行大额配股，配股对象多为高管和关键岗位人员。
- 2008 年稳定整个团队；华为作为在全球范围内发展的公司，也受到了美国次贷危机影响。公司根据员工的职级、绩效考核，给入职满一年的员工进行配股，并实行了饱和股制，让更多的新员工享受到公司的激励配股。

（7）TUP 阶段（2013 年至今）

TUP 计划实质上是一种特殊的奖金制度，是基于员工历史贡献和未来发展前途确定的一种长期但非永久的奖金分配权利。TUP 计划在本书十九种股权激励模式中类似在职分红，即根据公司的发展规划、经营业绩授予符合条件的在职员工一定数量的企业税后利润分配权。

华为的 TUP 计划，如图 2-7 所示。

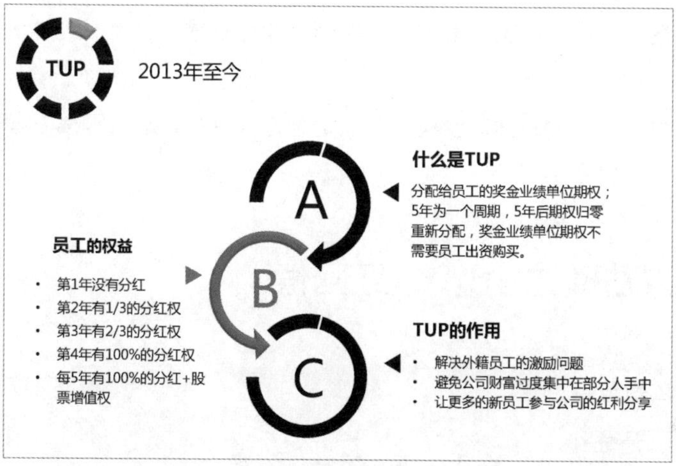

图 2-7

（8）股权激励实施效果汇总

- 员工持股：截至 2016 年 12 月华为员工总数约为 19 万人，持股员工占比 45% 以上。
- 业绩增长：2010—2016 年，华为年营业收入从 235 亿元左右增长到了 5216 亿元左右。
- 员工收益：2002—2016 年，公司每股净资产收益从 2.62 元升值到 7.84 元，员工的年收益达到了 25%～50% 。

（9）带给我们的启示

华为股权激励计划的特点为全员持股；亮点为融资与激励并存；原则为在掌握控制权的前提下让利。

华为实施股权激励计划的精髓可以总结为四点：目的明确、制度透明、自愿参与、与时俱进。

2.21 虚拟股权和虚拟股票的区别

虚拟股权和虚拟股票虽都属于企业奖金制度的安排，但在实际应用过程中主要有以下三方面的区别。

应用企业性质不同：虚拟股权一般应用于非上市公司；虚拟股票应用于上市公司。

增值来源不同：虚拟股权增值收益源于企业经营成果；虚拟股票增值源于经营成果及资本市场股票交易。

奖励兑付方式不同：虚拟股权一般以资金方式兑付，虚拟股票一般以资金或折算股票的方式兑付。

2.22 激励模式 16：分红回偿

1. 什么是分红回偿

（1）什么是分红

分红是公司在每年盈利中按股份份额的一定比例支付给投资者的红利；是公司对股东投资的回报。分红是按年度结算的股东收益，是股东经济收益的一部分。

（2）什么是回偿

“回”字有走向原来的地方和掉转之意；而“偿”字则有归还、抵补之意；“回偿”在股权激励中通常指归还原来该支付的股份本金。

（3）什么是分红回偿

分红回偿指用分红收益偿还股份本金的过程。具体表现为激励对象将当期可兑现的分红收益留存在公司中，用来偿还未来可获得的实股本金的过程。

2. 分红回偿的特点

分红回偿不是一种可独立实施的股权激励模式。虽然有很多书籍都将其视作股权激励模式之一，但在实际应用中其主要指用原本应即时支付的股份红利来偿还获取股份时应支付的股本金。

分红回偿具有以下特点。分红回偿属于解决购股资金来源的方式之一；激励对象用分红收益冲抵所获得股份的支付对价。公司与激励对象可约定部分或所有分红回偿；分红回偿全额冲抵股份本金完成前，激励对象一般不实际拥有股权；也不需要在获得股份时支付资金对价。

3．分红回偿的优势

利于公司和激励对象间的价值共创、责任共担、利益共享。分红回偿能充分调动激励对象的工作积极性。

分红回偿可充分调动激励对象的工作积极性，其背后的逻辑为激励对象越积极，企业经营利润可能越高，利润越高则分得红利越多，分得红利越多股份本金回偿速度越快，回偿速度越快，获得股份所有权的时间则越早。

激励对象不需要用自有资金支付实股本金，所以激励效果相对较好。

4．分红回偿的劣势

对企业持续盈利能力及资金流要求较高，否则分红额度少，获得股份时间太长，没有激励效果。对获得的股份数量有一定要求，尤其是总体股本金额度较小的企业；否则不足以回偿股本金或回偿速度过慢，对激励对象的吸引力较弱。而企业过早授予较大份额股份，则可能影响其股权管理结构的顶层规划。

对激励对象而言，其短期内难以获得股份所有权。

5．分红回偿的适用范围

分红回偿适用于在实股激励模式实施过程中需要支付资金对价的情形，通常作为激励对象购股本金的来源解决方案之一。

分红回偿适用于进入持续盈利的财务价值阶段，利润保持稳定持续增长，具有良好发展前景的公司。

实施分红回偿应尽量选择对所处行业熟悉、对公司发展有信心、对公司利润影响力较大的关键岗位的核心管理人员和骨干员工。

2.23　激励模式 17：延期支付

1．什么是延期支付

延期支付的应用源于上市公司。公司将激励对象的部分薪酬，特别是年度奖金、股权激励收入等按当期公司股票市场价格折算成股票数量，存入公司为其单独设立的延期支付账户。在约定期限期满后或在激励对象退休以后，再以公司股票的形式或根据期满时的股票市场价格以资金兑付给激励对象。

简而言之，延期支付模式是公司把应该当下支付给激励对象的激励标的（资金或折股）暂设专户存放，待未来一段时间内激励对象未出现非正常离职（如未满规定时间而提出离职，或者出现严重违纪等），并且符合公司设定的绩效考核条件，则以资金或股份兑付的方式一次性或分期兑付给激励对象的激励模式。

2. 延期支付的作用

延期支付可缓解公司当期资金流转压力，利于公司将资金用于企业经营，在获得更高收益的同时提升资金的使用效率。

延期支付将每期应付奖金累积递延至未来某一时间点或一个时间段内集中支付，增加激励对象的离职成本，从而对激励对象产生一定的约束作用。

3. 延期支付的优势与劣势及适用范围

（1）优势及劣势

延期支付模式可用于企业中长期激励计划；但因其当期收益无法及时兑付，如果延期时间太久，则会削弱激励效果。

（2）适用范围

延期支付适合与诸多虚拟或实体股权激励模式结合应用。但其更适合应用于内部（员工对公司的信任）信用良好，且具有发展前景的公司。

为保证激励效果，企业在实施延期支付激励模式时，应注重选择对公司充满信任和信心的激励对象；在实施前的宣导环节中，应注重提升员工对公司的信任度；在标的授予时，一定要与受让对象签订书面的授予协议和同意延期支付的备忘录。

2.24 分红回偿和延期支付的区别

分红回偿是股本金支付模式，其目的是公司为了缓解激励对象的实股本金支付压力，从而进一步提升股权激励的激励效果。简而言之，对公司而言是公司欠员工分红，未来将所欠分红折为实股偿还；对员工而言是员工欠公司股份认购本金，用企业欠其的分红款进行抵扣。

延期支付是约束策略，其目的是为了在产生激励效果的同时，对激励对象产生约束作用。为便于理解和记忆，在股权激励应用中我们可以认为分红回偿是激励对象欠公司或股东股本金的偿还方式；延期支付是公司欠激励对象应付奖金的分期支付形式。

2.25　激励模式 18：员工持股计划

1. 什么是员工持股计划

员工持股计划（Employee Stock Ownership Plans，ESOP）是指上市公司根据员工意愿，通过合法方式使员工获得本公司股票并长期持有，按约定分配给员工股份权益的一种制度。其价值是将员工未来收益和公司股票的未来价值联系起来，使员工以股东的身份发自内心地为自己而工作，从而间接达成公司的发展目标。员工持股计划的参加对象是包括管理层在内的全体员工。

员工持股计划的焦点在于让员工合法持有公司的股份，分享公司经营发展的成果，而非用股份对员工进行激励。因此在应用法律依据及实操过程中与股权激励有较大的差别。

员工持股计划在收益分享、风险共担的前提下，根据企业不同的实施员工持股计划的目的可将员工持股计划分为福利型（将持股权作为福利让大部分员工有权且有条件持有）、风险型（更强调员工自愿出资，自愿承担风险的投资型持股）、集资型（向员工募集资金，解决公司内部融资）三种。

2. 实施员工持股计划的三大原则

（1）依法合规原则

上市公司实施员工持股计划，应当严格按照法律、行政法规的规定履行程序，真实、准确、完整、及时地实施信息披露。任何人不得利用员工持股计划进行内幕交易、操纵证券市场等。

（2）自愿参与原则

上市公司实施员工持股计划应当遵循公司自主决定，员工自愿参加，上市公司不得以摊派、强行分配等方式强制员工参加本公司的员工持股计划。

（3）风险自担原则

员工持股计划参与人盈亏自负，风险自担，与其他投资者权益平等。

3. 员工持股计划实施要点

（1）员工持股协议约定要点

- 员工出资认购公司股权，委托合法的社团法人托管运作。
- 制订员工参与董事会管理，按股份分享红利的具体策略和机制。
- 制定公平公正的参加对象确定标准。
- 合法、合理地解决购股资金及股票来源。
- 约定合法、适当的存续期限管理模式。
- 制定持有人会议的召集及表决程序。
- 约定公司融资时员工持股计划的参与方式。
- 约定员工持股计划的期满、变更、终止；员工发生不适合参加持股计划情况时所持股份权益的处置办法。
- 及时制订并公布员工持股计划的实施过程中的各项与员工利益相关的管理细节及议事程序。

（2）员工持股计划法律规定中的三个重要数字

有关员工持股计划，法律中规定的三个重要数字，如图 2-8 所示。

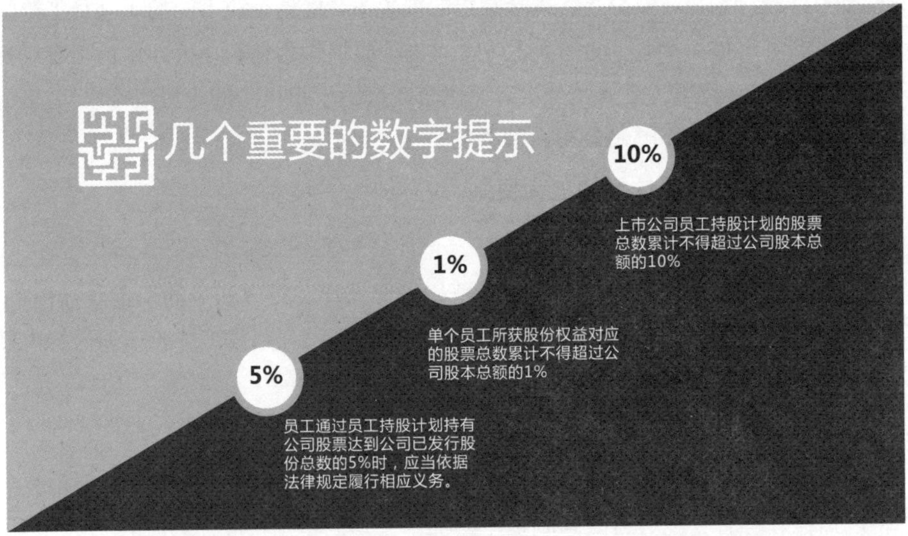

图 2-8

- 10%：员工持股计划中的股票总数累计不超过公司股本总额的 10%。
- 1%：单个员工所获股份权益对应的股票总数累计不得超过公司总股本的 1%。

- 5%：实施员工持股计划的目标公司中的单个股东（包括自然人或持股平台）持股比例超过 5%时应履行相应义务。

4．适用范围及应用价值

（1）适用范围

员工持股计划更适用于经营稳定，有持续利润增长点，资金流健康，员工持股计划实施目标明确，公司管理结构完善且员工对公司高度认同并充满信任的上市或非上市公司。

（2）应用价值

由于员工持股计划更利于公司与员工的目标趋向一致，所以更利于企业业绩的增长及战略目标的达成。实施员工持股计划的公司必须建立科学、规范的公司管理制度；员工成为公司的股东并参与企业的决策，更利于增强公司内部管理，帮助公司抵制外部恶意兼并和收购，更有助于公司长期发展；符合国家税收政策的公司还可能获得一定税收优惠。

2.26　激励模式 19：股权激励计划

1．什么是股权激励

从狭义的角度来说，股权激励是指上市公司以本公司股票为标的，对其董事、高级管理人员及其他核心员工进行的长期性激励，股权激励等同于上市公司的股票授予计划；授予形式包括期权或限制性股票。

从广义的角度来说，股权激励是所有股权激励模式的统称，其落脚点在激励上，将股权作为公司激励员工的标的之一，作为物质与精神激励效果并存的激励模式与其他激励要素共同发挥激励作用，有助于提高员工主动工作的积极性，使其不断提升自身业绩，公司的经营效益随之不断提升。

本书除特殊说明外，股权激励均为从广义角度将股权激励视作所有股权激励模式的统称，而非单一的模式。

2．股权激励的主要形式

对于上市公司来说，根据我国股权激励相关法律的规定，股权激励只有两种主要形式，即限制性股票和股票期权，其他股权激励形式均是在这两种形式的基础上派生而来的。

3. 股权激励的法律基础

股权激励的实施主要遵循的法律为《中华人民共和国公司法》《中华人民共和国证券法》等，而针对性法规主要为《上市公司股权管理办法》及其他相关法规。

由于股权激励的实施建立在公司与员工的劳资关系的基础上，故《中华人民共和国劳动法》《中华人民共和国劳动合同法》及《中华人民共和国劳动法实施条例》等法律法规也是在股权激励项目实施中需要严格遵循的。

在股权激励项目实施过程中有关税务等内容，主要依据《中华人民共和国企业所得税法》《中华人民共和国个人所得税法》及相关法律法规。关于在股权激励项目实施过程中需要学习的法律法规，本书后续章节将有详细解读。

4. 股权激励实施

股权激励的实施过程如图 2-9 所示。

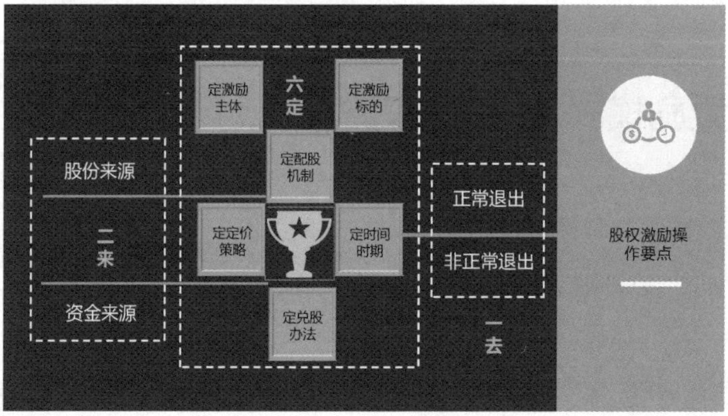

图 2-9

关于股权激励的具体实施过程本书将在第四章中详细解读。为保证后续内容的理解和运用，建议读者认真学习甚至熟悉掌握前面章节的内容。

5. 适用范围及价值

从狭义角度来说，将视股权激励为单一激励模式，其主要适用于上市公司。

从广义角度来说，股权激励的不同模式有其不同的应用范围，在本书中我们分别将一些激励模式适合的应用场景进行了介绍。企业在实施股权激励项目的过程中，一定要结合实际情况选择适合的股权激励模式。

我经常会建议咨询者，在为企业设计股权激励方案时，一定要把所学的股权激励模式全部“扔掉”，眼里只有企业本身；通过认真分析企业未来的需求，结合企业当下的实际情况，定制出属于企业的个性化股权激励方案。

至于最后我们运用了哪些模式，都不重要；重要的是股权激励能否助力企业达成发展目标。

股权激励项目的实施说简单也简单，说复杂也复杂，但我们都不得不承认，任何一种单一的激励方法都不能直接解决员工内在动机的问题，各种激励因素共同作用才可能产生激励效果。所以，我们在面对员工的各种工作动机问题的时候，如果能找到问题背后的根本原因；根据具体情况，找到突破点，逐步走进员工的心灵世界，任何激励方法都可能产生事半功倍的效果。

2.27　员工持股计划和股权激励的区别

员工持股计划与股权激励计划虽然经常被混为一谈，但其实在我国的法律体系下，二者在应用过程中主要有以下四方面的区别。

区别一：激励对象及激励范围不同。员工持股计划有一定的普惠式目的，对象范围广，持股人数多；股权激励针对不同的特定人群，通常为高管、精尖技术人才、关键技术人才。

区别二：定价策略不同。员工持股计划一般依据当期市场价格定价；在股权激励中有些激励模式可以在市场价格的基础上给予一定的折扣。

区别三：法律依据不同。员工持股计划主要依据《关于上市公司实施员工持股计划试点的指导意见》；股权激励主要依据《上市公司股权激励管理办法》。

区别四：应用的目的不同。员工持股计划主要强调让员工合法持股；股权激励主要强调如何运用股权对核心骨干人才进行激励。

2.28　一张“魔表”教你分辨十九种股权激励模式

为便于理解和记忆，我将本书中十九种股权激励模式的关键内容汇总在一张表格中（见表 2-7），供读者学习参考。

表 2-7 十九种股权激励“魔表”

序号	激励模式	属性	一句话总结	特点	对公司而言		对激励对象而言		适用企业类型或激励对象
					优点	缺点	优点	缺点	
1	期股	实股	期股是可以分期付款的方式来获得实股的模式	有限售期；需要出资购买，可分期付款，款付清后才能归权并解锁	约束激励对象；减少资金流压力	方案设计相对复杂；股价不易确定	缓解购股资金压力；可获得公司股权	短期内没有收益；离职成本较高	初创发展阶段，未来升值潜力大的企业； 企业关键岗位且符合公司价值观有可能成为公司合伙人的人才
2	期权	先虚后实	期权是授予未来可以购买公司股份的权利	授予的是以事先确定好的价格，未来可以购买公司一定数量的股份或股票的选择权	不影响资金流；有激励性；降低用人成本	没有约束力；上市公司受政策限制	可选择放弃期权的权利；风险较小；有财富大增的机会	如果行权时股价低于购股约定价格，则没有意义	初创发展阶段，未来升值潜力大的企业； 市场稀缺，工资较高，难获得的人才
3	限制性股份（票）	实股	限制性股份（票）是有限售期的股份	授予时即获得实际股份，在限售期内不得转让，限售期满并符合转让条件后可转让变现	有激励效果，同时具有约束力	上市公司受《上市公司股权激励管理办法》的限制	可获得公司的股份或股票；有财富大增的机会	需要通过公司的相应考核，有限售期，离职成本较大	初创发展阶段，未来升值潜力大的企业； 运营稳定的上市企业； 未来需要引进的高潜力人才或上市公司的管理层和核心人才

续表

序号	激励模式	属性	一句话总结	特点	对公司而言		对激励对象而言		适用企业类型或激励对象
					优点	缺点	优点	缺点	
4	出资购股	实股	出资购股即用自有资金购买股权	受公司邀请出资购买股份成为新股东，并与原有股东享受同等权利	可锁定优秀人才，共担风险	可能影响经营决策	享有真正股东的权力	需要资金；承担风险	初创企业； 联合创始人、项目合伙人； 掌握特殊资源的人才
5	技术入股	实股	技术入股指以技术作价支付本金获得股份的方式	以相应的技术成果或发明专利作价出资享有公司的股份，技术出资相当于无形资产投资	可激励并锁定技术人才，获得知识产权	技术价值评估困难	可获得公司股权	技术专利归公司所有	对技术依赖程度较高的企业； 稀缺技术人才
6	赠予股份	实股	赠予股份是指零成本获得股权	公司原有股东赠送激励对象股份	激励效果好	公司决策和原股东利益会受影响	可获得公司股权	需要通过相应考核；离职成本高	初创企业引进高级管理人才或稀缺资源
7	业绩股票	实股		年初确定业绩目标，年末达标，授予一定数量股票或奖励资金用于购买股票	利于公司整体业绩达标	业绩目标设置困难大；现金流要求高	可获得公司的股票，不需要直接支付现金	需要达成公司设定的业绩指标	上市公司； 与业绩相关的人员

续表

序号	激励模式	属性	一句话总结	特点	对公司而言		对激励对象而言		适用企业类型或激励对象
					优点	缺点	优点	缺点	
8	股票增值权	虚拟	股票增值权是以股票增值为计算依据的奖金制度	以股价的增加值为基数，对激励对象进行奖励	无须监管部门审批，公司可自行决策实施；不影响公司的总股本与股权结构，管理简单易行	资金压力较大	无须支付成本；可获得与其虚拟股权比例对应的收益	无法与激励对象的经营行为直接挂钩，激励效果不显著	上市公司应该考虑相关政策规定：如实施股权激励，激励对象一般为董事、高级管理人员、核心技术（业务）人员，独立董事及监事不得参加，其他人员作为激励对象的，须做特殊说明。如实施员工持股的，激励对象须为公司员工，也包括管理层
9	账面价值增值权	虚拟	账面价值增值权是以账面价值增值为计算依据的奖金制度	以净资产的增加值为基数，对激励对象进行奖励	无须监管部门审批，公司可自行决策实施；不影响公司的总股本与股权结构，管理简单易行	资金压力较大	无须支付成本；可获得与其虚拟股权比例对应的收益	获得的不是真实的股权	
10	超额利润分享计划	虚拟	超额利润分享是企业基准业绩超额部分的分享权	享受在职分配约定净利润增加值，基准值超额部分为基数的奖金	无须监管部门审批，公司可自行决策实施；不影响公司的总股本与股权结构，管理简单易行	资金压力较大	无须支付成本；可获得与其虚拟股权比例对应的收益	无法与激励对象的经营行为直接挂钩，激励效果不显著	

续表

序号	激励模式	属性	一句话总结	特点	对公司而言		对激励对象而言		适用企业类型或激励对象
					优点	缺点	优点	缺点	
11	在职分红	虚拟	在职分红权是企业税后利润分配权	享受在职分配净利润增加值为基数的奖金	无须监管部门审批，公司可自行决策实施；不影响公司的总股本与股权结构，管理简单易行	资金压力较大	无须支付成本；可获得与其虚拟股权比例对应的收益	无法与激励对象的经营行为直接挂钩，激励效果不显著	上市公司应该考虑相关政策规定：如实施股权激励，激励对象一般为董事，高级管理人员，核心技术（业务）人员，独立董事及监事不得参加，其他人员作为激励对象的，须做特殊说明。如实施员工持股的，激励对象须为公司员工，也包括管理层
12	员工持股计划	实股	员工持股计划强调的是员工“持股”	上市公司根据员工意愿，通过合法方式使员工获得本公司股票并长期持有，股份权益按约定分配给员工的制度。员工持股计划的参与对象为公司员工，包括管理层人员	提升企业业绩；增强了企业与员工的联系；增强企业内部监督；帮助企业抵制恶意兼并有助于企业长期发展；可能取得一定税收优惠	可能影响企业决策；股权架构不断变化	有财富增长机会	达到一定条件才能获得公司的股份或股票，离职成本较高，有财富缩水的风险	
13	股权激励	可虚可实		上市公司以本公司股票为标的，对其董事、高级管理人员及其他员工进行的长期性激励	提升企业业绩；增强了企业与员工的联系；增强企业内部监督	可能影响决策；股权架构不断变化	有财富增长机会	达到一定条件才能获得公司的股份或股票，离职成本较高，有财富缩水的风险	

续表

序号	激励模式	属性	一句话总结	特点	对公司而言		对激励对象而言		适用企业类型或激励对象
					优点	缺点	优点	缺点	
14	分红回偿	先虚后实	分红回偿是股本金的支付方式	在职分红权获得的红利存入特定的账户，用于偿还所占股份的本金	缓解资金流压力	对公司利润要求高	可获得公司股权	盈利能力弱的公司可能需要较长时间获得股权	盈利能力强且稳定的公司，激励对象为高级管理人员或与企业业绩增长直接相关的核心人员
15	延期支付	可虚可实	延期支付是奖金延期发放	上市公司将管理层的部分薪酬，特别是年度奖金、股权激励收入按当日公司股票市场价格折算成股票数量，存入公司为管理层单独设立的延期支付账户。在既定期限或退休后以股票或期满时的股价折现方式支付给激励对象	不影响资金流；有激励效果；增加离职成本；有约束效果	如果以资金兑付，则在兑付时有资金流要求	可获得公司的股票，不需要直接支付对价	需要很长时间才可获得公司股票；离职成本较高	上市或非上市公司高层管理人员及核心人员激励

续表

序号	激励模式	属性	一句话总结	特点	对公司而言		对激励对象而言		适用企业类型或激励对象
					优点	缺点	优点	缺点	
16	虚拟股权	虚拟	广义的虚拟股权是未经工商注册的股东权益	享受分红权+股价升值收益	无须监管部门审批，公司可自行决策实施；不影响公司的总股本与股权结构，管理简单易行	资金压力较大；现金激励效果不显著	无须支付成本；可获得与其虚拟股权比例对应的收益	获得的不是真实的股权，除分红权、股价升值收益之外不享有其他任何股东权利，激励效果不显著	上市公司应该考虑相关政策规定：如实施股权激励，激励对象一般为董事、高级管理人员、核心技术（业务）人员，独立董事及监事不得参加，其他人员作为激励对象的，须做特殊说明。如实施员工持股，激励对象则为公司员工，也包括管理层
17	虚拟股票	虚拟	广义的虚拟股票是未经工商注册的股东权益	享受分红权+股价升值收益	无须监管部门审批，公司可自行决策实施；不影响公司的总股本与股权结构，管理简单易行	资金压力较大；激励效果不显著	无须支付成本；可获得与其虚拟股票数量对应的收益	获得的不是真实的股票，除分红权、股价升值收益之外不享有其他任何股东权利，不能转让和出售，离职自动失效	上市公司应该考虑相关政策规定：如实施股权激励，激励对象一般为董事、高级管理人员、核心技术（业务）人员，独立董事及监事不得参加，其他人员作为激励对象的，须做特殊说明。如实施员工持股，激励对象则为公司员工，也包括管理层

续表

序号	激励模式	属性	一句话总结	特点	对公司而言		对激励对象而言		适用企业类型或激励对象
					优点	缺点	优点	缺点	
18	经理人回购	实股	经理人回购大多是投资方的风险控制条款	由公司经理人回购公司的股票或股份	使用有较大局限性	资金压力大	需要资金	可能有风险	国有控股或经营较好的公司
19	优先股	实股	优先股是介于普通股和债券之间的一种混合证券	介于普通股和债券之间的一种混合证券，在利润分配及剩余财产分配方面的权利，优先于普通股。一般有累积优先股（股利不足可补发）、参与优先股（除优先分配固定利息外，还可参与普通股分配）、可转换优先股（可转为普通股）、可回收优先股（可进行回收）	提高公司偿债能力（优先股股利支付不构成法定义务，财务状况不佳，可暂停）；借款不需提供资产抵押回收灵活（无固定到期日）；不改变原有股东控制权（优先股无表决权）	资金压力大；不可税前列支	较为固定的回报	没有选举权及被选举权，股息相对固定，股利以公司的税后利润发放，没有抵税效应	一般用于融资

我将十九种股权激励模式进行了分类总结，帮助读者进一步理解和记忆相关内容。

1. 不为实，则为虚

我们根据是否在工商局进行注册登记将股权激励模式分成实体股权模式和虚拟股权模式，即凡是不需要在工商局注册登记的激励模式都是虚拟模式。

从虚实的角度而言，十九种激励模式可重新被归类。

（1）实体股权激励模式

出资购股、限制性股份（票）、技术入股、业绩股票、优先股、赠予股份、期股、员工持股计划。

（2）虚拟股权激励模式

账面价值增值权、股票增值权、超额利润分享计划、在职分红、虚拟股权。

（3）可虚可实的股权激励模式

期权、股权激励计划、延期支付、分红回偿。

2. 不“限买”，就“限卖”

“限买”指的是限制购买，在实际应用中的表现形式为有等待期和认购或行权条件；股权激励之所以能产生激励作用是基于其对人的预期的管理，而限买的设计是预期管理的前半段，使激励对象为了获得“购买”或“行权”的资格而达成相应的业绩条件。一般授予某种权益的股权激励模式都有“限买”。

- 期权授予的是未来购买股权的权利，行权前有等待期（限买）期满且符合相应条件者有权进行行权（购买股份）。
- 账面价值增值权授予的是公司账面净值增值分享的权利，行权前有等待期（限买），期满且符合相应条件者可享受相应的权利。
- 股权增值权授予的是股票价格增长的差价分享权利，行权前有等待期，期满且符合相应条件者有权进行行权。

“限卖”指的是限制转让，在实际应用中的表现形式为有限制转让获得的时间和条件；限卖的设计是预期管理的后半段，激励对象为了达成“转让”或“出售”的条件而努力。

大多数的股权激励模式都有限制转让期限和相应的条件，这也是股权激励作为企业长期激励的一个必要属性；而成年人也都会有正常的延迟满足的能力，股权激励才会有应用的意义并产生价值。

3. 不出“钱”便出“身”

这里的“钱”指的是资本，即金钱；“身”指的是人力资本，即一个人的所拥有的知识、技能、健康状况等的总和。

股权的背后是责任，是价值成果，是经济利益，股权交易必须遵循价值对等交换的原则。从股权激励的各种模式来看，有的激励模式需要支付资金对价，有的激励模式不需要支付资金对价；但在获得股权时，持股者都应付出相应的成本。人们通常会把出钱获得的股份称作“银股”，而将出“身”获得的股份称作“身股”。

4. 不是股票就是股份

股票是可以在资本市场进行公开交易的股份。在本书中我们将未上市公司的股份称为“股份”，上市公司的股份则称为“股票”。即便是虚拟模式中提到的股票，也只适用于上市公司。

5. 不是当期的就是未来的

股权激励模式中有的是当期授予的实股，有的则是未来可以获得的权益，从这个角度来说我们可以把十九种激励模式再次进行分类。

当期授予实股的激励模式有：期股、限制性股份（票）、优先股、出资购股、技术入股、员工持股计划。

其余的模式均授予的是未来的实股或者获得经济利益分享的某种权利。

6. 不是股权激励就是员工持股计划

员工持股计划不属于股权激励的范畴，之所以我们将其放在十九种模式中进行介绍，也是为了进一步说明员工持股计划与股权激励的区别。

在我国目前的法律体系下，我们可以将“股权激励”进行如下划分，如图 2-10 所示。

企业的核心竞争力归根结底其实是人力资本，而人力资本则是人的知识技能、健康状况等的总和，不断激励拥有人力资本的优秀人才是人力资源产生价值的逻辑。为了拥有更多的人才，企业需要不断研究并设计符合不同人才层次的激励办法。股权激励是将物质激励和精神激励完美结合的激励制度体系，在企业的生命周期中发挥着不可替代的激励作用。

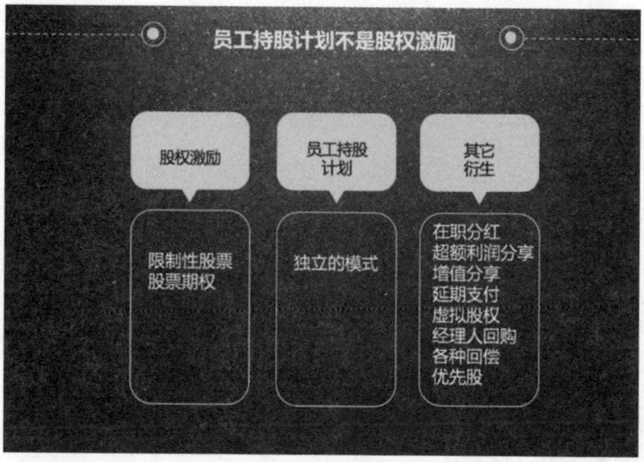

图 2-10

所以，掌握股权激励十九种模式的应用，不仅是企业现在和未来的需求，也是有志之士未来获得良好职业机会的竞争优势。

第 3 章

教你选择：适合自己公司的激励模式

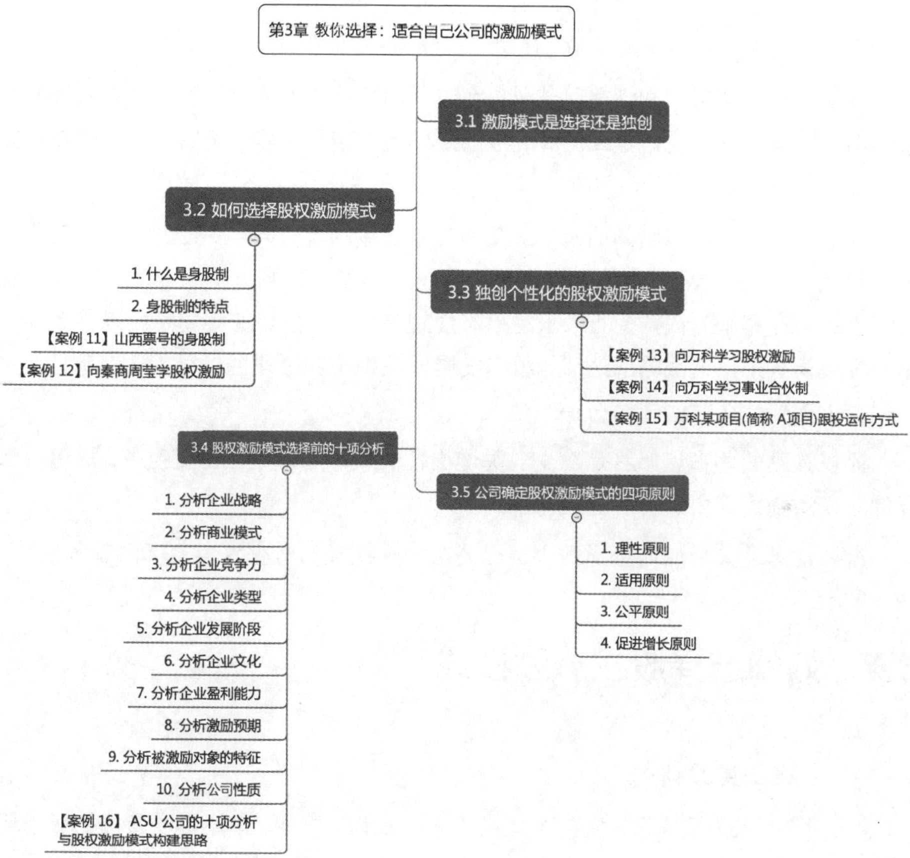
第3章 教你选择：适合自己公司的激励模式
3.1 激励模式是选择还是独创
3.2 如何选择股权激励模式
1. 什么是身股制
2. 身股制的特点
【案例 11】山西票号的身股制
【案例 12】向秦商周莹学股权激励
3.3 独创个性化的股权激励模式
【案例 13】向万科学习股权激励
【案例 14】向万科学习事业合伙制
【案例 15】万科某项目(简称 A项目)跟投运作方式
3.4 股权激励模式选择前的十项分析
1. 分析企业战略
2. 分析商业模式
3. 分析企业竞争力
4. 分析企业类型
5. 分析企业发展阶段
6. 分析企业文化
7. 分析企业盈利能力
8. 分析激励预期
9. 分析被激励对象的特征
10. 分析公司性质
【案例 16】 ASU 公司的十项分析
与股权激励模式构建思路
3.5 公司确定股权激励模式的四项原则
1. 理性原则
2. 适用原则
3. 公平原则
4. 促进增长原则

3.1 激励模式是选择还是独创

经常会有人问我："高老师，哪种激励模式更适合我的公司？"企业实施股权激励项目，是套用现有激励模式，还是独创激励模式？我从来都不建议大家生搬硬套现有的激励模式。因为所有的激励模式都是创作者站在本身所处的环境中，根据其所掌握的资源创造出来的，它不可能适合所有的企业。

其实所有的学科和知识概莫能外，在时代的变迁中不断地更新迭代。后者要么推翻旧观点建立新学说，要么在旧观点的基础上提出新主张，所以永远要带着批判的思维去学习。

我建议学习股权激励的朋友们，在制定股权激励方案时，要把所有学过的股权激励模式全部"忘掉"。你的眼里应该只有企业本身，认真分析企业当前的发展及价值创造处在哪个阶段，企业未来的战略规划是什么，需要在不同阶段以什么样的组织发展模式来保证战略的达成，组织发展过程中不同阶段的关键岗位有哪些，关键岗位上需要什么样的人才……

股权激励的落脚点始终是在企业关键岗位的人才管理上，在实践中，选用什么样的股权激励模式要结合企业自身情况。

所以，本章关于如何选择适合自己公司激励模式的所有内容，仅供参考！

3.2 如何选择股权激励模式

1. 什么是身股制

"身股"即人力资本股，它的本质是将人的知识、技能、健康等要素虚拟货币化后转成企业资本的一部分，与"银股"股东平等分红的人才激励机制。

简而言之，就是出力不出资，用人力资本获得企业利润分配的权利。

"身股"制盛行于我国明清时期的晋商票号，票号的东家所出的资本称为"银股"或"财股"，一家票号中有若干个东家。票号中的东家决定大掌柜（相当于今天的总经理或总裁）的任用，大掌柜承担经营的全部风险，并参与分红。

票号经营者（大掌柜）所拥有的是"身股"，又称"劳股"或"人力股"。这种股不用出钱，由东家根据经营者的工龄、职务、贡献、工作态度等给予，通常一股分为 10 厘。当经营者工作至一定年限，薪金达到 70 两银子即可享有“身股”；通常“身股”最低从 1 厘开始，最高可达到 10 厘左右。

2. 身股制的特点

身股制相当于本书股权激励模式中的在职分红，即激励对象只有利润分配权，不是实际的工商注册股东，没有股份的所有权。人在股在，人走股留。因此，在职分红也被多数人称作“干股”。

【案例 11】山西票号的身股制

（1）票号身股制简介

山西票号的身股制（俗称“顶生意”“顶身股”）是对其管理者和员工的重要激励机制。顶身股者无年薪，只有“应支银”。每股每年“应支银”为 300～500 两，至账期合账分红时从红利中扣除，如无红利可分，则顶身股者只能享受“应支银”，但不承担亏损责任。

（2）严格的顶身股者遴选机制

顶身股者须为山西人。据史书记载：“按山西票庄组织之纲领，最有可观者，唯雇用店员一项，为他商所弗及。查山西票庄同业者，关于雇用店员之规定，限于山西人，他省之人不得援用。”

顶身股者须有保荐人推荐且保荐人要承担连带责任。保荐人必须与总号有利害关系；票号的东家不得向本票号推荐学徒。如大德通号规规定：“各连号不准东家举荐人位，如实在有情面难推者，准其往别号转推。”据史书记载：“练习生有保荐人而无押金，将来如有舞弊，由当日保荐人赔偿损失。”

顶身股者须满足特定条件。如志成信规定：招收的学徒必须在 15 岁以上、20 岁以下，身高须满五尺，家世清白，五官端正，语言流畅，举止灵敏，善珠算，精书法。又如协成乾招收学徒时，除年龄家世等条件与志成信要求相同外，更须“习于礼貌，不惮远行”。据史书记载：“票号收练习生，以为培养人才的根基。欲为练习生，先托人向票号说项，票号先向保荐人询练习生的三代做何事业，再询其本人的履历，认为可试，再分口试和笔试两种。”成为学徒后还须经过三年的严格训练和七年以上的班期考核，成绩合格且无过失者才有顶身股的资格。

（3）顶身股激励机制

等级清晰：共 10 级（1～10 厘，共 10 级），九等（1.5～9.5，共 9 等）；大掌

柜，一股约为 10 厘；二、三掌柜，一股为 7～8 厘；伙计一股为 1～4 厘。

退休红利：为防止短期行为，顶身股者在退休后有几年红利；如果其举荐的接班人不合格，退休红利就会减少。

花红制：每年顶身股者的部分分红留存，实行专户管理，并向顶身股者支付利息，待其出户后归还；由于工作不利而造成的损失，以此作为赔偿金。

（4）顶身股制带给我们的启发

东家在合理的前提下分享企业的经营成果，伙计在“顶身股”的激励下自愿全力以赴；正是这种以虚拟股权为载体的契约精神，成就了一代晋商和他们的商业传奇。

作为企业管理者，要有格局和胸怀并用好“身股”，即通过分享企业的经营成果激励员工。只有这样，员工才有可能与您并肩作战，共同把企业发展得更好。

【案例 12】向秦商周莹学股权激励

（1）案例背景

在电视剧《那年花开月正圆》中，讲到了清代末期秦商周莹准备重建陕西机器织布局，但由于缺乏资金，因此运用虚拟股权的方式在内部定向募集资金，在解决了资金问题的同时，取得了非常好的员工激励效果。

（2）具体实施策略

内部募集资金具体实施策略如表 3-1 所示。

表 3-1

预内部募集资金 15000 两		总股本 30000 两（3000 股）		
转让股数	认购价格（两/股）	发行总股数	周莹	韩先生
1500 股	10	1500 股	900 股	600 股
持股比例		50%	30%	20%
合计		100%		

- 总股本：棉花行一年平均盈利 5000 两，以 6 倍溢价，总股本作价 30000 两，均分成 3000 股。
- 转让股数：总股本的 50%，1500 股由内部员工自愿认购。
- 认购价格：每股 10 两，用自家的资产作为股本金的风险抵押。
- 预计分红：如果盈利 3000 两，每股分红 1 两；如果盈利 6000 两，每股分红 2 两。

（3）出现的问题和解决策略

最初大家认购不积极，只有极少数平时与东家接触较多的员工认购了少量股份。周莹了解后发现，大家是担心有风险，本金受损。周莹将自家的资产进行了抵押，并由认购人自行选择与股本金等值的物件贴上自己的名字，承诺一旦经营不善导致认购者本金受损，就以认购者选中的物件进行赔偿。

（4）实施结果

这种方式不仅解决了资金短缺的问题，还取得了非常好的激励效果。其他商号的伙计、总管们慕名加入，成就了一代秦商。

（5）秦商周莹的内部认股制解析

秦商周莹急中生智，运用内部认股的方式解决了资金短缺的问题，同时达到了激励员工的效果，但如果将其放到今天，确实有很多地方并不可取，甚至是有风险的，我们来具体分析。

① 股份设置不合理

50%的比例并未达到大于二分之一的相对控制权，周莹持股 30%，未达到一票否决权要求的三分之一的比例，未来有很高的管理风险。

② 股权激励目的

周莹实施股权激励的目的实际是解决资金短缺的问题。以股权激励的形式进行内部融资，一定要先解决员工的信心问题。公司的未来、公司实际的价值、自己的本金永远是员工最关心的，因此一定要提前做好员工的信任引导。

③ 定价

以相当于市价盈利比率 6 倍的估值定价售股，在现实操作中，除非公司已经达到持续盈利阶段，或者已经有投资方以更高的市价盈利比率的倍数购买了公司的股权，否则该方案的实施难度可想而知。

④ 股转债

股东享有可将现在持有的股权在未来某种经营状况出现的情况下，转为债权的权利。这种权利在股权激励的实际操作中存在的可能性极小，也不符合现代法律的相关规定，在大部分股权激励设计方案中，员工的本金是不会有损失的。

3.3 独创个性化的股权激励模式

股权激励经历了“前有古人，后有来者”的演变过程，随着一代代的传承，其智慧的精髓已内化到现代许多优秀企业家的企业经营哲学中。

本书选择了股权激励模式具有独创性的企业——万科企业股份有限公司（以下简称万科），并对其项目跟投、事业合伙人等股权激励综合体系进行了分析，与读者共同学习。

【案例 13】向万科学习股权激励

（1）万科的基本信息

- 公司名称：万科企业股份有限公司。
- 成立日期：1984 年 5 月 30 日。
- 注册资本：1103920 万元。
- 组织形式：国有相对控股企业。
- 主营业务：住宅开发、物业服务；商业开发和运营、物流仓储、冰雪度假、集中式长租公寓、养老、教育、“轨道+物业”。

（2）万科的上市历程

- 上市日期：1991 年 1 月 29 日。
- 上市市场：深圳证券交易所。
- 发行价格：1.00 元。
- 代码：万科 A（000002）。
- 公司经深圳市人民政府深府办（1988）1509 号文批准：1988 年 11 月 1 日在深圳现代企业有限公司的基础上改组设立了股份有限公司，即“深圳万科企业股份有限公司”。
- 1991 年 1 月 29 日，本公司发行的 A 股在深圳证券交易所上市。
- 1993 年 5 月 28 日，本公司发行的 B 股在深圳证券交易所上市。
- 1993 年 12 月 28 日，经深圳市工商行政管理局批准更名为“万科企业股份有限公司”。

（3）万科的股本结构（如表 3-2 所示，截至 2018 年 12 月 31 日公开信息查询）

表 3-2

股份类别	2017 年 12 月 31 日		增减变动（+,-）	2018 年 12 月 31 日	
	数量（股）	比例	其他（注）	数量（股）	比例
一、有限售条件股份					
1. 国家及国有法人持股					
2. 境内法人持股					
3. 境内自然人持股	9026490	0.08%	0	9026490	0.08%
4. 外资持股					
有限售条件股份合计	9026490	0.08%	0	9026490	0.08%
二、无限售条件股份					
1. 人民币普通股	9715170043	88.01%	0	9715170043	88.01%
2. 境外上市外资股	1314955468	11.91%	0	1314955468	11.91%
无限售条件股份合计	11030125511	99.92%	0	11030125511	99.92%
三、股份总数	11039152001	100.00%	0	11039152001	100.00%

（4）万科的三大阶段用人机制

- 第一阶段创业期，人才是资本，强调广纳优秀人才。
- 第二阶段扩张期，人才是第一资本，推出经理人制度，设立经济利润奖。
- 第三阶段稳定期，职业经理人与股东诉求统一，提出事业合伙人制度。

（5）万科的人才激励

- 2010 年，设立经济利润奖，每年分享超出社会平均企业收益水平的部分经济价值。
- 2011 年 4 月，股权激励，A 股股票期权计划。
- 2014 年，推出事业合伙人持股计划和项目跟投制度。
- 2016 年至今，共创、共担、共享机制的更新迭代。

（6）万科的 A 股股票期权计划

经证监会备案，2011 年 4 月 8 日，公司 2011 年度第一次临时股东大会通过了《万科企业股份有限公司 A 股股票期权激励计划（草案修订稿）》，公司 A 股股票期权激励计划开始实施。

本次 A 股股票期权激励计划股票期权简称为“万科 JLC1”，期权代码为“037015”。

① 授予权利

每份股票期权拥有在 A 股股票期权激励计划的行权期内以行权价格购买 1 股万科 A 股股票的权利。

② 授予数量

2011 年 5 月 9 日，股票期权授予登记完成，公司向 810 名激励对象授予 10843.5 万股股票期权。假定未来全部行权，所产生的最大股份额，相当于目前公司股本总额的 0.9682% 。

③ 授予对象如表 3-3 所示。

表 3-3

序　　号	姓　　名	职　　位	股票期权数量（万股）	占本次拟授予期权的比例
1	王石	董事会主席	660	6.00%
2	郁亮	总裁	550	5.00%
3	刘爱明	执行副总裁	220	2.00%
4	丁长峰	执行副总裁	220	2.00%
5	解冻	执行副总裁	220	2.00%
6	张纪文	执行副总裁	220	2.00%
7	莫军	执行副总裁	220	2.00%
8	肖莉	执行副总裁	220	2.00%
9	王文金	执行副总裁	220	2.00%
10	杜晶	执行副总裁	210	1.91%
11	周卫军	执行副总裁	200	1.82%
12	袁伯银	执行副总裁	200	1.82%
13	毛大庆	执行副总裁	200	1.82%
14	谭华杰	董事会秘书	160	1.45%
15	其他核心业务人员		大约 7172	65.20%

注：上表数据为四舍五入后的约数。

④ 股票来源

定向增发股票。

⑤ 行权时间

股票期权计划的有效期为五年。授予的股票期权于授权日开始，经过一年的等待期，之后有三个行权期，第一个、第二个和第三个行权期分别有 40%、30%、30% 的期权，在激励对象达到业绩目标的前提下获得可行权的权利。未达到业绩目标而未能获得可行权权利的期权或者行权期结束后，当期未行权的股票期权将立刻作废，由公司无偿收回并统一注销。各阶段时间节点如表 3-4 所示。

表 3-4

阶段名称	时间安排	行权比例
授权日	本计划获得股东大会通过之后的 30 日内	—
等待期	自授权日起至授权日起 12 个月内的最后一个交易日当日止	—
第一个行权期	自授权日起 12 个月后的首个交易日起至授权日起 36 个月的最后一个交易日当日止	40%
第二个行权期	自授权日起 24 个月后的首个交易日起至授权日起 48 个月的最后一个交易日当日止	30%
第三个行权期	自授权日起 36 个月后的首个交易日起至授权日起 60 个月的最后一个交易日当日止	30%

⑥ 行权条件

如果激励对象某一行权期的年度业绩考核结果为合格或以上，则其当期绩效表现达到行权条件，在满足其他行权条件下，可以申请当期股票期权的行权；如果激励对象的年度绩效考核结果为不合格，则未达到相应行权期的行权条件，取消其当期股票期权的行权资格。

⑦ 考核办法如图 3-1 所示。

图 3-1

⑧ 期间价格调整

在股票期权计划实施期间，实施年度派息分红。经临时股东大会授权，董事会决议对 A 股股票期权进行了四次价格调整，如图 3-2 所示。

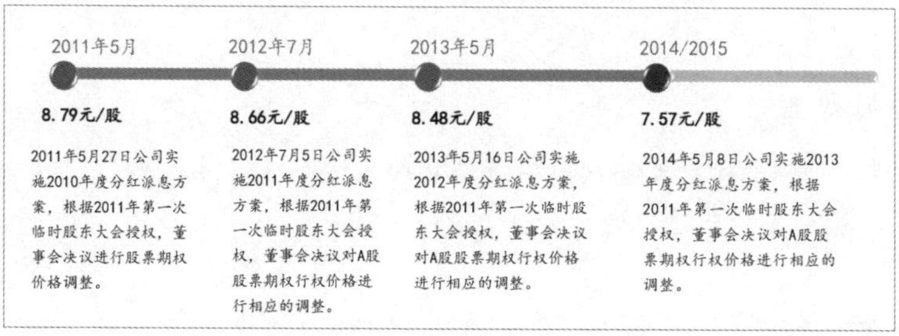

图 3-2

⑨ 行权条件达成

根据 2011 年第一次临时股东大会的授权，董事会确认公司本次股票期权的行权条件已经达成。

⑩ 可行权安排

第一期行权比例为 40%，2012.7—2014.4；第二期行权比例为 30%，2013.5—2015.4；第三期行权比例为 30%，2014.9—2016.4。

⑪ 行权模式

自主行权模式。

⑫ 行权结果

共计行权 65890932 股，行权率为 60.8%，具体行权结果如表 3-5 所示。

表 3-5

万科股权激励行权结果					
年份	授予总数量（股）	实际行权数量（股）	行权价格（元/股）	当期收盘价格（元/股）	未行权作废的数量（股）
2012 年	108435000	9811750	8.66	—	5456038
2013 年		19415801	8.48	—	2813112
2014 年		22538323	8.07	10.81	23770599
2015 年		11294558	8.07	13.84	5828000
		2810500	7.57	13.84	—
2016 年		20000	7.57	24.43	4676319
汇总	108435000	65890932	8.07	15.73	42544068
		行权率为 60.8%	行权价格与当期收盘价格平均值相差 7.66 元		

⑬ 激励效果

A 股股票期权激励计划的推出，弥补了公司长期激励机制的缺失，建立起股东和职业经理人团队之间更紧密的利益共享和约束机制，进一步完善了公司的管理结构，增强了公司竞争力。

⑭ 会计处理

A 股股票期权激励计划作为以权益结算的股份支付安排，按照《企业会计准则第 11 号——股份支付》进行会计处理。

【案例 14】向万科学习事业合伙制

（1）事业合伙人制度和项目跟投制度

万科的发展离不开以“共创、共担、共享”为核心的持续更新迭代的激励机制。其中，大家耳熟能详的事业合伙人制度和项目跟投制度由顶层核心骨干持股计划、中间层项目跟投制度、执行层事件合伙人三部分构成。

第一层：顶层核心骨干持股计划。将首批核心骨干，即事业合伙人的经济利润集体奖金账户中的全部权益，委托给深圳盈安财务顾问企业（以下简称盈安有限合伙）的普通合伙人进行投资管理。盈安有限合伙通过券商集合计划多次增持万科 A 股股份，截至 2015 年 1 月 27 日，盈安有限合伙通过券商集合计划共持有万科 A 股股份 494277819 股，占万科总股本的 4.48%。

核心骨干持股计划的推出，进一步强化了管理团队与股东之间共同进退的关系，确保了事业合伙人与股东利益的一致性。核心骨干持股计划的推行将职业经理人和事业合伙人合二为一，股东和管理者的利益更加趋于一致，困扰万科多年“股东和员工到底谁在前”的问题终于解决了。

第二层：中间层项目跟投制度。万科规定：2014 年 4 月 1 日后所有新增项目，除旧改及部分特殊项目外，原则上要求项目所在一线公司管理层和该项目管理人员必须跟随公司一起投资，除公司董事、监事、高级管理人员以外的其他员工可自愿参与跟投。截至 2014 年年底，公司开放跟投项目 47 个，申请跟投 9089 人次。项目跟投制度出台后，员工的合伙人意识越来越强，体现在加快项目周转、节约成本、促进销售等多方面。这项制度对提升项目、项目所在一线公司乃至万科整体经营业绩起到了积极的作用。

第三层：执行层事件合伙人。为了更好地解决各部门之间的责权利不可能完全划分清楚的问题，万科成立了“事件合伙人制度”。一件事情，如降低客户成本，临时组织相关的事件合伙人参与到工作任务中去，事情解决即解散，再回到各自的部门。由在此事件中更具权威性的人担任组长，快速、高效地解决各种突发或难以解决的事件。

（2）项目跟投制度

- 组织形式：整个跟投过程的主体和操作流程。
- 参投范围：具有参投资格的人员和限投范围。
- 持股比例：员工跟投额所占项目的最大股份。

- 出资规定：具体金额限制和出资时间。
- 退出机制：员工离职或中途退出的方式。
- 收益分配：项目收益如何分配及何时分配。

【案例 15】万科某项目（简称 A 项目）跟投运作方式

（1）万科 A 项目投资总额为 10 亿元，采取公司制方式运作

各方持股比例如图 3-3 所示。

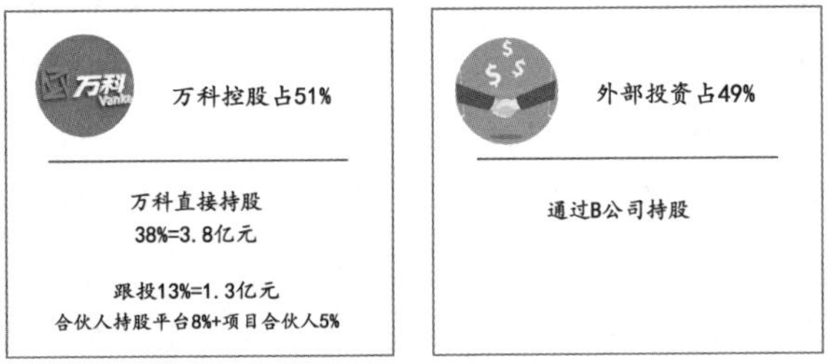

图 3-3

A 项目由两名法人股东构成，分别是万科控股占 51%，B 公司（外部合作方）持股占 49%。万科拿出其中的 13%作为所在公司的跟投比例，资金总额为 1.3 亿元；其中，深圳盈达投资基金（万科合伙人持股平台，以下简称深圳盈达）的投资比例为 8%，项目合伙人的投资比例为 5%。

（2）A 项目运作股权架构（见图 3-4）

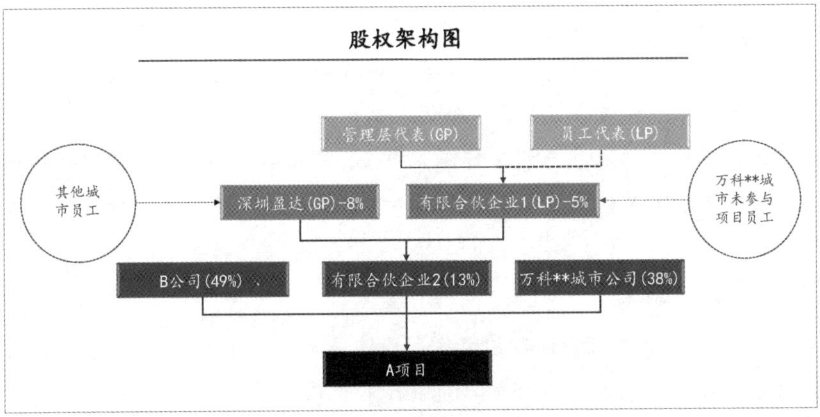

图 3-4

A 项目由新成立的一个法人主体公司来进行运作。该公司共有三个法人股东：万科××城市公司持股 38%和由万科成立的项目跟投平台——有限合伙企业 2 持股 13%，共计 51%作为 A 项目运作法人主体公司的控股股东；B 公司是万科针对 A 项目引进的外部投资方组成的持股法人股东。

万科内部员工跟投主体有限合伙企业 2 有两个合伙人。由深圳盈达持项目跟股总计 13%中的 8%（万科管理层持股集合计划平台）作为普通合伙人（GP），执行有限合伙企业 2 的合伙事务，负责有限合伙企业 2 的投资决策，并对风险承担无限连带责任；另成立有限合伙企业 1 持项目跟投总计 13%的 5%，作为有限合伙人（LP），以投资额及持股比例分享项目收益。

有限合伙企业 1 由项目负责管理层代表作为普通合伙人（GP），执行有限合伙企业 1 的合伙事务，负责有限合伙企业 1 的投资决策，并对经营风险承担无限连带责任；项目直接参与的跟投员工作为有限合伙人（LP），以投资额及持股比例分享项目收益。

每个项目成立主体来运作公司，并设置层层嵌套制股权架构，既保障了万科的实际控股地位，又解决了融资问题，同时起到了激励员工的作用。

（3）参投范围及相关规定（见表 3-6）

表 3-6

等级	类别	具体人员	跟投性质	跟投下限	跟投上限	跟投总额	跟投比例
A	总经理	×××	强制跟投	50 万元	500 万元	1750 万元	35%
	首席合伙人	管理层	强制跟投	20 万元	70 万元		
		项目负责人					
		营销总监等					
	资深合伙人	剩余 M 序列	强制跟投	5 万元	45 万元		
	项目合伙人	项目相关人员	强制跟投	2 万元	10 万元		
B	公司员工	剩余公司员工	自愿跟投	1 万元	7.5 万元	1500 万元	30%
C	区域合伙人	区域本部强制跟投人	强制跟投	以区域细则为准		250 万元	5%
		区域级合伙人					
	区域内其他同事	区域本部	自愿跟投	1 万元	10 万元	500 万元	10%
		区域内其他一线同事					
D	集团内其他单位员工	按照跟投规则	自愿跟投	1 万元	10 万元	1000 万元	20%
有限合伙企业 1（跟投额 5000 万元）						5000 万元	100%

强制跟投对象：合伙人，包括 A 类的总经理、首席合伙人、资深合伙人、项目

合伙人及 C 类的区域合伙人；根据合伙人的等级和对项目的影响程度分别设置了跟投上限和跟投下限。

其他非强制对象的人员可根据跟投上限和跟投下限自愿跟投。

（4）项目结束，分红并注销合伙企业，如图 3-5 所示。

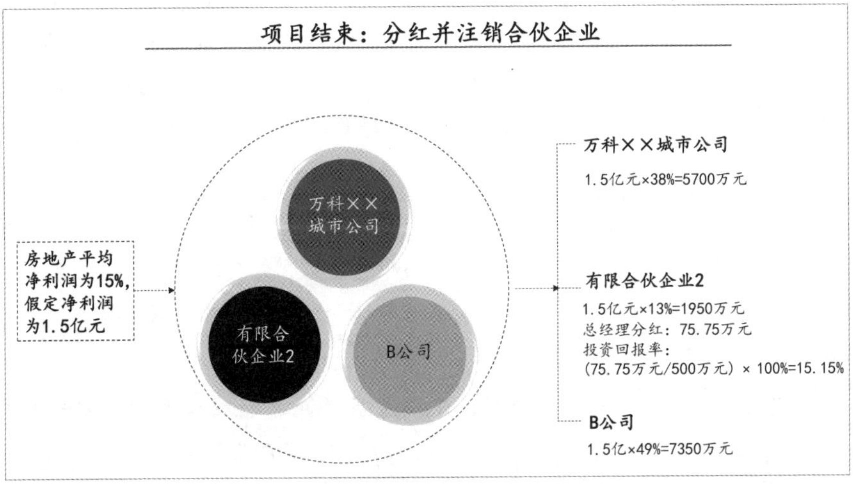

图 3-5

各法人股东根据所持股份比例直接或间接分配红利，以总经理的分红举例如下。

有限合伙企业 2 投资额为 1.3 亿元，其中 GP（深圳盈达）投资额为 8000 万元，LP（有限合伙企业 1）投资额为 5000 万元；GP 在有限合伙企业 2 的投资额中占比为 61.5%，LP 在有限合伙企业 2 的投资额中占比为 38.5%；有限合伙企业 2 共计分红为 1950 万元，其中 LP 分红为 750.75 万元。总经理跟投占比为（500 万元/5000 万元）×100%=10%，总经理分红为 75.75 万元；投资回报率为（75.75 万元/500 万元）×100%=15.15%

（5）事业合伙制度和项目跟投制度的实施效果

关于实施效果，本书引用万科集团 2014—2017 年公开的年度财报资料的相关内容。

2014 年，我们欣慰地看到城市公司在投资上变得更加谨慎，看到公司团队为提升效率、减少浪费的大量创新和努力，看到了专业壁垒正在被打破。我们看到，团队成员不仅关心自己的工作内容，也开始关心他们所看到的其他情况。这种自我激励和相互管理，比一切严密的“他律”制度更加有效！

2016 年底，为进一步强化跟投人员的共创、共担、共享意识，本集团对跟投方案进行迭代优化，通过取消追加跟投安排、设置门槛收益率和超额收益率，保障万科优先于跟投人获得门槛收益率对应的收益，鼓励跟投人员为公司和股东创造更大价值。万科企业股份有限公司 2016 年度项目跟投制度开展以来，员工在加快项目周转、节约成本、促进销售等方面越来越体现出合伙人的意识和作用。截至 2017 年 2 月底，本集团累计已有 308 个项目实施跟投。跟投项目从获取到首期开工、首期开盘及现金流回正的平均时间明显缩短，本集团的营销费用率也得到有效控制。

（6）将事业合伙人制度进行到底

事业合伙人制度培养的不仅是忠于职守的职业经理，更是具备企业家精神和企业家才能的经营者。在创业的过程中，没有什么资源比这二者更加重要。

无论从现有业务的效率、效益提升角度来看，还是从新业务的拓展来看，事业合伙人制度都是重要的基础和保障。

（7）带给我们的启示

企业在任何阶段都需要共创、共担、共享的约束激励机制。建立分层制的股权激励机制，让高管在企业经营的主体公司中通过持股平台进行持股，具体实施可参考本书中介绍的出资购股方式；建立项目或业务模块主责任人强制跟投制度，在相应的主体公司下控股的子公司中通过持股平台进行持股，具体实施可参考本书中的限制性股份的操作模式。

随着业务的发展，企业需要不断更新约束激励机制。对于企业来说，只有拿出共享的真诚，才能换得共创、共担的结果；对于员工而言，要有共担、共创的意愿和行动，才可能共享企业经营发展的成果。

3.4 股权激励模式选择前的十项分析

企业实施股权激励项目，一定要从全局角度来考虑；选择的股权激励模式必须建立在对企业进行全面分析的前提下，这样才有意义。

1．分析企业战略

（1）为什么要分析企业战略

企业再宏大的愿景和使命终归需要一步步来实现。换言之，企业的愿景和使命其实是战略目标不断实现的步骤。清晰的战略目标是股权激励项目实施的前提，股权激励为企业战略目标的达成提供服务，企业战略目标的设定关系到股权激励的授予及行权或解锁条件的确定。如果没有清晰的战略目标，企业就没有实施股权激励项目的必要。

（2）重视企业宏观战略

从多维的空间视角由外向内分析企业的宏观战略：从外部的政治、经济、国际贸易环境、行业前景分析企业当前的核心竞争力；从企业内部所处发展阶段（价值主张）、产品和服务、运营管理、资本优势（财务资本、人力资本、技术资本）等预测企业未来的核心竞争力。在全面掌握企业的总体发展战略及发展现状的前提下，股权激励项目的实施才可能助力企业达成发展目标，不断提升企业的核心竞争力。

（3）关注企业长期战略

站在发展的角度推测企业长期战略达成的可能性；企业无论有多么远大的战略规划，都必须适时掌握当下的资源是否可以支持下一阶段战略目标的关键成果的达成。运用倒推测算策略，预测战略目标达成所需要的资金、人力等关键资源的供给，将有限的资源投放在最关键的成果产出上，这样企业才会在不断地达成新的战略目标之路上越走越远。

股权激励项目将通过授予时间、等待期、行权时间、限售期、解锁等时间节点的设计，以及各项授予、解锁、兑现条件的限制，结合企业的长期战略目标和不同阶段的关键成果而实施。

（4）了解企业的战略主张

企业根据自身所处的发展阶段、资源量、竞争环境等会有不同方向的战略主张，常见的有发展战略、稳定战略和收缩战略。在实施股权激励项目前，有必要对此进行了解。

① 发展战略

发展战略分为纵向或横向一体化战略、同心或离心多元化战略、密集型成长战略。针对不同的发展战略，企业在选择股权激励模式时应有所侧重。

例如，秉持纵向一体化战略的企业势必需要在原有产品品类的基础上继续深挖，通过技术的不断创新，走极致产品路线。又如，对具备匠人精神品质的、优秀的专业技术人才需求旺盛，这类企业的股权激励设计应围绕企业人才引进策略展开，通过对关键岗位的界定、胜任素质的分析等，导入技术入股模式，支持公司战略主张的实现。

② 稳定战略

稳定战略的核心是维持现状，不宜过快地扩张。应用这一战略的企业可能更需要谨慎前进。此时的股权激励设计则倾向于约束与激励并存的模式，而且不适合采用大规模资金支出的模式。

③ 收缩战略

企业有可能转变经营方向、清算。如果企业正处在转变方向的阶段，股权激励政策则需要重新调整，甚至可以新设相应的法人主体单独实施股权激励。

（5）在主战略的基础上确定子战略

① 产品和人才子战略

根据企业的长期战略规划，确定未来三到五年的产品子战略。例如，有一家消防行业的公司，其目前的主营业务是与火灾预警相关的硬件产品及配套软件和服务，其未来五年内产品子战略为智慧消防平台的建设。

在实施股权激励项目过程中，我们通过对企业未来客户需求及产品方向的认真分析，确定企业未来在平台软件开发方面的专业技术人才引进策略。产品方向转变，营销模式也随之改变，因此我们进行了现有营销人才盘点，并制定了新营销模式下的营销人才引进策略和培训机制；增加负责人才引进和培训的人力资源关键岗位的对应绩效指标为其股份兑现条件之一。

将股权激励项目的实施与企业未来产品转型和与之相关的新人才策略的落地环环相扣，使企业人才引进目标快速达成、业绩不断增长，进一步提升公司的核心竞争力，增强中高层领导带领企业继续前进的信心。

② 技术专利子战略

高新技术企业对技术人才具有高度依赖性，研发投入成本也较高。在这样的企业中实施股权激励项目，股权激励的设计方案一定要利于优秀研发人才的加入，激励研发人才积极产出技术成果，包括发明专利、软件著作等。

对于有潜力产出无形资产的优秀研发人才，企业可授予其未来技术成果可转换实股的权利；对于已经有自主发明技术专利的研发人才，企业可以直接以技术专利评估作价，以转让无形资产所有权的方式持有企业的股份，使其成为企业的股东。通过适当的股权激励模式的应用，达到约束并激励技术骨干的效果，从而提升企业在专业技术方面的核心竞争力。

③ 资本子战略

在企业的发展过程中，应建立金融、财务、会计联动的资本战略；做好对内连接管理者的财务管理风格，建立对外连接投资人的融资战略。

企业的资本战略往往受高层管理者特质的影响，在实施股权激励项目前，有必要了解不同管理者的财务风格，合理应用股权激励模式（见表 3-7）。

表 3-7

管理者特质	财务风格	股权激励实施对策
资源导向	激进、重资产规模、高风险、高估值	以账面净资产为核算依据的虚拟模式，如账面价值增值权
收益导向	保守、关注利润、低风险、稳定	与业绩增长挂钩的实股模式，如业绩股权、限制性股权；虚拟模式，如在职分红

④ 经营子战略

企业经营的核心是财务管理，财务管理的核心是资金管理，资金管理的核心是资金流管理。资金流是企业的“血液”，是反映企业风险的重要指标。股权激励项目的实施必须在企业资金流健康的前提下进行。

有些企业在股权激励项目实施之初并未考虑自身的经营预期，特别是资金流是否能够支持计划达成，而只是将关注点放在是否实施了股权激励项目上。

如果一家还未进入持续稳定盈利阶段的企业实施在职分红计划，不会引起员工的兴趣，因为员工清楚地知道，企业“无红可分”，只不过是画了一张“大饼”。有的企业在经营资金还不充裕的情况下实施在职分红，在制订下一年度发展计划时发现，明年用钱的地方很多，钱给员工分了，万一融不来资金怎么办？于是编出各种理由给员工解释，最后落得个“不守信用”的印象，未来再实施任何激励政策，都无济于事。

⑤ 投资和融资子战略

随着企业的发展，不同价值创造阶段都需要面临同一个问题，就是融资。在初创期，融资是为了解决产品价值验证所需的资金，获得愿意为产品价值付费的客户；在规模扩张期，融资是为了获得更高的市场占有率，获得更多的潜在客户；在持续盈利期，融资是为了实现更高的财务价值，回馈股东；在资本扩张期，融资是为了实现更优的协同价值，成为具有资本投资价值及社会价值的优秀企业。

在股权激励项目实施过程中，必须根据企业不同发展阶段的融资路径，选择适合的模式及合法、合理的定价策略。例如，一家进入规模扩张期的企业，融资通常到了 VC（风险投资）的 A 或 B 轮，此时实施实股激励项目，定价就应遵循公允价值原则，否则投资方可能会提出异议。企业必须站在利于企业融资子战略的角度，进行股权激励模式的选择、激励标的授予、限售策略的设计、解锁条件的设定。

2. 分析商业模式

企业未来的发展，不仅取决于产品或服务质量，更取决于企业的商业模式。商业模式是企业创造价值的内在逻辑。股权激励项目的实施，必须建立在详细分析企业商业模式的基础上。

（1）现代商业模式

现代商业模式如图 3-6 所示。

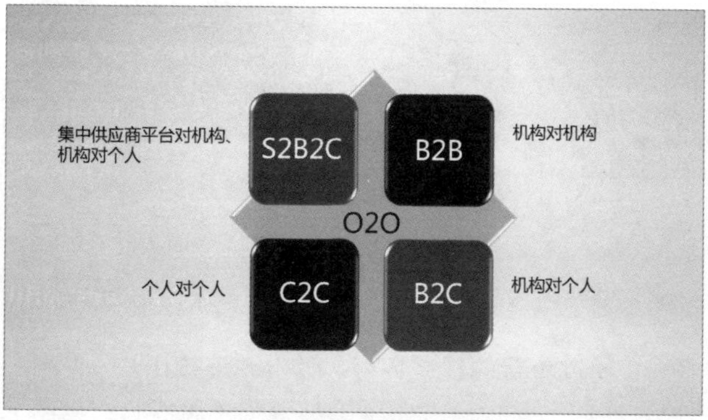

图 3-6

关于图中不同的商业模式，建议读者直接在网站中搜索资料，在此不做过多赘述。企业的商业模式决定了股权激励对象的范围及激励模式的选择。

如 S2B2C 模式，S 为 Supplier（大供货商）、B 为 Business（渠道商）、C 为 Customer（顾客）。大供货商必须整合上游资源，发挥供应链优势，为渠道商的销售提供各种数据、技术、营销等方面的支持，使渠道商更好地为顾客服务。

S2B2C 模式的企业，其自身是价值链中的大供货商；实施股权激励项目，可以将激励对象的范围扩展至优秀的渠道商。

（2）你的企业靠什么赚钱

在给客户提供咨询服务的过程中，如果从行业、产品、服务、客户、营销、价值创造等角度去了解企业，尤其不同的客户方对接人在介绍公司或提供资料时，无法及时地、完整地、准确地提供最有价值的资料，不利于我们快速梳理出公司的商业模式。

无论客户公司的业务看上去有多么复杂，都要找准合适的时机，直接问客户："公司目前主营业务收入中占比最大的是什么收入？占多少比例？未来这个数据会有什么样的变化？"只要得到这三个问题的答案，基本就可以根据客户的回答，快速掌握公司的赚钱逻辑及其商业模式。

比较常见的互联网平台模式，如图 3-7 所示。

图 3-7

- 媒体类平台：通过免费的优质内容，吸引并连接用户（使用公司产品或服务者），当用户达到一定规模，通过为商家提供媒介与广告服务获取利润，如今日头条。
- 收服务费或分成类平台：作为中间商，提供 B2B、B2C、C2C 的平台服务，收取销售产品或提供服务一方的服务费，或者享受利润分成，如淘宝网。
- 电子商务类平台：直接通过平台销售产品或提供服务，赚取销售利润，如京东商城。
- 自融式融资平台：通过会员制预收未来提供产品或服务的价款，通过平台沉淀资金再进行投资，赚取投资收益，如 OFO。
- 产品型社群平台：大部分互联网平台都离不开社群经济模式，其以某种优质或性价比高的甚至免费的产品或服务作为连接用户的载体，通过不断融资扩大用户规模；当用户规模扩大到在行业内处于相对领先地位的时候，借助大数据分析、云计算等先进的技术进行用户分析，进一步挖掘用户的需求，研发并设计满足用户需求的新产品或新服务模式；通过客户裂变营销实现销售额从线性到指数性增长的转变。如小米，其通过提供性价比高的手机作为连接用户的载体，建立产品型社群，不断挖掘客户需求，研发并生产高科技创新型智能产品，通过线上平台及线下门店进行销售。关于产品型社群与股权激励项目实施之间的联系请关注本章【案例 16】的相关内容。

（3）你的企业是什么商业模式

工业时代研、产、供、销的商业模式强调的是“卖”，企业永远站在“我有什么就去卖什么”的角度去面对商品市场的竞争。但是“只有卖得更多才有发展”的逻辑已经过时。现在我们处在互联网、物联网、人工智能新技术时代，我们需要经历从价值链到价值网络、从竞争到合作、从交易成本最小化到交易价值最大化的转变。只有顺应时代、转变观念，企业才会有未来。

好的商业模式不是自发产生的，而是设计出来的。商业模式就是企业“为满足客户需求或实现客户价值而采取的整体解决方案或一切方式方法的总和”。

股权激励项目的实施必须与企业的商业模式系统紧密结合，这样才可能发挥真正的价值，所以我们需要学习快速分析梳理企业商业模式的方法，以下“八个问题的自问法”有助于帮助企业快速梳理其商业模式。

① 谁是企业的客户

这个问题关系到企业的营销策略及营销团队的建立，哪些岗位和具备哪些能力的营销人才是企业的关键岗位与核心人才，这决定着未来的股权激励模式和激励对象范围的确定。

② 企业如何连接客户

是客户因为企业提供的某种优质的产品和服务主动找到企业？还是企业需要支付大量营销费用去寻找目标客户？如何以更低的成本连接客户是企业的核心竞争要素之一。近些年，我们很少见到创新型企业在传统媒体上做广告。在一些大型购物中心的餐饮区，总有几个门店从不做广告，门前却永远排队如长龙，如海底捞、喜茶、外婆家等。

未来企业更需要适应移动互联模式的新媒体营销环境，更需要去尝试年轻一代消费者接受的连接方式。用独具一格的内容营销吸引年轻消费群体；用个性化的产品和服务建立消费者圈层；用匠人精神打造符合不同圈层需求的好产品，或直接使客户成为经销商，建立裂变营销新模式。

而这一切连接客户的新策略，对创意及文案策划人才要求极高。众所周知，一篇好的推文经常可以拥有突破“10 万+”的阅读量，甚至有很多企业或个人就是因为一篇推文或一个创意而被大众所熟知。

股权激励方案设计，必须建立在清晰地了解企业连接客户的具体方式的前提下，才能确定企业需要什么样的人才更利于实现与客户的连接，需要什么机制才能保证人才的获得和稳定。这样才能找到对连接客户发挥作用最关键的岗位和人才特征，为建立配股机制和实施兑股策略提供必要的依据。

③ 企业的价值主张

企业的价值主张即企业的价值观、经营理念、行为规范。股权激励对象一定是与企业价值观高度吻合者。在实施股权激励项目的实践中，我们通常与企业共同将企业的价值观细化成可见的行为，针对潜在激励对象在实际工作中的行为，进行不同维度的考评，最大限度地选择符合企业价值观的激励对象。

④ 企业的核心业务

通常，我们将企业主营业务收入占比最高的业务，视作企业的核心业务。在实施股权激励项目的实践中，我们会与客户共同分析并预测未来三到五年内企业主营业务收入占比的动态变化情况，特别是有上市计划的企业，主营业务突出是基本条件之一，所以在股权激励方案设计过程中，我们会倾向于引导企业将主营业务更加突出。

例如，我们曾经为一家多元化战略的企业提供咨询服务，该企业的业务涉及多个领域，如汽车零部件的生产和销售板块、担保业务板块及其他业务板块。企业在未来 5 年内有明确的上市计划。在咨询服务过程中，我们站在企业股权顶层架构设计的角度，建议其将汽车零部件生产和销售业务以外的业务与现有公司剥离，建立新的法人经营主体，尤其撇清主营业务为担保的法人主体公司的股权关系。根据不同的法人主体公司的主营业务经营需求，分别设计股权激励计划方案。这样做的优势主要体现在：一方面利于企业未来上市主体审核通过；另一方面由于业务差异大，各业务之间关联度小，各行业的收入结构和对人才的要求相差甚远，以不同的法人主体公司单独设计个性化的股权激励方案更利于企业整体协同发展。

⑤ 企业的核心资源

企业的生存和发展离不开人、财、物三大关键资源的支持，而不同的行业及企业不同的发展阶段，对三大关键资源的要求截然不同。

例如，在房地产行业中，“财”是关键资源，所以企业需要具备一定的资产规模；在广告行业中，“人”是关键资源，企业多为轻资产经营模式。以上两种不同行业中的企业在实施股权激励项目时，定价策略的选择也不相同。前者适合账面净资产取值定价，而后者则更适合估值取值定价。

⑥ 企业的业务周期

企业的业务周期是指从原材料采购、生产、销售到回款所需的总天数。通常情况下，企业的业务周期越长，其毛利率越高；业务周期越短，毛利率越低。

股权激励项目的实施要建立在企业内部业务价值链分析的基础上，通过建立更加利于缩短业务周期、提高毛利率的激励机制，不断提升企业的总资本投资效率。

例如，我们曾经服务过的一家企业，通过对其业务周期进行分析，发现其业务周期为 100 天左右，在实施股权激励项目的过程中，我们将与之相关的业务价值链中的关键环节设置为对应岗位的股份兑现考核条件，从而缩短业务周期至 90 天以内，大大提升了该企业的资本投资效率。

⑦ 企业的收入来源

在不同的商业模式下，即使是同样的产品和服务，其收入来源也并非完全相同。

例如，我们曾经服务过的一家企业，其主营业务为“为金融行业提供移动商务解决方案”，之前的收入来源主要是软件销售，后经过一系列分析调整为免费提供软件，向客户收取每年的软件升级和信息服务费。由于收入来源的变化，其营销策略也随之发生变化。我们将其第二期股权激励方案相较第一期进行了调整，加大了后期软件服务团队的配股比例，调整了大客户营销人员的奖金结构。这样，大大提升了软件后期服务团队的积极性，使大客户营销人员更积极主动地对接后期服务团队，进一步提升了团队协同作战能力。

⑧ 企业的利润结构

企业的利润是建立在以下财务逻辑中的：利润=收入-成本-税费。看似简单的公式，在不同的企业代表的意义大不相同。

例如，针对收入这一项，一家先收钱后提供产品或服务的企业，与一家先供货或先提供服务、一定周期后才收钱的企业，同样是收入，对企业的资金流影响截然不同。再如，针对成本这一项，一家对供应商有议价权的企业，可以先提货、后付钱，与一家银货两讫的企业，对资金流的依赖程度大不相同。健康的资金流是企业存活的基础。

在实施股权激励项目前，我们需要对企业的利润结构做深入分析，在掌握企业资金周转规律的前提下设计股权激励方案，避免出现企业在最需要资金的时候，股权激励标的需要大量资金兑付的尴尬情形。在设计股权激励方案时要考虑利于企业融资计划达成的激励条件设置，有的企业在股权激励总体行权条件中会包含“下一轮融资到位”这个条件。

3. 分析企业竞争力

（1）为什么要分析企业竞争力

从企业面向市场提供产品和服务角度而言，其经营的终极目标永远是“比大多数竞争对手更具竞争优势”，而组织的核心能力是让企业持续具备核心竞争优势的关键要素之一。股权激励从物质和精神两个层面吸引和稳定优秀人才，在持续不断提升组织核心能力的同时，间接提升了企业的核心竞争力。

因此，在实施股权激励项目前，企业有必要在人才战略方面做到知己知彼，既要清晰掌握自身的人才资源和组织整体战斗力，也要有计划地了解竞争对手的用人策略、薪酬水平、激励机制等与实施股权激励项目紧密相关的信息。

只有这样，才有可能构建一套与企业薪酬体系形成良性互补、对外更具竞争实力且公平有效的激励机制。

（2）关注企业所处行业的特征

① 新兴行业还是传统行业

分析并判断企业所处行业是新兴行业还是传统行业。新兴行业意味着研发的持续投入较大。研发投入可否产出具有使用价值和经济交换价值的产品；是否可以转换技术成果，形成发明或技术专利，形成企业无形资产……这些对企业长期发展非常重要。

从财务角度，企业的研发投入如果不能转换成技术专利或成果，将无法形成无形资产，只能作为费用支出。专利技术的产出也决定着企业在同行业中是否更有优势。因此，如何激励产品设计研发团队产出更多专利产品、形成技术成果，将是此类企业实施股权激励项目的重要课题。

如果企业所处行业为传统行业，其业务周期、毛利率、应收账款的账期及收款方式直接反映其产品及服务在商品市场中的竞争力；应付账款的账期及付款方式直接反映其在上游采购供应链中的议价竞争优势；人均产值则直接反映企业的管理效率。以上各项指标数据共同反映了企业在行业中的核心竞争力。

在设计股权激励方案前，必须深入分析企业的各项竞争数据，并从数据的动态变化中制定提升企业各项竞争要素的策略，将其转换为股权激励对应的股权激励标的授予、解锁、配股、兑股等条件，将各项关键指标相关的责任按权重大小赋予具体关键岗位及任职者；通过股权激励项目的实施形成企业与激励对象责任共担、利益共享的约束激励机制，形成利于企业竞争实力不断提升的组织凝聚力。

② 风口行业还是未来可能的风口行业

“风口”一词，语出宋代苏舜钦等《地动联句》：“日腹昏盲伥，风口鸣呜咿。”指遮蔽物的缺口，刮风时比两旁风大，因此叫作“风口”，如山岭顶部的凹口。在现代商业领域中，“风口”用来比喻激烈竞争中的机会；而“风口行业”是指由于受到国家政策的扶持或者受到投资界的青睐，在一定时期内被整个商业社会热捧的行业。

风口行业中的企业，通常被认为极具发展潜力，因此倍受投资界关注，同时竞争也很激烈。

风口行业中的企业拼的是速度，谁先占领了市场制高点，谁就有可能赢得未来。具体而言，客户数量、客户活跃度、转换率等有关注意力经济的指标数据是很重要的，因为它们不仅关系到企业的核心竞争力，而且关系到企业每一轮融资能否成功，而企业的融资计划和每轮融资的及时到位关系到企业的存活。

股权激励的设计方案必须切合风口行业中的企业的实际需求。也就是说，既要在激励标的授予及解锁条件方面倾向于注意力经济相关数据指标的提升；又要在定价策略的选择上尽量平衡联合创始股东与投资方股东同激励对象间基本的利益诉求；更要在股权激励的宣导层面做到让员工看到并相信公司股权的增值潜力，尽最大可能让股权激励项目的实施既达到吸引和激励人才的效果，又能兼顾内部融资。

③ 红海行业还是蓝海行业

红海行业是指同质化产品竞争激烈、价格战频发、毛利率低的行业，在这类行业中市场营销策略很关键。蓝海行业是指企业发展不确定性高、风险大的行业，在这类行业中技术创新尤为重要。股权激励的配股，即激励标的分配最终要落在激励对象个体身上，由于竞争策略不同，企业的关键岗位与核心人才大不相同，因此最终激励标的的授予对象也完全不同。如果是红海行业中的企业，市场营销岗位的骨干人才为关键人才；如果是蓝海行业中的企业，产品设计及研发岗位的专业人才为关键人才。股权激励对象的选择必须建立在对企业不同时期的竞争策略的了解的基础上才更有针对性。

（3）关注企业对稀缺人才的需求

股权激励的实施对企业的价值之一是利于吸引稀缺人才。实现这一价值的前提是，企业需要清晰地定义“什么样的人才属于企业的稀缺人才”。我们通常把从市场难以获得（常规渠道难以获取且猎头费用较高）、经常被竞争对手高薪挖走、薪酬水平超出行业内高位点的人才定义为稀缺人才。企业往往需要为人才市场的严重供不应求而支付更高的成本。在这种情况下，企业可用股权作为吸引人才的“利器”，这样既节省了成本，又可以吸引到志同道合的稀缺人才。

（4）选择适合的对标公司

① 对标企业中是否有上市企业

无论企业是否上市，在实施股权激励项目前，最好选择几家在不同板块上市的对标公司作为参考：一方面参考其公开披露信息中有关公司价值的信息；另一方面参考其关于股权激励方案的实施细节。

大多数实施股权激励项目或对其比较重视的企业通常在未来三至五年内有上市计划，或者非常有上市潜力。这样的企业适合应用需要支付对价的实股激励模式。股权激励项目的前期宣导很重要，特别是同行内对标上市公司的市值、股价的增长、获授股权激励对象的收益分析举例等，对激发潜在激励对象的参与热情意义重大。

② 了解对标企业的薪酬水平

通过了解对标企业的不同岗位薪酬水平处在同行业及市场总体水平的 90 分位以上、75 分位以上、50 分位以上、低于 50 分位的情况，结合企业与对标公司同类岗位间的薪酬水平对比结果，综合分析企业在薪酬方面的竞争力，以使股权激励与薪酬形成互补。

③ 参考对标企业的福利水平

企业的整体福利水平虽然不能起到明显的激励效果，但却与员工整体满意度相关。从赫茨伯格提出的“双因素理论”的角度，低于同行业的福利水平更多时候是造成员工不满意的保健因子，只有保健因子相对完善，可以使人产生更强的工作动机的激励因子才会发挥效用。股权激励属于典型的激励因子，在基础保健因子健全的前提下股权激励项目的实施才有意义。

④ 关注对标公司的用人策略

股权激励项目的实施需要符合企业的整体用人策略，而了解对标公司的用人策略更有利于本企业调整自身的用人策略。

例如，我曾给一家企业文化核心价值观为“建立学习型组织”的公司提供股权激励项目咨询。其激励标的为限制性股权，在兑股要素里将企业关键岗位的胜任要求直接与任职人的实际能力提升指标对接，设为股份兑现考核中的最高权重关键项。此项设计，大大提升了公司管理层和核心骨干人才自主学习的热情，从而形成整体学习氛围。有的激励对象，担心自己能力提升不达标还报了学习班。

⑤ 研究对标企业的股权激励实施细则

知己知彼才有可能“不战而胜”。实施股权激励项目最有可能使企业的优秀核心人才通过受让股权并持有股份成为企业所有者之一；而企业经营的顶层价值归属权属于其股份所对应的股东。从这个角度来说，企业间的竞争也是股东间的智慧、格局、眼界的较量。因此，如果对标企业的股东大部分是其核心骨干员工，那么你的企业又岂能坐以待毙？只有悉心研究对标公司的股权激励项目实施细则，才更有可能在人才长期激励的策略应用上更胜一筹。

4. 分析企业类型

（1）企业都有哪些类型

企业类型的确定一般有两个标准，即学理标准和法定标准。学理标准是按学者研究企业的需要划分的，不受法律的强制与约束；法定标准是根据相关法律法规所确认和划分的企业类型。

这里所说的企业类型包括按法定标准划分的三种基本类型：个人独资企业、合伙企业、公司制企业。在实施股权激励项目前之所以需要关注企业的法定类型，是因为不同类型的企业所依据的法律基础不同，甚至有的企业并不具备实施股权激励项目的法律基础。

- 个人独资企业，例如我们常说的工作室。其法律依据为《中华人民共和国个人独资企业法》。个人独资企业的特点是，由一个自然人投资，财产为投资人所有，投资人以其个人财产对企业债务承担无限责任的经营实体。个人独资企业不具备实施股权激励项目的法律条件。
- 合伙企业，分为普通合伙企业和有限合伙企业。其法律依据为《中华人民共和国合伙企业法》。而有限合伙企业因其两种合伙人（普通合伙人、有限合伙人）的权利及责任的特殊差别，在股权激励项目中通常作为员工的持股平台，员工通过成为有限合伙企业中的有限合伙人而间接持有股权激励主体公司的股权。
- 公司制企业，即公司，公司分为一人有限公司、有限公司、股份有限公司。其法律依据为《中华人民共和国公司法》。在股权激励项目实施过程中我们需要注意：一人有限公司实施实股激励项目则改变其一人有限公司的本质；有限公司实施股权激励项目时受最多 50 个股东的数量限制；股份有限公司中的非上市公司受最多 200 个股东的数量限制；上市公司则受《中华人民共和国证券法》等有关法律法规的约束。

（2）不同类型的企业在股权激励项目实施中需要注意什么

不同类型的企业在实施股权激励项目过程中涉及的法律依据和税收政策有较大差异，尤其是上市公司，国家法律法规在其股权激励的各个方面有明确规定，相关人员必须认真学习。

5. 分析企业发展阶段

（1）为什么要分析企业发展阶段

股权激励需要适应企业不同发展阶段的价值主张。企业不同发展阶段需要达成不同的目标，适合的人力资源战略也不同，而股权激励在企业人力资源策略中发挥着主要作用，因此股权激励各项标的授予、行权、解锁等条件与企业各阶段的目标和人才战略必须紧密相连。

（2）不同发展阶段股权激励的重心是什么

- 初创阶段：产品价值是企业的价值核心。换言之，企业在此阶段，资源的投入重点集中在产品使用及交换价值的验证上，股权激励的重心应在产品价值的实现上。例如，激励对象应包括负责产品设计、产品验证、产品可量产、产品获得付费客户等与产品价值密切相关的人才；股权标的授予的时间、条件等也都将与产品的使用价值和交换价值的实现紧密挂钩。
- 规模扩张阶段：规模价值是企业的价值核心。在此阶段，企业资源的投入将集中于规模的扩张。随着企业规模的不断扩张，企业的管理效率提升就成为企业实现核心价值的关键。股权激励的重心应在提升企业总体管理效率上。股权激励的各项授予条件的设定、激励对象的选择、配股机制的确定、兑股策略的实施都与全面提升企业管理效率核心价值诉求相关联。例如，与企业用户数量增长率、付费客户数量转换率、单个客户消费额增长率等指标相关的岗位则为股权激励的关键岗位；在关键岗位上任职的表现优秀的员工则为骨干员工。股权激励标的的配股数量、定价策略、兑股考核办法都会向关键岗位和骨干员工倾斜。而企业的干部团队管理能力的提升也将成为股权激励配股要素的核心。
- 持续盈利阶段：财务价值是企业的价值核心。处于此阶段的企业已经实现了持续盈利，即使不进行外部融资，资金也能自给自足。此阶段的企业往往通过 VC（风险投资）或 PE（私募股权基金）的资本对接，进一步实现财务价值。而企业盈利的持续性增长及增长速度和融资能力是企业实现未来价值的关键。企业已经具备一定的品牌效应，在人才的吸引和选拔等方面有一定的话语权；同时，企业在融资过程中股权估值的上升，使股权也成为相对稀缺且珍贵的资源。这个阶段企业的股权激励方案需要各股东表决通过，它既要保证股东的利益，也要留出未来可能的资本进驻、收购甚至公开募股的调整空间。

- 资本运作阶段：协同价值是企业的价值核心。这一阶段企业的核心竞争力，与其说是面向商品市场的产品与服务，不如说是面向资本市场的股权更贴切。股权是一个企业从 0 到 1 的源头，也是一个企业经营结果的体现。而股权也将作为企业所有核心竞争力的载体，经营企业就是经营股权，股权在资本方的眼里即“商品”。在客户的眼里，企业是由产品、服务构成的；在企业内部管理者的眼里，企业是由团队构成的；在债权人的眼里，企业是由资产构成的；在股东（股权投资方）的眼里，企业是由股权构成的。这个阶段的股权激励，必须严格遵守相关法律法规，在股权定价方面也要严格遵循市场公允价值原则。

6．分析企业文化

（1）为什么要分析企业文化

积极向上的企业文化是股权激励效果的基本前提和保障之一。企业的愿景、使命、价值观激励对象认同的程度直接关系到股权激励项目实施的效果和实操过程的顺利与否，甚至股权激励方案设计中的一些细节也需要参考企业的核心价值观。

（2）什么是企业的核心价值观

这里我们引用美国心理学家道格拉斯·麦格雷戈 1960 年所著《企业中人的方面》一书中提出来的关于人性假设与工作原动力方面的 XY 理论，即 X 与 Y 是一对基于两种完全相反假设的理论，X 理论认为人们有消极的工作原动力，而 Y 理论认为人们有积极的工作原动力。企业对人性的假设如图 3-8 所示。

我们可以通过一些专业的问卷调查，了解企业核心价值观背后对人性的假设。尽管有些企业可能表面更多地倡导人本管理，而其实际企业文化的真实内核（核心价值观）对人性的假设偏 X 理论，与之主张的管理理念相反，长此以往，员工对企业的信任度会降低。

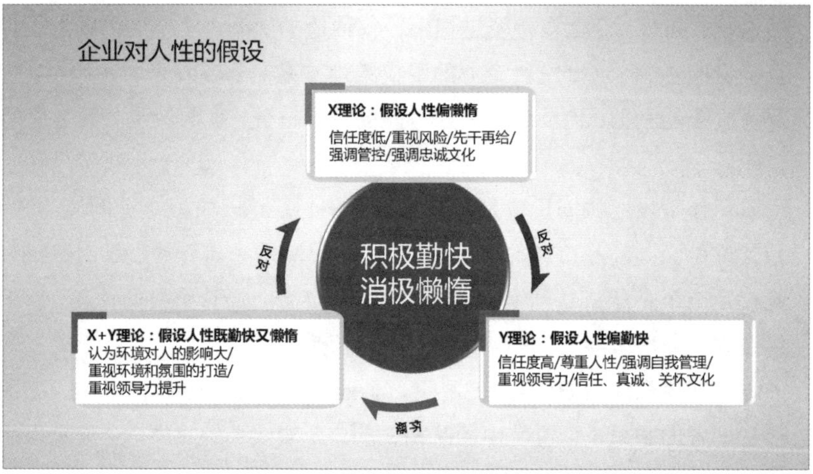

图 3-8

① X 理论：假设人性偏懒惰

持 X 理论假设的企业，往往认为大多数员工天生懒惰且忠诚度低，只有采取有效的监督和管理措施，员工才会努力工作。这样的企业无论其表面倡导何种文化理念，实际给员工的感受往往是：企业对员工的信任度低，重视风险管控，需要先干出成绩，才可能获得相应的激励，企业强调并重视员工的忠诚度。

持 X 理论假设的企业在实施股权激励项目时，为保证激励效果，有几点需要注意：在股权激励项目实施前需要评估员工对企业的信任度，向员工讲解有关股权激励的基本概念；在配股机制中注意增加与员工忠诚度相关的配股要素；在股权激励标的选择方面注意尽量分享增量，同时最好选择虚拟的模式，如超额利润分享计划、在职分红等；在兑股策略的选择上，如果可能，应尽量避免过度苛刻的考核条件，以免造成员工对股权激励项目的抵触。

作为持 X 理论假设的企业实施股权激励项目的负责人，更需要与公司其他相关部门共同努力，从多角度引导企业重视环境和氛围对员工主动性的影响。负责人如果过度管控，可能就会造成员工更愿意把精力放在企业重点考核的工作项上，而忽略工作的全面性，导致团队成员间的整体合作度不高、组织效率低的局面。

② Y 理论：假设人性偏勤快

持 Y 理论假设的企业，更愿意相信大多数员工是主动的、勤快的，如果员工表现不主动，那么企业更愿意从自身去思考如何通过优化企业整体环境，提供以人为本的文化氛围让员工发自内心的主动工作。这样的企业尊重人性，强调自我管理的重要性，重视领导干部的选拔和培养。

持 Y 理论假设的企业实施股权激励项目，因其宽松、以人为本的企业文化特质，员工对企业信任度较高，激励效果相对较好。在实际操作中需注意配股机制的公开透明，尽量保证企业绩效优秀、主动性强、积极向上的关键人才得到激励，同时也要避免由于激励过度而导致企业经营成本的上升。

③ X+Y 理论：假设人性既懒惰又勤快

持 X+Y 理论假设的企业的核心价值观相对理性，这样的企业更愿意相信人性具有两面性。企业倾向于建立科学、完善的管理体系和相对符合人性本质的文化氛围，给予员工一定的自由发挥的空间，既重视管理，也尊重人性。

（3）如何快速判断一家企业对人性假设的倾向性

在实施股权激励项目前，我们有必要客观地了解企业核心价值观基于什么样的人性假设，更重要的是企业是否站在员工的角度理解企业文化的核心价值观导向，不是企业认为其核心价值观是什么，而是员工切实感受到的是什么。例如，大多数员工认为企业对他们要求苛刻还是相对宽松，大多数员工是否相信企业一定会兑现激励承诺等。

企业核心价值观通常与其创始人的核心价值观吻合度极高，我们只需要关注企业的创始人和领军者的核心价值观对人性的假设是偏 X 理论还是偏 Y 理论，或者是偏 X+Y 理论，即可推断出企业的文化价值观导向。我们可以从与企业的领军者谈话过程中细细品味。例如，对方在谈公司的管理时，更多是强调制度完善的重要性和员工考核的细致性；在劳资关系方面更多强调劳动合同条款的风险及劳资关系手续办理的严谨，而极少谈及与员工关怀、员工的感受相关的话题。这样的公司往往规模不大、制度体系复杂，劳资纠纷发生频次也偏高，以上种种表现基本可以判断这样的企业核心价值观对人性的假设偏 X 理论。

在这样的企业中实施股权激励项目，从项目立项到项目实施，尽量多给予员工一些民主参与的机会，因为大多数人愿意去不折不扣地执行自己参与或认可的事情。在相对民主的参与机制下，企业可以根据战略目标的需求，设置股权激励计划的授予条件、解锁条件。

（4）企业使命、愿景、核心价值观与股权激励项目实施要素的转换关系

企业由怀揣使命和愿景的创业者孕育而生，每家企业的战略目标都是由创业者当初的那份初心转换而来的。而创业者当初那份“初心”实现后的样子就是企业的愿景；那份责任就是企业的使命；他们内心深处最在意的东西就是企业核心价值观

的基石。企业的终极目标是在践行使命的过程中实现企业愿景，而这一过程需要秉持统一核心价值观的团队来共同实现。

因此，实施股权激励项目，其方案内核必须符合企业的核心价值观，且利于企业使命、愿景的实现，在股权激励项目的实际操作中科学地将企业的使命、愿景和价值观转换成可执行的要素和指标，如图 3-9 所示。

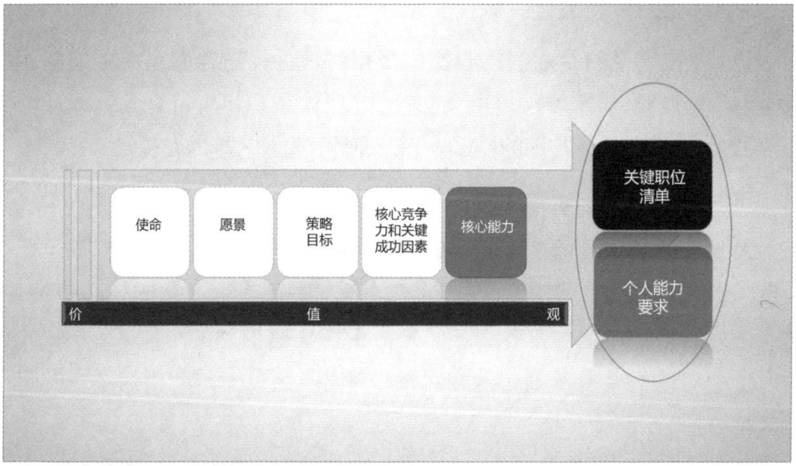

图 3-9

- 使命，我个人解读为“为谁而存在”，即企业为谁创造价值。企业会将此作为一种社会责任，通常这种责任具有社会积极性。
- 愿景，我个人解读为“梦想实现的景象”，即创业者或企业家的“初心”实现后的景象。而梦想实现的景象包含了企业组织中核心团队成员大多数人的价值诉求。
- 价值观，我个人解读为“企业如何看事、看人、看世界”。我们用什么样的视角去看，世界就是我们所看到的样子；我们用什么样的思维去想，世界就是我们所想的样子；我们用什么样的行为去做，世界就是我们创造或者改变的样子。对于企业来讲，也是同样的道理。

通过对企业使命、愿景、核心价值观的具体解读，将其具象为不同时间段的阶段性成果，再将阶段性成果细化为企业不同阶段的策略及目标；根据不同阶段的策略及目标提炼出企业所需要的核心竞争力和关键要素；关键要素将进一步转化为整个组织的核心能力；最后形成由组织核心能力细化而成的关键职位清单和关键职位的任职者能力要求描述。

经过以上转换过程所得到的关键职位清单会直接对应股权激励的配股职位要素；任职者能力要求直接对应配股能力要素，并作为实际兑股中能力提升指标的依据。

7. 分析企业盈利能力

（1）为什么要分析企业盈利能力

① 企业盈利能力直接关系到股权激励标的选择

企业的盈利能力直接关系到激励标的选择，盈利能力弱的企业不适合选择与当期利润分配相关的股权激励模式或标的。例如，在职分红、超额利润分享、账面价值增值等以资金形式进行兑付的虚拟股权激励模式。

② 盈利能力对股权激励预期效果影响较大

企业的盈利能力直接影响到员工对企业股权价值的判断，特别是未来股权是否会增值的信心。尤其是需要对价认购的实股激励，如果企业没有办法让员工看到企业未来盈利的持续性和增长性，员工担心购股本金损失，造成股权激励参与或认购的主动性差。

③ 盈利能力决定企业实施股权激励项目的时间

股权激励能产生激励效果，主要源于激励对象对公司股权未来增值的信心。因此，企业实施股权激励项目的时间点的选择尤为重要，最好选在风险可控、当下股价可接受且未来有高速增长潜力的节点上，如天使轮融资后或者 A 轮融资前。只有员工对企业未来的股权价值增长空间有信心，股权激励的效果才会好。

（2）企业未来盈利能力与股权激励有何关系

企业未来的盈利能力可通过两项重要的指标进行预测：未来收入增长的潜力和成本下降的空间。

我们将企业未来收入增长的潜力与成本下降的空间关系用四象限区图进行表示，并分别匹配相应的股权激励策略，如图 3-10 所示。

① 一象限区：收入增长幅度大，成本增加

随着企业营业收入的增加，其成本也随之增加，这样的企业通常资产相对较重，营业周期较长、运营推广成本高，多为传统生产制造类企业，其股份定价受资产因素影响大、此象限区内的企业实施股权激励项目，可考虑期权类模式，行权条件与收入提升、成本降低、利润率及资金相关指标为主。

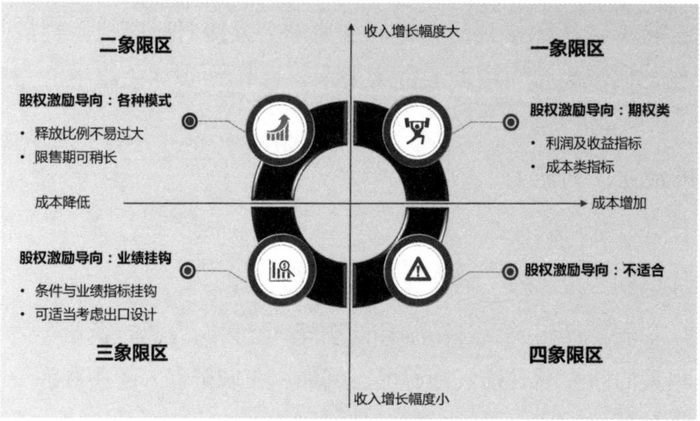

图 3-10

② 二象限区：收入增长幅度大，成本降低

随着企业营业收入的增加，其成本随之降低，这样的企业通常为轻资产型企业，前期推广费用高，成本随着用户及客户数量的增加而降低，一般以高脑力劳动行业为主，如软件信息服务、互联网行业等。这样的企业的股份定价主要受未来企业价值增长因素影响较大，对于股权激励模式的限制相对较小。

在企业早期，股权价值相对较低。为吸引专业人才，这样的企业适合应用限制性股权模式。需要注意的是，不要一次性释放比例过大的股份用于股权激励。而越到后期，这样的企业一般融资轮次较多，间隔期短，随着融资轮次的递增，股权价值也将水涨船高，期权类激励模式相对适合。股权激励的定价策略应随实施股权激励的时间点的不同而不同，同时要适当考虑员工购股资金的解决策略。

③ 三象限区：收入增长幅度小，成本降低

企业收入增长幅度小，其成本随着企业的发展而降低。这种企业通常资产相对较轻，且毛利率低，企业运营投入主要集中在产品的原材料上。

如果是原有市场环境因素造成的预期收入降低，企业可能面临转型；如果是原有产品开拓新市场，未来需要加大营销推广投入；如果是新产品、新市场，未来可能需要试点，成功后规模性推广。企业需要根据具体情况进行具体分析，以确定股权激励的授予时间点及相应的授予或解锁条件。

④ 四象限区：收入增长幅度小，成本增加

很多创新型企业在创业初期还处在产品价值验证阶段，一般研发投入比较大，未来市场充满不确定性，甚至企业处在收入负增长阶段，而投入仍在不断增加。这个阶段的企业不适合实施规模性的股权激励，运用实股激励吸引志同道合的优秀专业人才是企业的重要战略之一，同时应意识到股权融资关系到企业的存活。

8．分析激励预期

（1）为什么要分析激励预期

每家企业对股权激励效果的期待都超过了股权激励项目实施后实际可能产生的激励效果，而每家企业决定实施股权激励项目的时间点背后，往往隐含了许多企业希望通过实施股权激励可以解决的真实问题。

股权激励项目的实施，其激励效果受多方面因素的影响，有其局限性。因此，理性分析影响股权激励预期的各项要素，理性设置股权激励项目的激励预期，是实施股权激励项目的必要前提。

（2）企业为何启动股权激励项目

很多企业都有股权激励项目实施计划，但正式实施股权激励项目，往往背后都有一个动机推动。常见的动机可总结为“四为”，即为人、为钱、为资源、为安全，如图 3-11 所示。

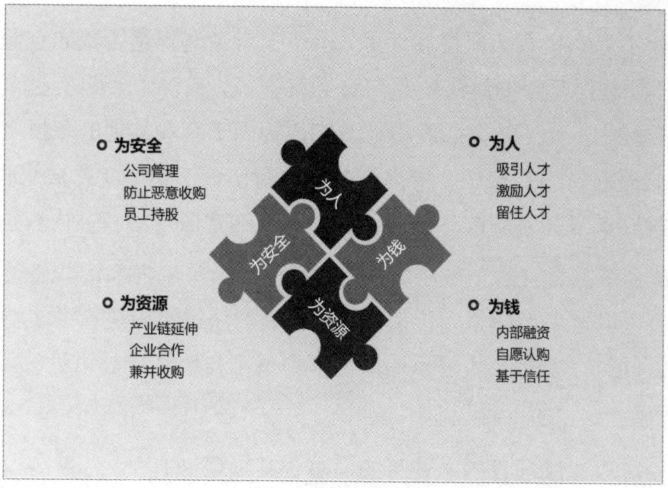

图 3-11

① 为人

企业启动股权激励项目的主要目的与人才有关，包括吸引人才、激励人才、留住人才。通常情况下，企业出现了与人才相关的问题，如人才难寻、企业对员工积极性不满意、人才主动流失率过高、关键人才留不住等。对于实施股权激励的目的主要与人才有关的企业，在实施股权激励项目前需要对企业的人才问题进行逐项分析，明确现状与期待之间的差距，理性地判断通过股权激励项目实施可能将问题解决到什么程度，或者在不同的阶段采取什么样的策略更利于激励目标的实现。

例如，激励目的中的重要一项是吸引人才，我们需要分析企业未来需要什么样的人才，现有人才中有没有可培养的苗子，外部招聘采取什么渠道，潜在的人才在哪里，普遍薪酬水平如何，我们可以支付的薪酬总额中资金比例与市场均值有多少差距……

只有将激励目的背后对应的问题梳理清楚，我们才能找到更好的切入点，制定更加合理的股权激励方案。评估股权激励在人才吸引策略方面可能发挥的价值是否为重要且必不可少的，之后才是从各个方面考虑，如何确保股权激励在人才吸引过程中争取价值最大化。

② 为钱

企业启动股权激励项目的主要目的与融资有关。对于经营状况良好、资金流健康、员工对企业信任度高的公司而言，向内部员工募集资金用于经营投资，不失为一个双赢的融资策略。

企业向员工募集资金的前提条件是，由员工自由选择是否认购企业的股权，而非企业打着“股权激励”的旗号变相向员工集资。员工自由认购企业的股份对于员工而言是投资行为，员工获得的股份权益应该等同于企业其他财务投资股东。而股权激励是企业根据员工的知识、能力、时间的付出而产出的工作成果授予的股权，员工获得的股权属于其薪酬的一部分，公司有权约定股权的权益内容。

因此，从合法且合理的角度出发，企业通过鼓励员工内部认购公司股份进行融资，股份定价可以遵循市场公允价值，股份权益的获得不应进行过多特殊约定，应当同股同权，同时须在有风险提示的前提下由员工自愿认购公司股份。

③ 为资源

企业启动股权激励项目的主要目的与整合某项资源有关。这里多指有潜力的技术研究项目或者特殊的资源。在这种情况下的股权激励通常为小范围且必须同步引进资源及资源背后的技术人才。

尤其在企业的早期，既需要领先的技术和优秀的创新型人才，又需要足够的资金，因此运用股权来吸引优秀人才，获得企业发展所需要的关键资源可作为企业的一种战略性发展策略。在实际操作中，双方可协商约定资源产出成果的认定及评估办法，必要的时候可借助专业评估机构对目标资源的价值进行评估作价。

④ 为安全

无论是企业经营还是资本运作，其底线是企业管理结构的安全。现代企业的发展，会同时面对两个市场：一个是经营层面的普通商品市场，另一个是股权层面的资本市场。企业通过普通商品市场的经营活动，即产品研发、生产、销售或服务，将产品或服务提供给有需求的客户赚取差价。但是这种利润的内生增长循环系统已经无法适应当下快速更新迭代的市场需求，因此必须通过筹资活动加速经营活动的效率、扩大普通商品市场的占有率来赢得竞争优势。

新的事物创造新的价值，同时也伴随着新的难题。企业的股权在融资的过程中不断地被稀释，如果不能科学设计合理的管理结构，就会遭遇恶意收购。

管理结构的安全，是企业经营的核心。科学的股权激励或者员工持股计划的设计方案，是保障公司管理结构安全的策略之一。关于股权激励方案如何设计更有利于公司管理结构的稳定，我们将在后续的不同章节中详细介绍。

9. 分析激励对象的特征

（1）为何要分析激励对象的特征

股权激励最终的落脚点一定落在激励的对象上，换言之，股权激励所产生的激励的“果”源于股权合理分配到特定的激励对象的“因”。因此，能否达到相对符合预期的激励效果，不仅取决于分配机制的相对公平，还与激励对象的特征有较大关系。在具体实施股权激励项目过程中，我们既要了解并掌握激励对象群体的共性特征，又要关注激励对象的个性特征。

（2）激励对象有哪些共性特征

激励对象的共性特征，往往从他们共同关注的话题中可以看出来。通过对多家公司股权激励项目实施前的调研分析，我们发现股权激励对象普遍关注以下话题，且不受企业的个性化因素影响。

① 关注公司未来的发展潜力

潜在的股权激励对象往往更关注企业未来的发展潜力，他们通过各种方式了解股权价值的增长空间与企业未来发展潜力间的联系。因此，他们常问的问题是企业最近一轮融资的投前及投后估值，以及未来企业的融资计划等与公司股权价值相关的问题。

② 关心股权的定价逻辑

在股权激励项目实施前的调研中，经常有激励对象询问关于股权价格的定价逻辑。在没有了解股权定价逻辑前，大多数激励对象会主观认为1元/股，是真正的原始股、低价股。当他们通过生活场景中“分蛋糕”的例子了解到每股价格与企业总股本价值分得的股份总数量之间的关系时，大多数人会恍然大悟：不能只看股价本身就主观地认为股权是便宜或者贵，而要结合企业当期的净资产、未来的盈利能力及合理的估值方式来衡量股权的价值；同时也要结合总股本的数量来判断每股价值的大小，也就是股权价格的合理性。

③ 关注购股本金的支付方式

对于一些需要支付对价的实股激励模式，通常我们会在股权激励实施项目前通过前期调研掌握大部分员工对认购资金可承受的范围，尽量设计企业可接受、员工可承受的股份认购本金支付方式。

④ 担心自己的购股本金损失

除非是极端恶意主动离职，如在认购股份的两个月内，出现非正当理由退股离职的情形或者市场无法预估的风险，我们通常不会设计主观引发股权激励对象损失本金的条款。如果是需要支付资金对价的实股激励模式，除非公司经营不当导致破产清算，一般情况下激励对象获得的股份至少会约定本金退出。即使上市公司出现股价跌破期权行权价的情况，激励对象通常可以选择放弃行权来避免本金损失。

股权激励的最终目的是，运用企业的股权作为工具，激发企业优秀人才的主观能动性，自觉自愿地努力工作，达成更高的绩效目标，而非通过员工出资购买股份达成企业内部融资的目的。至于有些实股激励模式需要激励对象支付对价获得，大多数也是在激励的同时，发挥一定的稳定人才的作用。

⑤ 关注退出机制

有进入门槛和机制，也需要有科学合理的退出机制。股权激励方案的设计及股权激励项目的实施本就是一项系统工程，根据不同的情形运用科学合理的退出机制也是本书的重点之一，在后续的章节中我们将详细说明。

（3）如何关注激励对象的个性化特征

① 关注激励对象的成长阶段

在不同的年龄阶段，职场人关注的职业发展侧重点不同。在设计股权激励方案时，必须考虑激励对象的职业发展阶段。

三十岁前，职业发展的重点往往是拼搏。这个阶段的职场人更善于向前看，他们注重企业未来的发展潜力，在意自己的发展空间，为了获得更好的职业机会，多些全新的尝试，可以承担一定的职业风险。针对此阶段的股权激励对象，在设计股权激励方案时企业可以考虑相对高的行权条件，甚至业绩对赌条款，但应尽量避免使其一次性支付过高的购股资金。这个阶段通常适用虚拟股权模式或分期付款的限制性期股激励模式。

四十岁的职场人，职业发展的重点往往是转型。他们大多有了一定的阅历、知识、技能的积累，部分人实现了财务的相对自由，多了些选择职业的资本，所以更在意自己对所做的事是否感兴趣，合作者是否志同道合，工作中是否有机会发挥自我价值。针对这个阶段的激励对象，在设计股权激励方案时企业应注意约束与激励的结合应用。出资认购限制性实股模式更加合适。

五十岁的职场人，除非真正实现了财务自由，大多数人更在意职业稳定性。他们不喜欢尝试太多的新鲜事物，也非常在意自己的“江湖地位”。所以，股权激励方案的设计应适当增加奖励性股份的配置，如果可能，适当运用“股权释兵权”的思路，在给曾经对企业有过突出贡献的员工相应的股权收益权的同时，将其所任职位尽量空出来，给年轻人更多的施展空间。

② 适当关注个体的需求差异

如果可能，尽量在股权激励项目实施前，做一些与个体需求差异相关的调研分析，可以马斯洛的需要层次理论作为参考，对潜在激励对象进行相似性归类，将调研结果作为设计股权激励方案时的考虑因素。

生理和安全需要占比高则应考虑通过适时兑现的工资、奖金、福利安排作为基本满足其需求的因子，而非首选股权作为激励标的。企业应先解决人的基本需求，再考虑股权激励项目的实施。从前文讲过的赫茨伯格“双因素理论”来看，在基本的保健因子缺失的情况下，股权作为激励因子未必可以产生相应的激励效果，反而更容易激发员工因基本保健因子缺失而产生的不满。

社会、自尊及自我实现需要占比高，更适合运用股权进行激励，股权激励是在满足激励对象更高物质需求的同时，在一定程度上满足激励对象精神层面的需求。

③ 不要忽视效率与个性间的内在联系

将同样的激励标的授予不同的激励对象，剔除能力差异因素的干扰，有的激励效果非常明显，绩效提升明显，而有的人的绩效没有太大改变。一个人的效率与其个性特征有很大的联系。换言之，有的人获得了自己期待的激励，便会激发出努力工作的内在动力，通过各方面的努力，获得绩效的提升；而有的人未必适用股权激励这种长期激励模式的刺激来激发自我原动力，而是需要相对频繁的外在刺激，才会使其绩效得到提升。根据实际操作的经验，我们可以将效率与个性间的联系分为以下四种类型。

效率高，性子急。这种特点的激励对象通常更适用于股权激励这种长期激励模式，他们自我管理能力强，其思维方式为结果导向，只要有明确清晰的目标和对应的激励，他们便会努力地工作，从而使绩效得到提升。

效率低，性子急。这种特点的人在大多数情况下工作能力可能不足或者工作方式有问题，企业需要在分析实际情况后，在实施股权激励项目的同时辅以其他的促进其绩效提升的措施。

效率高，性子慢。这种特点的激励对象自我思考能力强、有主见、不轻易改变个人意见，遇事理性、冷静，适合管理类职位。在针对此种特点的激励对象进行激励时，一定要确保其对各项条款理解清晰并认可，因为他们只会执行自己认可至少是接受的事物。因此，股权激励项目如果未对效率高、性子慢的激励对象产生激励效果，大多是其不认可或不接受相关条款造成的，而非其能力不足。

效率低，性子慢。针对这种特点的人，企业需要确认其是否是未来所需要的关键人才。如果只是阶段性所需要的人才，不建议运用股权进行激励。

10. 分析公司性质

这里用公司性质，而非企业性质，主要是从公司制企业的所有权归属角度而言的。公司制企业主要有国有全资或控股公司、国有参股公司、集体所有制公司、中外合资公司等。

针对不同所有权归属的公司实施股权激励项目，需要参考国家相应的法律法规，尊重所有权主体，避免出现无意识占有、分享国有或集体所有资产的情况。

【案例 16】ASU 公司的十项分析与股权激励模式构建思路

（1）公司背景

ASU 公司属于高新技术企业，它是基于虚拟成像技术的智能硬件和软件产品研发商。其旗下产品主要是智能腕部穿戴投影设备，产品根据用户在不同场景中的需求可实现手背投影交互、桌面投影交互、墙面投影交互体验。ASU 公司在初创产品验证阶段邀请我为其设计股权激励方案。

（2）战略分析

- 企业的产品已经过了价值验证阶段，产品进入可量产阶段。
- 未来三年内，规模扩张比利润更重要；重点关注指标为社群用户数量及增量、付费客户转换率、主营业务收入增长率。
- 未来三年内，B、C 轮融资投后估值达到 20～30 亿元。
- 三年后正式启动上市申报流程。

（3）商业模式

- 世界领先的技术赋能全新产品。
- 全新的产品及丰富多样的活动吸引粉丝形成社群。
- 未来实现社群经济生态链。即现在做产品为粉丝，未来为粉丝而做产品。

（4）竞争对手

- 公司产品属“发烧级领先”，短期无直接竞争对手。
- 占据领先地位的关键是掌握先进技术及实现供应链的整合。

（5）公司类型

- 股权架构清晰的有限责任公司，未来将改制为股份制有限公司。
- 知名上市公司控股，多家风险投资机构投资。

（6）融资阶段

- 已过产品价值验证阶段，产品可量产，拥有一定数量的发烧级用户；A 轮融资到位。
- 公司进入规模价值扩张阶段，B 轮融资提上日程。

（7）公司文化

公司高管及关键人才大多数来自世界 500 强企业；公司坚守平等、尊重、相对民主的核心价值观；重视技术人才的引进，不盲目鼓励所谓的忠诚，不在意员工是否愿意与企业长久共同成长，更在意员工任职期间的全心付出。

（8）盈利能力

公司当前处在规模价值扩张阶段，未达到成熟稳定的财务价值阶段，短期不适合用盈利能力对企业进行质量评定；但有较强的盈利潜力。

（9）激励预期

- 通过人才加盟股吸引顶尖光学研发人才、虚拟现实技术人才、产品设计人才、社群运营人才加入公司。

- 通过技术成果股激励技术人才达成公司的技术成果目标。
- 通过限制性期股激励并约束高管及骨干人才，达成公司的三年战略目标。
- 通过奖励股兑现对创业元老及老员工的奖励承诺。

（10）激励对象特征

- 高脑力劳动行业，职场中供不应求的稀缺技术人才占比高。
- 多数激励对象有知名外资企业工作经历。
- 工资收入高，有相当一部分员工曾获得之前任职公司的股权。
- 根据马斯洛需要层次理论分析，多数人更在意自我实现。

（11）股权激励方案思路

① 股权激励的重心在技术成果上

ASU 公司的技术具有创造性，技术的开发和应用是其产品的核心亮点，而参与产品设计研发的人才都曾经是某些领域中的精英。最终能否运用更先进的技术使“令人尖叫”的产品问世，更多的时候取决于技术人才的自我效能感，而非技术水平本身。将股权标的直接对应不同阶段的技术成果，谁是技术实现者，谁就将成为技术成果股的受让者。

② 股权激励的重心在社群运营的成果上

通过产品不断进行更新迭代，吸引用户关注我们的产品并参与产品的开发或推广，到消费我们的产品并且愿意帮我们进行口碑宣传，再到主动销售我们的产品，最终“迷恋”我们的产品和理念。根据不同阶段的运营成果指标达成所对应的主要责任人，直接受让其对应的股权标的。

③ 股权激励的重心在关注规模效应上

用好产品吸引忠实的粉丝；高参与度的粉丝社群的持续活跃，有助于企业不断挖掘出用户更多新的需求；用户新需求的产生激励公司研发并产出更优质的产品，如此形成良性循环的社群经济生态圈。所以，公司总体股权的解锁目标将与社群的规模和质量挂钩，让所有人都注重公司未来规模价值的增长。

④ 运用股权激励推动公司建立开放式的人力资源平台

规模效应比短期盈利更重要，让所有人明白这是企业发展的根本，将所有人的关注点及着力点统一在未来的规模价值上。将股权激励标的直接对应技术成果及运营成果，而非岗位或职位，即谁做到了股权激励就落在谁身上。

将公司打造成开放的技术竞争平台；将组织模式打造成扁平的、协同作战的模式，弱化行政层级，强调专业化的分工协作。

避免普惠式的全员参股模式，将有限的股权资源运用在公司战略实现的关键阶段成果的实现对象身上。对于自我实现需求阶段的精英来说，他们之所以努力，是想做到大多数人做不到的事情。高价值对应强激励，这样自我动机才会更强，同样的参与权、同样的竞技场，最终实现目标的关键贡献者获得的价值感不仅来自更多份额的股权，更重要的是其获得了精神满足感。

3.5　公司确定股权激励模式的四项原则

1．理性原则

企业选择什么样的股权激励模式需要企业领军者、实际经营者进行理性思考。否则，如果从开始方向就是错的，谈激励效果也就没有意义。

（1）理性看待企业关键角色的诉求

在股权激励项目实施过程中，企业中的原始创业股东、财务投资方、潜在激励对象是最有可能形成“对立”的三种角色，由于他们身份不同，因此价值诉求不同，关注的风险点也不同。

- 原始股东往往过高估计企业价值，有可能过度在意企业是否因为股份的出让而失去企业控制权。
- 财务投资方会倾向于低估企业价值，其更关注投资收益及未来的退出路径。如果没有投资前的约定有可能会在意股权激励是否会影响其股份权益。
- 潜在激励对象不会轻信企业方宣称的价值，更倾向于相信企业外部相关机构对其价值的认定。他们最在意的是购股本金是否有损失的风险。

对于各种角色的关注点与合理的诉求，企业必须理性地看待它们，提前用科学的方法设计专项预案，而非被动应对由此出现的各种问题。

例如，我们可以运用有限合伙持股平台的设计及前期必要的解释说明，让原始股东不用担心股权激励项目对企业控制权的影响；我们可以提前预留股权激励份额，避免未来财务投资方反对同比稀释股权；我们可以虚拟股权标的的设计或者完善退出机制使激励对象不必担心购股本金的损失。

（2）理性看待激励对象

① 老板眼里很难有努力的员工

经常听到企业老板诉苦，为何员工没有他们期待中的那么努力？原因在于：一方面是老板眼中的努力标准和员工认为的努力相差十万八千里；另一方面是“什么是努力”，本身就受不同角色主观认知的影响。所以，在股权激励项目实施过程中，我们必须相信潜在的激励对象的价值和能力及其工作热情很可能被低估，而其未来的工作结果往往被过高期待。带着对这些“现实存在的合理性”的认知去实施股权激励项目，将会更好地修正本不该出现的偏差，将有利于在企业中建立更加科学、公平、合理的人力资源机制。

② 员工之间很难有真实认同的榜样

我们大多数人是员工或曾经是员工，当和你在同样的职位上任职、同样努力的同事被公司评为先进而上台领奖的时候，我们会发自内心地认同所谓的实至名归吗？我们会真诚地祝福他们吗？答案是：大多数人不会。

心理学中的归因理论告诉我们：人们倾向于将自己的成功归因于自我努力的结果，将自己的失败归因于外在环境；将他人的成功归因于外在环境，将他人的失败归因于个人的主观不努力。

所以，在股权激励项目实施过程中，股份分配和兑现机制在企业管理人员的眼中多么客观都不是最重要的，激励对象群体及当期未被激励的员工们的主观感受才是最重要的。重视股份分配和兑现机制的生成程序，尽量让潜在激励对象及员工代表参与其中。

③ 我们眼中的自己永远比别人优秀

在职场中，我们听到的最多的是同事们“怀才不遇”的抱怨，如在上家公司收入多么高，自己付出了多少上司看不到，能力如此强却得不到重用等。股权激励项目的实施，需要建立在设置明确的授予条件、行权条件、兑现条件，并获得激励对象的书面认同的基础上，否则很可能“赔了股份折了兵”。

（3）理性看待股权激励

- 股权激励属于企业中长期激励范畴，对企业经营过程中的短期业绩目标的达成未必有明显的作用。
- 股权激励旨在运用股权作为标的激励企业未来战略达成所需要的关键人才，而非如何给在册的员工分配股份，如何将“股权”这个承载了企业不同阶段总体目标的标的运用得当，使其起到真正的激励作用，这取决于标的的使用策略及企业的发展质量。这里的质量是指企业在大多数利益关联方眼里的发展潜力。

- 股权激励的落脚点在“人才”上，而企业的人才激励是一个系统问题。股权能否发挥激励作用，不仅取决于股权激励方案设计本身，还依赖于企业的整体激励体系。

2．适用原则

每家公司都是独特的、唯一的，即使同行业、同规模的对标公司，在股权激励的方案设计及股权激励项目实施过程中，也完全有必要从公司未来战略的需求和当下的实际情况出发，运用“第一性原理”的思维方式，避免经验可能带来的干扰，以全新的视角去定制个性化股权激励方案。

在股权激励方案设计过程中，要重视三个方面的适用性，即标的适用、入口适用、出口适用。

（1）标的适用

从企业自身资源和特点出发，设计适合企业的激励标的，忌运用所学套用企业，而应认真分析企业各项指标，科学预测企业未来的发展潜力，达到一定的激励效果，尽量避免低级错误。低级错误的种类，包括以下几种。

- 盈利能力弱却约定利润分配权，如在职分红、超额进行利润分享。
- 重资产周转慢却约定账面价值增值权，如账面价值增值权。
- 股权价值低却约定溢价出资购股，如创业公司溢价出资购股。
- 认定一些关系是公司资源，并以此作为入股资本，如赠予股份。

（2）入口适用

这里的入口主要指股权激励的授予时间点的选择，以及授予条件的设定。企业计划实施股权激励项目，有必要在实施股权激励项目前评估并选择适合的总体授予时间点并设定适合的授予条件。即使是同一行业中的公司，由于其所处的发展阶段不同，需要通过股权激励的实施引导的激励价值也完全不同。

例如，处于初创期的企业和处于产品价值验证阶段的企业，授予股权激励的份额不应超过 15%，授予对象一定是关键合伙人，或者对产品价值验证阶段起关键作用的核心骨干人才，授予时间越早越好。如果处于此阶段的企业选择大规模员工持股计划，并出让较大的股份份额，非但激励效果弱，而且对企业未来的融资，以及企业不断发展中的人才引进将产生非常不利的影响。

（3）出口适用

很多企业实施了股权激励项目，却无法产生预期中的激励效果，其中非常关键的一个原因是没有设计具有激励作用的出口。甚至除非上市，否则激励对象难有将股权变现的机会。股权激励成了“一潭死水”，进来不易，出去更难，怎么可能产生激励效果？

无论激励对象还是投资人一直关心的是如何漂亮地退出。

股权再有价值，在它没有变现之前，也永远只是“一块看得到、吃不到的蛋糕”，适当的延迟满足感的确可以在约束员工的同时产生相应的激励效果，但延迟满足的期限超过了人所能承受的极限，股权的激励作用就消弱了。

如果能在未来企业能力允许的前提下，适当设计一些非上市出口，激励效果会有质的飞跃，如部分转让至下轮投资方，公司或股东适当溢价回购，又或者在不改变公司总体股权架构的前提下允许小范围内转让等。

3. 公平原则

股权激励项目实施的公平原则要从三个角度来考虑，即对原始股东公平、对投资方公平、对激励对象公平。

（1）对原始股东公平

企业在初创阶段，离不开原始股东的拼搏和奉献。股权激励项目的实施，应该建立在企业不同价值阶段的公允估值的前提下给予股份合理的定价，尽可能采取原始股东可接受的分享增量而非存量的原则以保障原始股东的基本权益。

（2）对投资方公平

站在投资方的角度，理解投资方的募、投、管、退的商业逻辑。

- 募：向特定对象合法募集资金。
- 投：选择有投资价值的公司进行投资。
- 管：对已投资的公司进行投后的管理及给予相应的资源支持。
- 退：选择合适的时机和出口使其退出并获得回报。

对投资方而言，本金的安全及合理的回报率是其最关心的。在股权激励方案设计中，需要提前规划股权激励对不同轮次的投资方的影响；最好的策略是在引入投资方之前，提前预留股权激励所需的股份份额，否则随着融资轮次的增加，股权激励项目的实施可能会遇到来自投资方的股份比例稀释及股份定价方面的阻力。

（3）对激励对象公平

这里的激励对象包括未来潜在的及当期的准激励对象。在股权激励项目实施过程中，股权往往是分期、分量授予的，并且每期的激励对象可能不同。

从广义的角度而言，实施股权激励项目的企业中的所有在册或未来需要吸引的员工都属于潜在的激励对象；从狭义的角度而言，当期被授予股权的员工是准激励对象。而股权激励方案应尽量让所有员工不抵触，当然最好的效果是还能起到激励的作用，让所有潜在激励对象期待成为准激励对象。

如此一来，我们必须将股权激励方案转换成适合公之于众的股权激励制度，让员工清晰地看到：自己通过努力后达成什么目标，在什么时间，可能获得什么样的股权激励标的。让所有员工清楚地了解自己为何先人一步获得股权，或者他人为何先己一步获得股权。一套让大多数员工主观感受相对公平的股权激励机制，离不开公开民主参与程序的设计及关键决策策略的选择。对于已获得股权激励的对象而言，公平与否的判断标准是所有人一套机制、同岗同股、同股同权、不失本金。

4．促进增长原则

股权激励项目的实施目标是促进企业整体价值的增长。企业整体价值增长背后的驱动逻辑是：员工价值的增长带来客户价值的增长，客户价值的增长促进企业价值的增长，企业价值的增长带来股东价值的增长。

股东价值的增长是驱动创业者持续燃烧创业激情的原动力，也是让更多投资人保持投资热情的原动力。正因如此，让员工通过股权激励项目成为股东，享受股权所带来的价值增长，是促进企业内部生态链价值增长的最优策略。

第 4 章

教你设计：一套完美的股权激励方案

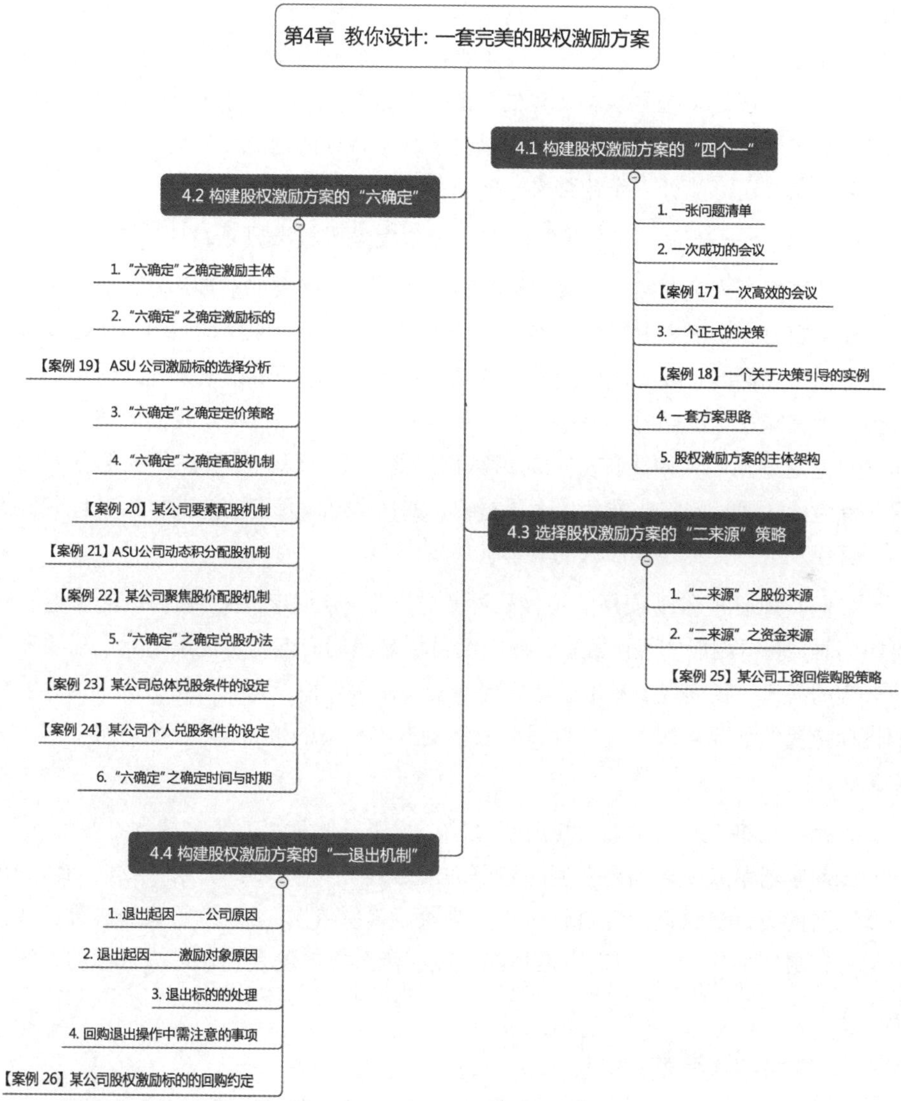
第4章 教你设计：一套完美的股权激励方案
4.1 构建股权激励方案的“四个一”
1. 一张问题清单
2. 一次成功的会议
【案例 17】一次高效的会议
3. 一个正式的决策
【案例 18】一个关于决策引导的实例
4. 一套方案思路
5. 股权激励方案的主体架构
4.2 构建股权激励方案的“六确定”
1. “六确定”之确定激励主体
2. “六确定”之确定激励标的
【案例 19】ASU 公司激励标的选择分析
3. “六确定”之确定定价策略
4. “六确定”之确定配股机制
【案例 20】某公司要素配股机制
【案例 21】ASU公司动态积分配股机制
【案例 22】某公司聚焦股价配股机制
5. “六确定”之确定兑股办法
【案例 23】某公司总体兑股条件的设定
【案例 24】某公司个人兑股条件的设定
6. “六确定”之确定时间与时期
4.3 选择股权激励方案的“二来源”策略
1. “二来源”之股份来源
2. “二来源”之资金来源
【案例 25】某公司工资回偿购股策略
4.4 构建股权激励方案的“一退出机制”
1. 退出起因——公司原因
2. 退出起因——激励对象原因
3. 退出标的的处理
4. 回购退出操作中需注意的事项
【案例 26】某公司股权激励标的的回购约定

4.1 构建股权激励方案的“四个一”

企业实施股权激励项目，是为了建立吸引人才、稳定人才的长效激励机制。之所以将股权激励的实施视作一个项目来运作，是因为企业的长期目标和短期目标的达成，需要人才这项核心资源要素将其他各项资源进行合理的配置、组合才可能完成；而这个过程是系统且动态变化的，股权激励标的选择、股权激励方案的设计、股权激励实施过程中的动态管理需要以企业战略目标的达成为导向，否则不仅可能会徒劳无功，还可能会为企业带来一些新的问题。

所以，设计一套适合本企业的股权激励方案是股权激励项目成功实施的前提。

在动笔撰写方案前需要认真厘清思路，通过各种必要的前期沟通、分析、决策等工作确定方案中的一些关键内容。举个似乎不太恰当但很利于说明问题的例子：这就好比当我们准备要烹制一道美味的菜品；终极目标是希望未来吃这道菜的人感觉到一种美味享受的同时，满足饱腹的基本需求；而中期目标是我们应该尽可能得知未来吃这道菜的人中大部分人的口味偏好是什么？我们尽量满足大部分人的口味；短期目标是我们需要准备什么原材料，如何烹制。我们的短期目标来自我们的终极目标及中级目标转换而来的具体任务。

我们实施股权激励项目的终极目标是希望激励对象在感受到自己的价值被认可的同时，获得相应的经济收益；而中期目标是我们应该尽可能清楚我们需要激励什么样的人才，我们尽量精准地激励对企业贡献大，以及未来价值较大的人才；短期目标是我们需要掌握所有与设计股权激励方案相关的资料，以及如何将方案付诸实施。

为此，我将平时给企业提供股权激励咨询服务的常用方法总结为“四个一”，即一张问题清单（我们需要自问并解答的问题）；一次成功的会议（我们如何通过一次高效的会议对关键问题进行讨论，为决策提供依据）；一个正式的决策（我们如何进行最后的决策）；一套方案思路（股权激励方案仅是企业达成目标的系统方案之一）。

1. 一张问题清单

多年的经验告诉我，厘清思路最好的方法，是向自己进行结构化的提问。

股权激励方案中的关键内容的决策，需要我们详细了解或者确认公司的战略目标、商业模式等。

我们可以根据企业的实际情况制作一张问题清单（见表 4-1）。根据问题清单中的内容逐项与相关人员进行沟通，得到确定的答案。

表 4-1

题号	类型	问　题	答案	需进一步确认	责任人
1	战略目标	我们未来三年的战略目标是什么			
2		我们达成战略目标是否意味着离愿景实现更近一步			
3		我们现有的资源可否支持我们达成战略目标			
4		外部环境对我们实现战略目标有何影响			
5		我们的核心竞争力是否明确			
6	商业逻辑组织架构	我们是通过什么方式获得营业收入的			
7		我们目前营收占比最高的是什么业务			
8		未来三年内我们的营收结构会有什么样的变化			
9		透过商业逻辑看我们的组织架构是否支持企业未来的发展需求			
10		如果现有资源不能支持企业未来的发展需求我们需要做什么大的调整			
11		我们未来的关键岗位有哪些			
12	股权激励	我们现在面临的最棘手的人力资源问题是什么			
13		这些问题产生的原因是什么			
14		除了股权激励，还有什么其他措施利于问题的解决			
15		我们的利润是否可实现每年 20%以上的增长			
16		我们是否有实施股权激励项目的工作人员			
17		我们的股权架构是否清晰			
18		我们的股东是否愿意实施股权激励项目			
19		我们的投资方对实施股权激励项目持什么态度			
20		实施股权激励项目我们需要达到什么效果			
……					

声明：以上表格只作为参考，其中的问题未必全部适合你的企业。

2．一次成功的会议

当我们通过问题清单收集了各项我们需要了解或者再次确认的与股权激励方案有关的事项后，接下来我们需要开一次以“股权激励实施决策”为主题的高效会议。通过会议讨论并确认：股权激励项目的实施一定是达成企业目标的唯一方案吗？换言之，实施了股权激励项目，一定可以解决企业间的问题并达成目标吗？

（1）如何保证股权激励实施决策会议开得高效

为保证会议的高效，我们有必要做到“三个一”，即一个主持人，一个主题，一个机制，如图 4-1 所示。

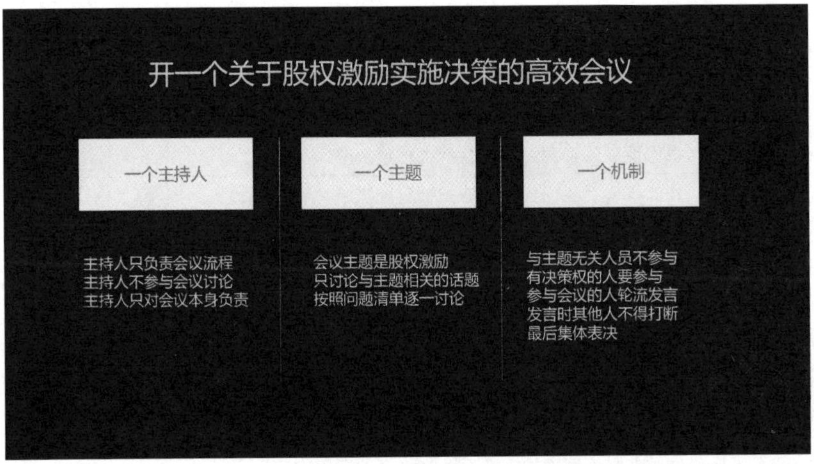

图 4-1

① 一个主持人

我在为企业提供咨询服务的过程中，纠正了企业会议效率低的问题。很多企业之所以会议效率低，其中一个主要的原因是没有一个把控会议流程的主持人。一次高效的会议，一定要指定一个唯一的会议主持人，主持人只负责会议按照既定的流程进行，不参与会议内容的讨论，最好选择一位与会议内容无关的人来担任主持人。

② 一个主题

一次会议最好只围绕一个主题展开讨论，忌东拉西扯。会前主持人应将会议的主题内容及讨论方向提前以邮件或者其他方式告知会议参与者，在必要的情况下，主持人应督促主要发言人进行相关准备。在会议过程中主持人应及时提示发言人，围绕主题展开发言。

③ 一个机制

企业一定要建立自己的会议机制，每次会议都要有当次会议发言、讨论及决策机制，其中必要的条款包括参会人员的界定、会前的必要准备、会中的发言规定、违规者的惩罚办法、会议的决策流程、会后的跟踪及关键问题的落实。

高效的会议机制，不仅能提升决策的效率，也有利于企业整体效率的提升及文化氛围的形成。

（2）高效会议的流程

我们可以通过问题清晰化、设定目标、分析原因、制定方案及行动计划四步来开会，如图 4-2 所示。

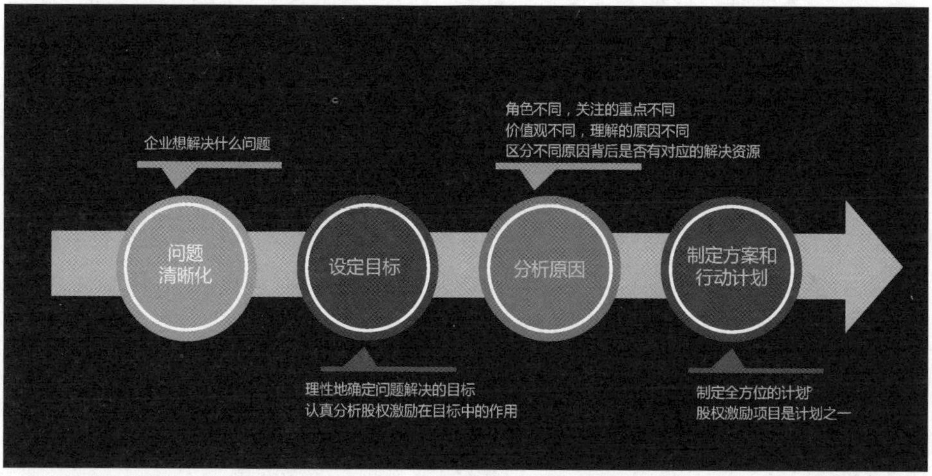

图 4-2

① 第一步：问题清晰化

以股权激励为例，大多数人会认为股权激励的重点问题是如何实施股权激励项目。他们普遍关心的问题是该用什么模式，会不会对公司未来的控制权造成影响等有关股权激励应用方面的问题。他们忘记了他们为什么要去实施股权激励项目。他们要解决的是什么问题。被自己主观认为的问题遮蔽是多数人难以避免的，所以我们必须学会通过不断自问，发现核心问题。

这时候，你可能会发现，我们表象的问题可能是优秀的人才难求，公司当前没有足够的现金用于支付高额工资；公司想留下的骨干人才总是留不住；人才的积极性不能持久，大多数人不关心公司的发展……

我们需要把所有当下面临的问题分项列出，逐项分析其对公司发展的影响程度，并按影响程度将问题进行排序。

② 第二步：设定目标

根据所列出的问题，结合公司当前及不同阶段的资源现实，设置合理的问题解决目标。

例如，优秀的人才难求，公司当前没有足够的资金支付高额的工资。我们需要先确定什么样的人才属于公司的优秀人才，运用一些人力资源关于胜任力素质模型的方法尽量量化优秀人才的标准；另外高额工资的标准线是多少，也需要明确界定。假设有了关于以上问题的明确答案，我们就可以设定此项问题背后所关联的目标：两年内优秀高端人才及时到岗率提升 5 个百分点。

当你逐项把所有问题背后的目标设定后会发现股权激励可能只是解决这些问题的各种方法中的一种，你的关注点会由如何去实施股权激励项目调整为如何实现利于公司整体发展的各项目标。

③ 第三步：分析原因

从不同角色的角度逐项分析问题产生的原因，根据问题对企业发展的影响，以及公司当前和未来不同阶段的资源评估结果，再次衡量并确定各阶段需要达成的目标。关于目标的评估可以参考 SMART 工具，当然我们更鼓励自己独创更适合的方法。

关于区分问题和解决问题的资源配置，我常用的以下三个指标进行评估。

影响度排前三且当前具备解决问题的资源的；马上解决。

影响度排前三但当前不具备解决问题的资源的；配置资源。

影响度排前三但不具备解决问题的资源的；（关注并寻找其他方法）

影响度不在前三位的问题的解决视资源情况而定。

对企业而言，区分问题和配置资源的过程是团队整合的过程，一个问题可能在 A 这里当前不具备解决资源，但在 B 那里可能可以马上解决。关于问题对企业发展的影响度排序是企业高层管理者及核心骨干人员共同商讨的结果。当你把企业需要解决的问题背后的原因区分并配置资源后，你可能会发现，股权激励项目的实施有可能是当前必须并且可以马上提上日程的工作，也可能是两年后才具备相应的条件，才能产生更好的激励效果。

④ 第四步：制定方案和行动计划

开会是为达成企业目标而服务的，所以最终的行动计划是围绕企业目标而制订的。实践告诉我，股权激励项目的实施与否只是企业达成目标所需的整体行动计划中的一部分。所以，这里的制定方案和行动计划有双重含义，我们要站在达成企业目标的整体行动计划的框架内，制定股权激励的方案和行动计划。

（3）如何实现目标

高效地开会、科学地决策、合理地配置资源是管理者经营企业的必修课，我们要把控会议的三个关键环节，如图 4-3 所示。

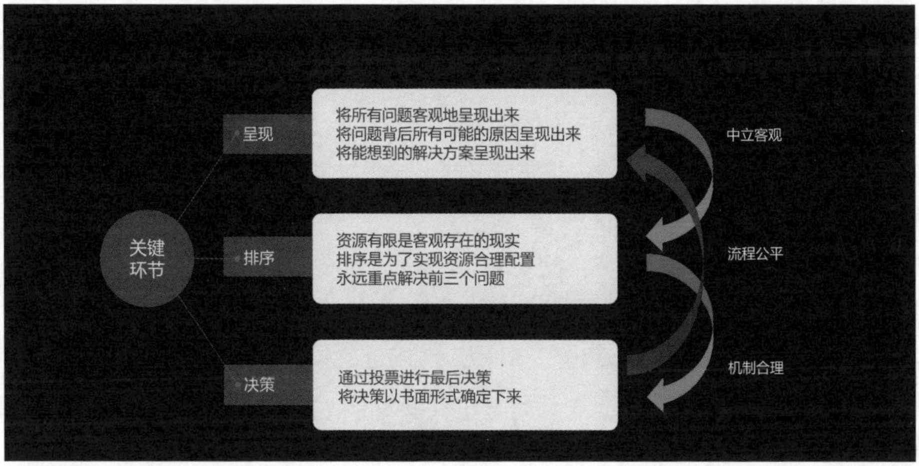

图 4-3

① 呈现

开会只是将问题、想法及解决办法呈现出来的方法之一。

将所有问题客观地呈现出来；将问题背后所有可能的原因呈现出来；将能想到的解决方案呈现出来。在呈现的过程中最重要的是所有人尽量保证站在客观的角度去看待问题。

② 排序

企业资源的有限性是客观存在的现实，考验管理者能力水平的重要指标也是在有限的资源下达成目标的能力。科学合理地配置资源的方法之一是在不同的阶段将当期面临的问题按照对目标达成的影响程度及所需资源的情况进行排序，优先解决排在前三位的问题。或者在向下配置资源的时候，根据已经达成的绩效结果进行排序，优先将资源配置给为公司创造更高价值的团队或者个人。

具体采取什么样的衡量指标作为配置资源的参考条件，是由需要达成的目标所决定的，有一点可以肯定的是，资源永远是有限的。所以，建立系统合理的资源配置机制是解决问题并达成目标的必要手段。在排序的过程中最重要的是流程对于参与者尤其是未来执行者是公开、公平、公正的。

③ 决策

企业需要根据问题的复杂程度建立科学的决策机制，具体可以参考以下原则。简单但频次高的问题可以由领导直接决策以保证效率；相对复杂但频次低的问题可以在小范围内沟通协商后，由领导参考团队建议决策；影响大但频次低的问题可以通过召开会议进行集体决策；关系到公司未来发展方向的重大决策需根据董事会决议程序进行决策。

在决策的过程中要注意决策的合理性及适用性，以及调动决策参考者共同思考，共同参与，认真决策的积极性，并通过书面形式将决策细化为各项目标并将各项目标的责任落实到人。

【案例 17】一次高效的会议

很多时候，我直接充当所服务公司的会议的主持人。记得有一家公司的 CEO，在会议中总是打断别人的发言，导致中高层管理人员干脆不发言，会议效率极低，其实往往对方的发言非常有意义。有一次股权激励讨论会进行到凌晨 1 点还没有定论，我直接提议暂停会议，由我来做会议的主持人，并请参会人员举手表决是否同意我来做主持人，全票通过后，我成为当次会议的主持人。

接下来，我确定了会议主题为“股权激励方案内容的讨论和决策”，讨论范围即问题清单中的内容。并确定了会议机制，参会人员按顺时针顺序轮流发言，在他人发言时其他人不得打断，如果违反此项，自主到前面“面壁思过”5 分钟。决策方式为在讨论结束后逐项表决。

会议进行了两个小时，所有决策全部完成。CEO 被罚“面壁思过”两次；会议结束聚餐时，几个高层管理者举杯向我敬酒，并感慨这是他们有生以来参加过的最高效的一次会议；CEO 也承认公司之前会议效率确实太低。

所以，不要为了开会而不停地开会。没有明确主题的会不开；与会议无关的人不参加；没有决策人的会不开；没有会后执行跟进的会不开。记住关于开会的几个“不”，会议的效率定会提升。

3. 一个正式的决策

股权激励项目的实施需要一个正式的决策程序和确定的结果。我们可以通过以下四个问题做出是否实施股权激励项目的最终决策。

（1）当前是否适合实施股权激励项目

- 企业未来增长弱，成本趋高，不适合实施股权激励项目。
- 如果员工对企业信任度缺失，不适合实施股权激励项目。

（2）什么时候实施股权激励项目

- 其实什么时候都可以实施股权激励项目，不同的时间，激励效果不同。

- 不同的时间点激励目标不同。
- 不同的激励目标适合的激励标的不同。
- 不同的激励标的，激励对象的范围不同。

（2）谁来实施股权激励项目

- 不同的发起角色对股权激励实施的目标的影响将有所不同。
- 不同的主责机构代表的利益主张不同，实施效果受其认知的影响较大。
- 为保证股权激励项目真正发挥其应有的激励作用，同时遵循公平、公正、公开的原则，最好成立由各个角色组成的专项工作组并建立相应的工作机制。

（3）如何实施股权激励项目

- 最好请专业的第三方机构或在咨询师指导下实施股权激励项目。股权属于企业的资产，如果由企业自主实施股权激励项目，员工容易产生企业价值被高估、关键信息不对称的疑虑。
- 以企业实际需求的视角选择股权激励模式；而非以股权激励模式来套用企业。
- 一定要确定股权激励是助力企业达成战略目标的优选途径再启动股权激励项目。

【案例 18】一个关于决策引导的实例

我曾经为一家企业提供过咨询服务，以下是对方人力资源负责人与我的对话过程。

对方：高老师您好！2019 年您那里是否有适合我们管理层的培训课程？

我：你们需要给管理层做培训，通常领导力方向的课程比较合适。你们主要想解决什么问题？

对方：提高一下管理者管理方面的能力。

我：你们觉得管理人员能力不足的具体表现有哪些？可否梳理一下。

对方：好的，我整理一下。

以下是对方整理好后的对话内容。

对方：高老师，我想解决的大概有以下问题：管理者指令性工作、全局意识欠缺、拖延症、不知道如何管理下属、怎样培养接班人、如何有效沟通等。

我：我们一项项来梳理一下。

- 指令性工作与主动性有关（需要外部及自我激励产生主动工作的动机）。

- 全局观意识欠缺，关键还要看具体的表现行为，意识需要觉察，这不是常规培训可以解决的（屁股决定脑袋，让不是老板的人向老板一样看问题、做事情，要有配套激励机制做基础）。
- 拖延症（其实还是动机原因，正常的拖延症人人都有，实际翻译一下是员工没有像领导期望的那样主动积极地工作）。
- 不知道如何管理下属（严格来讲下属不是用来管的，不过这项可以作为一个培训方向来进行，领导力课程相对适合）。
- 怎样培养接班人（也可以作为领导力培训中的相关内容）。

不过很可能实施了培训，也未必会产生领导期待的效果，因为你们的问题背后隐藏着一个事实：关于工作积极性，领导的期待与员工自我认知间的差距较大；员工认为自己已经做得很好了，假设我们用 10 分来表示，而领导认为大多数员工连 6 分都不足。

对方：高老师，好像是这样！我们领导总是对员工不满意。

我：大家角色不同，所以标准不同，角色背后的期待和价值认同结果也不同。

对方：确实是这样的，我们该怎么办啊？

我：培训可以起到一定的作用，但如果只靠培训不太可能完全解决你们的问题。你们现在更需要解决的是员工的激励问题，培训未必在解决方案中排在最紧急且重要的位置。

对方：嗯，有道理！我们怎么解决比较好呢？

我：让员工自我激励的核心驱动力是：员工好好工作对自己更有意义；或者我不好好干，可能面临职业风险。不如把关键岗位上的管理者组织起来，先一起共同确定一下你说的这些问题是不是确实和你描述的一致，把真实的问题尽量客观地呈现出来，针对问题大家共同分析其产生的原因；再次确认我们共同期待达成的目标。分析问题对目标的影响程度及我们当下和未来的资源，通过强制排序，最后确定出哪些问题我们当下就可以解决，哪些问题可以通过准备资源一步步去解决，哪些问题在相当长一段时间内不具备资源去解决。

在诸多的解决方案中，组织管理者进行领导力的培训或许只是其中之一，可能需要当下组织，也可能当下有更重要的计划要实施。

最后把所有的解决方案分解成具体的行动计划，按照当下马上可以解决的；未来一段时间内准备好资源后去解决的；相当长一段时间不具备资源去解决的；向所有管理者公布，统一大家的工作方向，并将计划要求完成的时间、结果、对应的奖励等告知指定责任人。

对方：好的，高老师，我明白了，我这就去和领导沟通。

通过这个案例，我想大家可能不难感觉到，很多时候我们认为自己准备要去做的工作非常重要，把尽量多的时间和精力全部花在如何把当下要做的工作做好；我们都忘记了要适时地静下心来重新审视我们的目标到底是什么？我们眼下在做的我们认为很重要的工作与我们的目标达成之间有多大的关系？我们把眼下的工作做好了，我们的目标就一定能达成吗？

所以，不要总是埋头苦干，记得时常抬头看看目标是否在前方？如果方向错了，一切皆是徒劳的。

4．一套方案思路

经过一系列的决策过程，最后我们得到的是达成目标的一套解决方案；解决方案需要基于合理的组织模式去实施，可能包括以下模块，如图 4-4 所示。

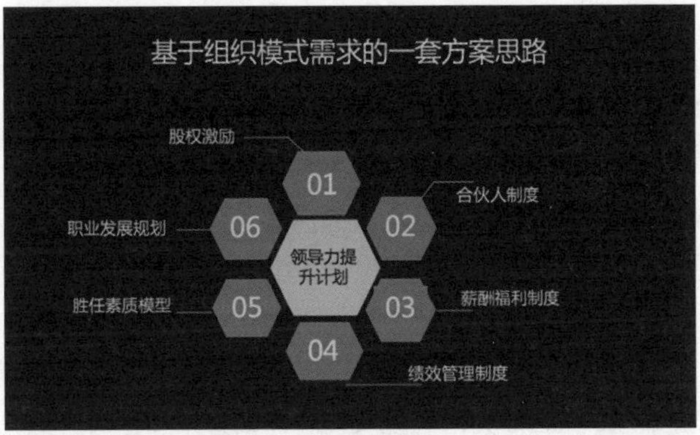

图 4-4

股权激励很可能只是整套方案中的一个模块，而股权激励项目的实施与其他各模块密不可分，本书主要以股权激励为主题展开说明。

所以，接下来请认真学习股权激励方案的主体架构——“六确定”“二来源”“一退出”。

5．股权激励方案的主体架构

“六确定、二来源、一退出”，如图 4-5 所示。

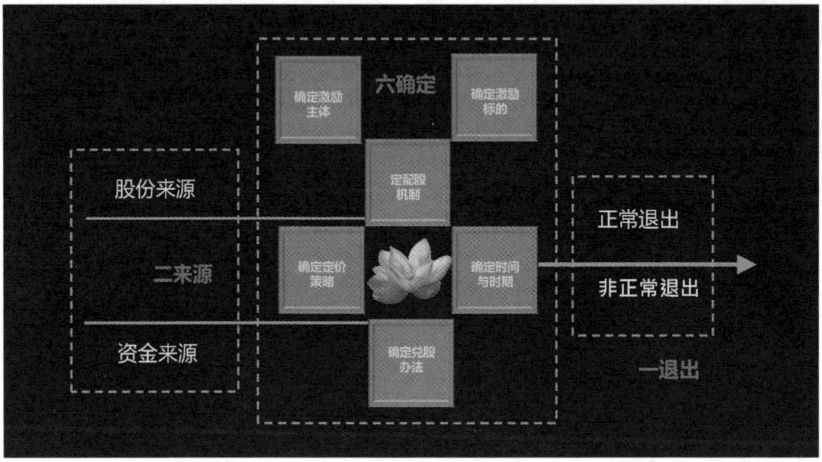

图 4-5

（1）什么是“六确定”“二来源”“一退出”

为便于理解和记忆，我将股权激励方案中需要确定的六项重要的内容，即确定激励主体、确定激励标的、确定定价策略、确定配股机制、确定兑股办法、确定时间与时期，简称为“六确定”；将股份来源、资金来源两个与来源有关的事项简称为“二来源”；将一套退出机制简称为“一退出”。

- **确定**激励主体。此部分包括两方面的内容，一方面是企业需要确定实施股权激励的法人经营主体；另一方面个人需要确定激励对象的大致范围。
- **确定**激励标的。此部分包括两方面的内容，一方面是我们需要确定用什么标的来进行激励；另一方面则需要确定所需要的标的总量及分量的规模。
- **确定**定价策略。在这部分内容里我们将详细介绍如何给股份进行定价，在定价过程中我们需要考虑哪些因素？常用的四种定价策略等。
- **确定**配股机制。在这部分内容里我们主要通过三种分配股份的方式学习如何建立一套相对公平、公正、公开且实用的股份激励标的分配机制；如何通过配股机制解决激励对象获得股份标的上限的问题等。
- **确定**兑股办法。在这部分内容里我们将通过公司整体及个人兑股条件的设计及绩效管理的对接，解决激励对象未来可实际兑现的股份标的的数量问题。
- **确定**时间与时期。在部分内容里我们主要讲述股权激励方案中涉及的一些时间关键节点的设定问题，包括有效期、授予日、等待期、行权期、禁售期、窗口期等。
- 股份**来源**。股权激励中所需要的股份激励标的从哪里来？本部分内容将介绍四种常用的股份来源渠道及具体操作方法，即原有股东转让、预留股份、定向发行、回购本公司股份。

- 资金**来源**。在股权激励过程中关于激励对象购股资金问题一直是一个困扰公司和获授股份对象的难题，在此部分内容中，我们将介绍三种常用的购股资金方案供读者学习，即自筹资金、回偿支付、融资融券。
- **退出**机制。在这部分内容里我们将根据各种退出情形来介绍如何处理股权激励标的退出才会相对公平、合理且避免不必要的法律纠纷。

关于“六确定、二来源、一退出”详细的操作方法，我们将在后续的章节详细介绍。

4.2　构建股权激励方案的“六确定”

1. “六确定”之确定激励主体

（1）确定用哪个法人主体实施股权激励

企业在实际经营过程中，由于管理、投资与融资、不同业务板块实际经营、税收筹措等方面的实际需求，可能需要注册不同的法人主体来完成不同的使命。这就使我们在实施股权激励项目前，必须先明确用哪个法人主体来实施股权激励项目；不同层级的法人主体实施股权激励项目，股份背后所代表的权益也将大不相同。

例如，下图为一家医疗大健康行业的企业法人管理结构图，如图 4-6 所示。我们来分析一下不同的法人主体进行股权激励标的设计的结果会对股份背后所代表的权益有何影响。

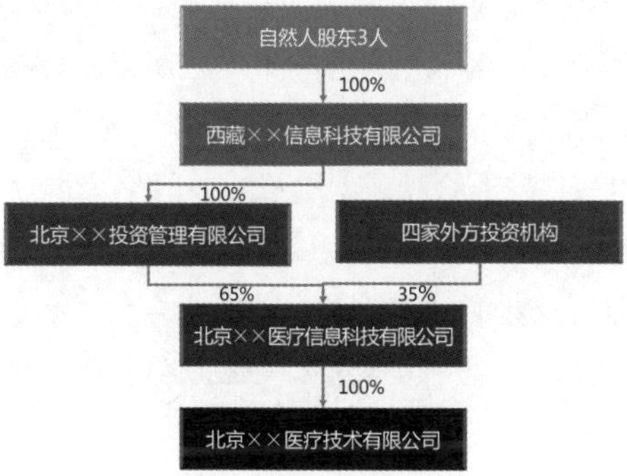

图 4-6

- 如果用法人主体“北京××投资管理有限公司”的股权作为激励标的，激励对象在成为“北京××投资管理有限公司”的直接股东的同时，也将通过其间接成为“北京医疗信息科技有限公司”和“北京××医疗技术有限公司”的股东，可以股东身份享受其对应的直接股东和间接股东的权益。
- 不同的是享受股东权益的流程上有所区别：直接股东权益通过其自然人股东身份享受；间接股东身份需要通过其间接法人持股载体享受。例如，某激励对象获得“北京××投资管理有限公司”一定数量的股份，折合持股比例为1%；其同时将通过“北京××投资管理有限公司”间接持有“北京××医疗信息科技有限公司”1%×65%=0.65%的股份，同时间接持有“北京××医疗技术有限公司”1%×65%×100%=0.65%的股份；激励对象可以直接和间接获得三家法人主体公司的股东权益。
- 如果用法人主体“北京××医疗技术有限公司”的股份作为激励标的，激励对象则只是这家公司的股东，享受其股份所对应的权益，与其上方控股股东（法人主体公司）没有任何股权关系。

所以，在股权激励项目实施过程中，我们在选择激励标的时，必须考虑法人主体的持股层次，选择激励标的基本原则：站在企业未来整体发展的角度评估职位价值大小及人才的关键程度；任职职位价值越大、越关键的人才，其获得的股份标的所在的法人主体公司的层次应越高，这样才更具激励性。

（2）不同的法人组织形式对股权激励项目的实施有哪些影响

① 企业管理方面的影响

在实际应用中，我们常见的法人组织形式有三种，即股份公司、有限公司、有限合伙企业。

企业通常会选择让激励对象通过在有限合伙企业成为有限合伙人（LP）的形式间接持有经营主体有限公司或股份公司的股份。之所以采取这样的方式进行持股安排，是因为《中华人民共和国合伙企业法》规定有限合伙企业由普通合伙人（GP）和有限合伙人（LP）组成，普通合伙人对合伙企业债务承担无限连带责任的同时执行有限合伙企业的合伙事务；有限合伙人以其认缴的出资额为限对合伙企业债务承担责任，只享受有限合伙企业的经济收益，不执行合伙事务。企业运用有限合伙企业的形式设置股权激励持股平台，可以达到在激励员工的同时不影响公司管理结构的效果。

② 税务方面的影响

不同形式的法人主体，在股权收益变现中的税赋会有不同，在本书的后续内容中会对有关税收的内容进行详细说明。

- 确定股权激励持股方式。股权激励中的持股方式指的是企业以什么样的方式让激励对象持有公司或股东受让的股份，主要有三种形式，即自然人直接持股、法人间接持股、协议代持；在本书后续关于持股方式的章节，我们会将三种形式共包含的八种持股载体的具体内容进行详细叙述。
- 确定激励对象范围。这里主要指股权激励对象的总体范围，即总体人数规模，关键是如何确定每期激励对象的规模。因为我们永远需要面对的现实是，企业在任何时候都不可能有足够的股份用于员工激励，如何确定出我们当期需要激励的总体人数就成了股权激励项目实施过程中面临的难题之一。

先要保证股权激励对象选择的合法性。尤其是上市公司，我们需要关注最新版《上市公司股权激励管理办法》关于股权激励对象方面的规定。例如，2018 版第八条规定，激励对象可包括上市公司的董事、高级管理人员、核心技术人员或者核心业务人员，以及公司认为应当激励的、对公司经营业绩和未来发展有直接影响的其他员工，但不应当包括独立董事和监事。在境内工作的外籍员工任职上市公司董事、高级管理人员、核心技术人员或者核心业务人员的，可以成为激励对象。

单独或合计持有上市公司 5%以上股份的股东或实际控制人及其配偶、父母、子女，不得成为激励对象。下列人员也不得成为激励对象：（一）最近 12 个月内被证券交易所认定为不适当人选；（二）最近 12 个月内被中国证监会及其派出机构认定为不适当人选；（三）最近 12 个月内因重大违法违规行为被中国证监会及其派出机构行政处罚或者采取市场禁入措施的；（四）《中华人民共和国公司法》规定的不得担任公司董事、高级管理人员的；（五）法律法规规定不得参与上市公司股权激励的；（六）中国证监会认定的其他情形。其次是要保证股权激励对象范围选择的合理性。

选择股权激励对象要避免两个极端，即人数过少或者普惠式福利。人数过少可以采取小范围一对一协议方式操作，不适合发布面向全公司的制度文件。曾经有家企业向我咨询关于股权激励方面的问题，并且把他们制定好的股权激励方案发给我，希望我给他们一些专业的修改建议。整个股权激励方案篇幅很长，A4 纸超过了五页；当我问及他们总授予人数范围时，他们的回答让我大跌眼镜——只将股份授予两位高管。我随即建议他们不要发布这份股权激励方案，直接和两位高管一对一协议授予即可。

同时我也不建议将企业的股份以福利的形式授予大规模的员工，除非企业已经进入稳定持续盈利阶段，不需要通过外部融资解决经营过程中的资本问题。即便如此，大规模授予公司股权属于员工持股计划的范畴，不适合按照股权激励的思路及模式实施。关于员工持股计划与股权激励的区别我们在前文股权激励模式的有关章节中进行过详细叙述。

总之，在股权激励过程中激励法人主体的选择属于企业股权顶层设计的范畴；而激励对象范围的确定其实是企业发现并选择合伙人的过程。因此企业需要提前布局符合战略规划、商业模式、融资路径、股权激励需求的前瞻性的股权顶层架构。哪些战略目标的实现需要运用不同的法人主体进行布局？哪些经营计划可以在一个法人主体中运用组织模式来实现？如何更加合理地规划并分配不同法人主体的股份资源？

只有站在未来的视角，在相对健康的、全面的、系统的股权架构布局下，根据激励效果的期待及激励对象的未来价值贡献，分别确定相应的激励主体才有意义。

站在企业未来发展的角度，提前评估达成战略目标的关键岗位及对应的人才所需要的胜任能力及素质模型；将股权激励对象的范围定格在企业需要的关键岗位以及人才胜任素质上，而非具体的某些人身上；让更多的对企业充满信心且有潜力的人才为成为股权激励对象而奋斗；而这种自我激励式的奋斗更像是企业的合伙人，为企业而奋斗也是在为自己而奋斗。

换言之，企业是用股权激励未来任职关键岗位且具备胜任能力和素质的人才，而非当下对过去有过贡献的某些人进行奖励。股权在未来激励和过去奖励的权重分配上不应超过 7∶3。

2.“六确定”之确定激励标的

确定股权激励标的，即企业实施股权激励的具体股权权益是什么？业界通常将股权激励标的称为股权激励模式，在本书中股权激励标的等同于股权激励模式。

关于股权激励标的的确定，在实际操作过程中需要考虑三方面的问题，即确定用什么标的、确定标的总量，确定标的分量。

（1）确定用什么标的

用什么激励标的指的是企业具体出让股份的什么权益用于激励。在前文股权激励模式学习中我曾经建议负责股权激励项目实施的朋友们，切记不要用任何一种股权激励模式去套用企业，而是将所有关注点放在企业本身，想想企业为何会在此时进行股权激励？企业期待的激励效果是什么？企业未来的战略目标是什么？商业模式有何特点？下一步融资计划是什么？人才发展策略重点有哪些？企业的盈利能力怎么样？股权布局是否具有前瞻性？股权激励的股份从哪里来……

股权激励标的的选择是需要经过系统思维过程来决策的“面”而非单一“点”的问题。经过一系列的分析和思考，最后我们决定的可能是各种激励模式的组合，还有可能是我们独创出的适合本企业的全新的激励模式。

（2）确定标的总量

确定标的总量主要是指企业计划用于股权激励的股份总量，衡量其价值的指标通常有股份比例、股份数量、股份价值。确定标的总量需要考虑的因素有哪些？根据我的实际操作经验，至少应包括法律规定、薪酬规模、净资产规模、总体估值及战略人才发展规划等。

① 法律规定

确定标的总量前需要认真查阅有关法律规定。例如，上市公司激励总额，不得超过总股本的 10%；非上市公司在未进行股份改制前。有限公司在册股东不得超过 50 人等。

② 薪酬规模

企业股权激励计划的规模应考虑企业总体薪酬水平在市场及同行业中的竞争力；薪酬成本占比对未来经营的影响；股权激励对薪酬的补充性等。

③ 净资产规模

账面净资产规模的大小对标的总量有较大影响，账面净资产规模越大所需要的标的总量相对越小。例如，通常情况下，一家几个亿净资产规模的企业的股权价值肯定与几百万净资产规模的企业的股权价值相差很大。

④ 总体估值

股权总体估值越高的公司，往往未来的发展态势相对更被资本市场看好；在股权激励过程中，股权总体估值最好的认定方式则是上一轮投资方的投前或投后估值；因为人们更愿意相信已经被验证过的事实。总体估值越高的公司，达到同等激励效果所需要的激励标的总量越少，反之则越多。

⑤ 未来的人才需求

股权激励的最终落脚点是人，所以未来的人才需求计划及战略目标实现的难度将会对股权激励标的总量有较大影响。未来扩编计划越大、战略目标实现难度越大，激励标的总量则越多，反之则越少。

确定标的总量都有哪些方法呢？在此介绍三种常用的方法，即预留总量法、薪酬倍数法、业绩对赌法供读者参考。

- 预留总量法。根据公司未来 3～5 年的总体规划确定股权激励的预期效果，结合企业的历史业绩规模及增长规律，同时参考外部市场、行业、竞争对手的相关指标数据提前推算整体股权激励需要的资金价值及不同阶段的股份价值；用资金价值除以不同阶段股份的价值，推算出未来股权激励需要的股份数量及股份比例；为应对未来不可预测的变化，可以同时结合股份总量调整机制配套运用。
- 总薪酬倍数法。根据公司未来 3～5 年的总体规划及当下总薪酬水平的对外竞争力，站在股权激励期待的角度，以总薪酬的相应倍数为不同业绩条件达成的激励标的总量核算依据。用此方法确定标的总量需要推算不同的版本后反复进行验证测算，以确保在公司成本及资金流、股东权益相对合理的情况下，激励效果最大化。
- 业绩对赌法。高业绩目标对应高激励标的总量；可以运用超额业绩分享计划的思路，界定基础业绩指标外不同难度的分级超额业绩指标（基础指标、理想指标、挑战指标），额外设置对应高难度业绩指标的激励标的量，与基础业绩标的量共同构成激励标的总量。业绩对赌条款可以体现在对业绩达成影响较大的关键岗位上，激励对象达成业绩目标后企业可即刻兑现股份激励标的；如果激励对象未达成业绩目标，可有相应的惩罚措施，如再服务协议或者延长股份锁定期等。

总之，确定标的总量需要根据选择的方法多次测算，既要保证激励效果，也要在企业可承受的范围内。

（3）确定标的分量

确定标的分量是企业在标的总量的范围内，根据战略目标达成过程中不同阶段的关键成果，分配标的总量内一定比例的分量作为当期股权激励计划授予的标的量的过程。

在现实中，很多企业会采取相对主观或者将标的总量平均在三年内授予的方式解决标的分量的问题。实践证明，标的分量最好的方式是与公司战略目标达成的阶段性关键成果对应；而企业不同的价值阶段，战略目标达成的阶段性成果的表现形式往往不同。

① 创业期：产品价值阶段

阶段性成果一般为与产品价值相关的指标，如产品 DEMO 测试成功、产品可量产、产品销量等；融资指标为天使轮融资到位。

② 发展期：规模价值阶段

阶段性成果一般为与规模相关的指标，如用户数、付费客户数、用户活跃度、转换率、营业收入、营业收入增长率、市场占有率、市场占有提升率、市销率估值倍数等；融资指标为风险投资（VC）A、B、C 轮到位。

③ 稳定期：持续盈利财务价值阶段

阶段性成果一般为与财务价值相关的指标，如营业收入、毛利率、净利润增长率、每股收益率、总资产回报率等；融资指标为风险投资的 D 轮后或者 PE 资金到位。

④ 成熟期：资本运作协同价值阶段

阶段性成果一般为与资本运作价值相关的指标，如公开募股成功、兼并收购、股价增长、PE 倍数、每股收益率等。

总之，确定标的分量要贴近公司战略目标达成的阶段性关键成果才有意义，既要考虑当期分量的激励效果，也要兼顾未来剩余标的分量的比例。

股权激励标的的选择是股权激励方案中的核心问题，也是整个股权激励项目最终得以实现，并且达到期待的激励效果的保障。在股权激励标的的选择或策划方面，我们最需要遵守的智慧之道是："站在企业实际需求的角度去选择或设计激励标的，而非将你了解或掌握的股权激励模式生搬硬套到企业中去。"

【案例 19】ASU 公司激励标的选择分析

（1）公司背景

公司是高新技术企业，它是基于虚拟成像技术的智能硬件产品研发商。其旗下产品主要是智能腕部穿戴投影设备，产品根据用户不同场景需求可实现手背投影交互、桌面投影交互、墙面投影交互体验。ASU 公司在初创产品验证阶段邀请我为其设计股权激励方案。

（2）融资（投资方）

- 天使轮：由海尔集团投资人民币 4000 万元。

- A 轮投资方：小米科技、鼎翔资本、顺为资本、投控东海。
- B 轮投资方：基石资本、江诣创投、中海投资等 10 家投资公司。

（3）产品目标

- 主产品支持 SIM 卡可独立工作。
- 可实现投影屏幕的触控交互操作。
- 逐步成为集触控、感应、语音、混合的可替代智能手机的高频率使用设备。

（4）经营目标

- 主产品一年后规模化量产。
- 三年后智能穿戴设备 100 万台/年。
- 三年内实现盈亏平衡。

（5）人才发展目标

- 两年后扩编至 160 人左右。
- 重视研发人员的引进，建立优秀研发人才“竞技厂”。

（6）股权激励重心

股权激励重心如图 4-7 所示。

图 4-7

- 吸引人才：吸引稀缺优秀研发、技术及新媒体运营人才。
- 激励人才：激励关键岗位的关键人才发挥应有价值，达成阶段关键成果。

- 兑现承诺：针对创业元老的奖励承诺兑现。

（7）股权激励标的

- 虚拟股权：针对加盟股，面向稀缺的新进人才。
- 期权：针对激励人才，将期权对应阶段性成果达成及参与度较高的关键人才。
- 限制性期股：针对创业元老及历史贡献较大的核心骨干及高管。

（8）激励标总量

激励标的总量见表 4-2。

表 4-2

融资时间	融资阶段	×××公司总股本（总股池）			期权总盘（有限合伙企业）期权池总股数	
		估值（万元）	总股数（万股）	当期公允股价（元）	期权池占比	期权池总股数量（万股）
2015 年	天使轮	4000	4000	1.00	0	0
2016 年	A 轮投前	19000		4.75	20.00%	800
2017 年	A 轮	27500		6.88	13.81%	552.4
2017 年 8 月	B 轮投前	57500		14.38	11.73%	469.2
2018 年 5 月	B 轮	200000		50.00	10.56%	422.4
	C 轮	350000		87.50	9.50%	380.16
	D 轮	500000		125.00	8.55%	342.144
2022 年	公开募股	1000000		250.00		

- 总股本 4000 万元，股权激励计划实施时股份总数量为 4000 万股。
- 预留期权池内 20%的股份，股份数量 800 万股，以有限合伙持股平台的方式持有。
- A 轮后投资随原始股东在每轮投资过程中同比稀释。
- 每期核算股权价值均以总股本数量 4000 万进行折算。

（9）激励标的分量

激励标的的分量如图 4-8 所示。

- 股权激励标的分量对应公司战略分解后的三个重要阶段成果。
- 每个阶段成果达成后授予股权激励标的预留额的 30%、30%、40%。
- 阶段成果未实现的，当期股权激励预留额则不授予，预留未来激励。

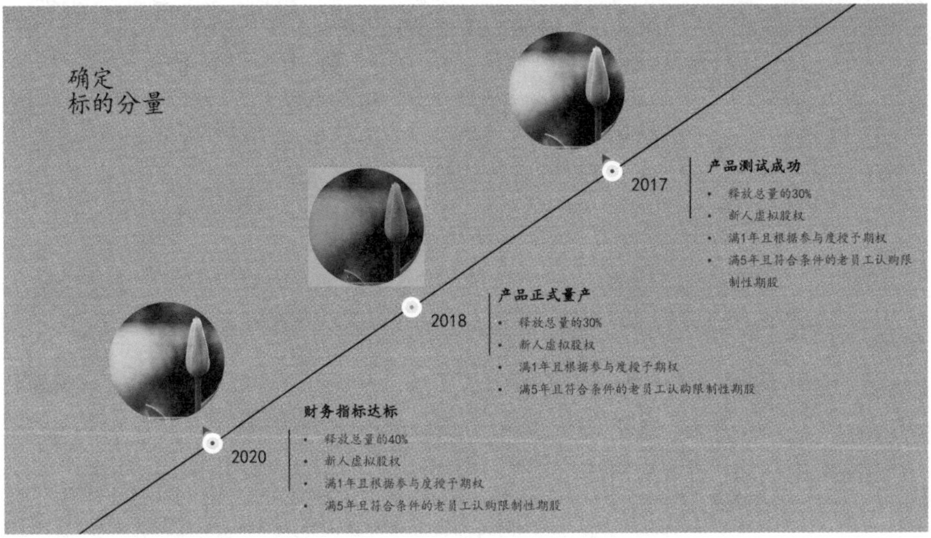

图 4-8

3. “六确定”之确定定价策略

这里的定价策略，主要是指基于企业不同阶段的股权市场公允价值为依据来确定用于股权激励的股份权益的价值策略。企业的股权价值是相对而言的，受不同的时间点、不同的估值角度或方法及不同的估值主体的影响，而非客观的、绝对的价值。

（1）常见的股权价值估值依据

① 以公司净资产为主要估值依据：市净率（PB）

市净率（PB）是指股份价格与净资产之间的比值，通常用于衡量一家公司股份价格相当于其净资产的倍数。

② 以公司净利润为主要估值依据：市盈率（PE）

市盈率（PE）是指股份价格与利润之间的比值，通常用于衡量一家公司股份价格相当于其净利润的倍数。

③ 以公司主营业务收入为主要估值依据：市销率（PS）

市销率（PS）是指股份价格与主营业务收入之间的比值，通常用于衡量一家公司股份价格相当于其主营业务收入的倍数。

④ 以公司经营性现金流净额为主要估值依据（PCF）

市现率（PCF）是指股份价格与经营性资金流净额之间的比值，通常用于衡量一家公司股份价格相当于其经营性资金流净额的倍数。

企业整体价值的多少的反应载体是其股份价格，对企业整体估值通常是为了给企业的股份进行定价。在估值的过程中相关人员会参考多项指标综合计算，而每项指标的计算权重取决于企业所在的行业特点，企业的商业逻辑，以及估值的时间和估值的目的。

通常情况下，基于引入财务投资方的估值，站在企业的角度而言，估值策略就高不就低；而基于股权激励的估值，站在激励效果的角度而言，估值策略就低不就高。

（2）股权激励定价必须考虑的八大因素

① 激励预期

股权激励标的定价策略取决于企业对股权激励实施后激励效果的预期；大部分企业对股权激励激励效果预期较高，定价策略选择趋向于价格越低越利于激励效果的显现；选择价格较低的定价策略，利于提高激励对象的股权认购积极性。

② 竞争对手

股权激励属于企业激励范畴，与企业其他激励要素，包括但不限于薪酬水平、福利政策、绩效管理机制等共同发挥激励作用。所以在实施股权激励项目前有必要调研竞争对手的各项激励要素，从而在设计股权激励方案时发挥其更积极的激励竞争要素作用。

从企业现有激励要素综合竞争力角度考虑定价策略。企业整体激励要素竞争力强，定价策略可趋高，否则趋低。对于拥有已经实施了股权激励的竞争对手的企业，可通过直接了解竞争对手股权激励定价策略及定价标准来确定自身的价格标准。

在了解竞争对手过程中，可以选择三家对标公司进行定价对比，从获取关键数据的便利性而言，可以尽量选择与本公司规模相当，并且已经公开募股或者在新三板挂牌的公司，直接分析该公司的相关公告文件。

③ 内部公平

股权激励价格应明确至精确数字并公示；所有人执行一套定价机制；需要针对不同的激励对象给予不同程度的优惠时，应该由同一套优惠机制确定，优惠政策同股同权，同岗同权，同期同权；通常不建议主观确定个性化价格。

④ 激励对象

根据激励对象进入公司的时间、承担的风险及责任大小、人才市场获取难度、总体薪酬水平的高低在公司总体定价标准的基础上给予不同程度的价格优惠会是一种非常有效的激励策略。具体操作时，可采取按激励对象总体配股要素总积分给予其一定比例的零元赠股，也可以直接在统一股份定价标准的基础上直接折扣购股。

⑤ 股东利益

股权激励得以实现的前提是原有股东利益的让渡，而合理的股东利益让渡的设计策略既有利于公司未来整体发展，也会使原有股东对股权激励项目更支持。尤其是实股类激励标的确定，应尽量采取分享增量而非存量的策略。例如，股份尽量提前预留或者以原有股东同比稀释，激励对象增资扩股进入的方式操作。即使原少数股东转让股份，也至少应在参考当期股权公允价值的基础上给予适当的优惠。

另外，在实施股权激励项目时，对于实施与否及股权激励方案中有关股东利益的关键条款，须按照《中华人民共和国公司法》及公司章程的约定，由股东大会表决通过后方可实施。

⑥ 纳税筹划

股权激励定价必须考虑纳税筹划，价格低于或高于账面净值或者市场公允价值的转让或增资扩股均会对企业所得税及个人所得税产生一定的影响。

例如，以低于账面净值的股份价格，采取所有股东同比稀释股权向激励对象增资扩股的方式实施实股激励，由于财务股份支付的处理，就会对企业当期的利润产生影响，从而对企业所得税产生相应的影响。

⑦ 企业性质

股权激励定价必须考虑企业的性质，包括企业是否为上市公司；企业的所有制形式等。如果企业为上市公司，定价必须遵循《上市公司股权激励管理办法》中关于股权激励定价的相关规定。如果企业为国有控股或参股企业，定价必须遵循《国有控股上市公司（境内）实施股权激励试行办法》《国有控股上市公司（境外）实施股权激励试行办法》中关于股权激励定价的相关规定。

⑧ 激励标的

不同的激励标的定价策略不同。通常情况下，当下授予且需要出资购买的实股类标的倾向低价策略。例如，限制性股份或出资购股等。当下授予不需要出资购买的虚拟类标的倾向略高价格策略。例如，分红回偿、延期支付等。当下授予未来行权的权益类标的倾向于当期公允价格策略。例如，股票期权或股份期权。

（3）四种定价策略

股权激励的定价是在公司股权总体定价的基础上而言的，所以用于激励的股权定价其实就是在公司总体股权定价基础上，在一定的框架下采取的取值策略。公司股权整体的定价，取决于定价当期的目标、采取的定价计算依据、定价的方法、定价的对象的整体决策结果。例如，基于股权融资的目标对公司进行估值定价，站在公司的角度，其一定会选择更利于公司整体高估值的定价方法和计算依据对公司股权进行估值定价。

而股权激励面向的是企业内部员工，并非纯财务投资方，运用股权作为激励标的邀请员工认购，是默认将员工的知识、技能、时间视作智本抵扣一部分购股资金作为入股对价的支付标的，所以，价格一定是相较于外部投资方而言，就低不就高的。

就股权激励，尤其是对于从未经过财务审计或者融资的企业而言，通常采取以下四种策略进行定价。

① 账面净值定价

以公司当期账面净资产为计算依据，股权定价取值可以直接取当期所有者权益总额，也可以取当期其他数据，只是不同的取值方式，对激励对象而言代表的当期权益不同。

取值计算依据：资产-负债=所有者权益。直接取资产数据定价，则激励对象在认购股权的同时承担了公司之前的负债；直接取所有者权益数据进行定价则免除了负债，但也要看公司当期所有者权益经济价值的大小。

取值计算依据：所有者权益=实收资本+资本公积+盈余公积+未分配利润。我们不难发现，所有者权益包含的不只是原有股东用于经营公司的初期资金投放及历史经营性收益的积累，还包括由于融资、政府支持、捐赠等各项事由带来的，以及资本和股本的溢价的资金价值。而是否需要让股权激励对象直接享有以上各项原有股东的权益，取决于公司当期实施股权激励的总体目标及原始股东的构成。

有些公司以实收资本为依据定价，也有些公司以所有者权益为依据定价。例如，假设一家公司已进入持续盈利阶段，资本公积和盈余公积及未分配利润账户全部有剩余价值，选择实收资本总额为计算依据，并将股本均分为实收资本总额等值份数，以定价每股 1 元人民币授予激励对象，则意味着激励对象在认购股份后马上享有与其认购股份数量相应的股东权益，包含实收资本外的资本公积、盈余公积和未分配利润；相当于分享了存量。而如果采取所有者权益总额作为定价计算依据，依然按照当期实收资本总额数均分等值股份数量，则每股就不会是 1 元人民币了。要么每股就按当期所有者权益总额除以实收资本总额等值的股份数量得出的实际每股价格，按此定价将股份授予激励对象；要么就以所有者权益总额为依据均分成等值数量的股份，以每股 1 元的价格将股份授予激励对象。

需要注意的是，第一次实施股权激励所确定的股本总额数量（也就是股份的总份数），在后期实施股权激励时需保持一致，否则很难反映出随着公司的发展后期的股份价值较之前股份价值的增值额。

例如，某公司账面价值定价持股平台股价测算，如表 4-3 所示。

表 4-3

核算项目	当期账面价值测算（有限合伙平台）				
年份	2016	2017	2018	2019	2020
价值测算（元）	10800000	25800000	48300000	78300000	123300900
股份总数量（股）	10800000	10800000	10800000	10800000	10800000
每股折算价格（元）	1	2	4	7	11
普通股购股价（元）	1	1	—	—	—
赠送股购股价（元）	0	0	—	—	—
期权行权价（元）		等待期		7	11

某公司 2016 年按照账面净值取值定价，提取相应比例至股权激励持股平台为 1080 万元（人民币），股份数量为 1080 万股，每股原始价格为 1 元；随着公司的发展及账面净值的增加，预测未来四年公司各年度账面净值折合至持股平台并且总股数保持不变的前提下每股价格随之涨幅如表 4-3 所示。

总之，没有唯一的账面净值取值规定，只有依据股权激励效果预期及企业当期的账面净值所包含的原胎股东权益的实际情况来确定。

② 估值定价

关于估值定价逻辑请参考本书前边有关章节的内容，估值定价通常是以企业的利润或主营业务收入的增长为依据，应用于股权投资与融资，定价结果通常远高于账面净值定价。

用于股权激励的股份以当期融资投前或投后估值定价的，最好在估值定价标准的基础上给予激励对象一定的折扣优惠，否则激励效果会大打折扣，也会因为股权价格过高而影响激励对象的购股热情，甚至有可能使股权激励项目的实施陷入进退两难境地。

例如，某公司估值定价持股平台股价测算，如表 4-4 所示。

表 4-4

当期估值测算（有限合伙平台）					
年份	2017	2018	2019	2020	2021
价值测算（元）	75000000	150000000	300000000	600000000	1200000000
总股份数量（股）	10800000	10800000	10800000	10800000	10800000
估值价格（元）	7	14	28	56	111
选择当下认购期股，价格 1.16 元/股					
选择 3 年后期权行权，价格：11 元/股					

公司 2017 年以投后估值为计算依据，提取相应比例股权至股权激励持股平台，股权价值 7500 万元，股份数量为 1080 万股，每股价格为 7 元；随着公司的发展及融资计划，预测未来四年公司每年度投后估值折合至持股平台并且在总股数保持不变的前提下每股价格的涨幅如表 4-4 所示。

③ 虚拟定价

虚拟定价一般应用于虚拟类激励标的，如在职分红或超额利润分享及项目或事件合伙人计划，其定价取值可以完全脱离公司资产或整体估值逻辑，而是仅以激励计划周期内的利润预期为计算依据，将一定时期内历史利润总盘子均分为一定数量的份数，授予激励对象。

在实际操作时，企业通常以当期利润及历史利润增长为定价依据；以未来增长预期达成与否为利润分配权益兑现的条件；以未来兑现时每股基于授予时增值的差价为奖金或奖励基金核算依据。

虚拟定价模式的优势是不改变原有股本结构，只需要原始股东让渡一部分利润分配权即可，操作相对简便。

④ 动态定价

动态定价的特点是在股权激励授予过程中授予激励对象的不是一定数量的股份，而是一定额度的购股基金；未来的行权价格与绩效成绩成反比，绩效成绩越高，行权价则越低，行权后获得的股份就越多。反之，绩效成绩越低，行权价则越高，行权后获得的股份就越少；正所谓，越努力股价越便宜，越努力，股份获益就越大。

动态定价的逻辑是激励对象表现越佳，与其关联的特定财务指标增长越快，其股权的行权价越低；其股权市场价与行权价差价越大，其获利越多，激励效果越好；激励效果越好，激励对象自主工作的动机就越强，如此往复，形成动态的良性循环。

例如，公司授予激励对象甲经理股权行权购买金额为 80 万元，同时约定业绩系数和公司净利润增长与甲经理考核成绩挂钩；等待期满后，如果公司的净利润同比增长了 50%，甲经理考核为优秀，考核系数为 0.4，此时公司股票的市价为 14 元。

行权价格计算公式：14 元/（1+0.4）=10 元。

可行使股权股数公式：80 万元/10 元=8 万股。

甲经理收益计算公式：（14 元−10 元）×8 万股=32 万元。

（4）两个优惠方法

① 在标准定价基础上给予折扣

通常用于估值定价，在财务投资方确定的投前或投后估值定价标准的基础上给予激励对象相应的折扣，如果是上市公司，其折扣额度应符合国家关于股权激励相应的法律法规。折扣后价格低于当期账面净值的，必须考虑会计的股份支付的处理，及由于股份支付对当期利润减少是否会对公司未来融资或上市计划产生影响。

② 给予 0 元配赠股数

采取 0 元配赠相应股数的方式给予激励对象购股优惠，从激励对象的主观感受而言确实会更有利，但在税务筹划方面反而会造成激励对象承担相应的个人所得税。对公司而言，0 元配赠股份一方面牵涉当期会计股份支付处理对利润产生的影响，另一方面还需要获得原有股东的书面同意。

所以，最好的处理方式是，从公布给员工的股权激励制度角度可以采取 0 元配赠的描述方法，但在具体转让、或增资扩股协议中最好将 0 元配赠的股份价格运用综合摊薄股价的方式核算到员工总体购股价格中去处理。

例如，员工正常认购股价为 1 元/股，公司给予 1∶1 0 元配股激励，但在股份转让或增资扩股法律要件及财务的处理上，采取员工总购股价为 0.5 元/股来操作。

总之，股权激励的定价，应基于股份认购对象的未来价值，在员工可承受、股东可接受、股权激励有效果的前提条件下综合确定，没有明确或者通行的标准，只有不同利益相关方的主观合理的感受。

4．“六确定”之确定配股机制

本书中的配股指的是分配股份，将用于激励的股份标的分配的过程及遵循的原则、所用的策略、具体的核算方法等一整套系统的内容。

配股机制是股权激励方案中的核心内容之一，根据企业自身特点，结合实操经验，我总结了三种相对易操作的配股策略供读者参考，如果可能，您也可以自己根据所任职企业的现状及特点去独创更适合的方法。无论何种方法，本身没有好坏对错之分，最重要的是大多数利益相关方不反对即可。

配股机制主要解决的是未来激励对象可以获得的股份数量上限，最终实际可以兑现的股份数量是由兑股策略来决定的，关于兑股策略的内容在本书后续章节中有详细叙述。

（1）策略一：配股聚焦股数

配股聚焦股数则为在分配股份标的时，以分配股份数量为焦点。在实际操作中，我会根据公司的规模及各项指标进行综合评估，常用简单排序配股法、要素配股法、动态积分配股法进行股权标的的分配。

① 简单排序配股法

简单排序配股是将激励对象直接根据相对单一的价值评估因素（如工龄、岗位行政级别等）进行强制排序后，采取相应股份数量分配的方法。

例如，某公司计划本期授予股权激励总股数 500 万股，每个人的配股数量由其岗位级别及工龄确定，配股方式如下。

岗位系数：根据职务行政级别高低进行排序后赋予相应的系数。

总经理=1.5；副总经理=1.3；总监=1；经理=0.7；主管=0.5

岗位配股数=本期授予总股数×岗位配股权重（70%）/所有人岗位系数之和。

工龄系数：8 年以上=1.5；5 年以上 8 年以下=1.3；

5 年=1；3 年以上 5 年以下=0.8。

工龄配股数：本期授予总股数×工龄配股权重（30%）/所有人工龄系数之和；

激励对象个人配股总数=个人岗位系数×岗位配股数+个人工龄系数×工龄配股数。

根据配股方式，配股结果核算，如表 4-5 所示。

表 4-5

工号	姓名	岗位名称	岗位系数	工作年限	配股数量（万股）
01	A	总经理	1.5	10 年，系数为 1.5	（500×70%/5）×1.5 +（500×30%/4.6）×1.5=154
02	B	副总经理	1.3	7 年，系数为 1.3	（500×70%/5）×1.3 +（500×30%/4.6）×1.3=133

续表

工号	姓名	岗位名称	岗位系数	工作年限	配股数量（万股）
03	C	总监	1.0	5年，系数为1	（500×70%/5）×1 +（500×30%/4.6）×1=103
04	D	经理	0.7	2年，系数为0	（500×70%/5）×0.7 +（500×30%/4.6）×0=49
05	E	主管	0.5	4年，系数为0.8	（500×70%/5）×0.5 +（500×30%/4.6）×0.8=61
合计					154+133+103+49+61=500

简单排序配股操作简便，比较适合处在初创期的小规模公司及授予范围比较小的股权激励项目；其授予过程主观性较强，为尽量公平起见，最好采取团队集体决策关键事项的方式进行操作。

- 要素配股法

要素配股法侧重于实现企业战略目标的所需的组织核心能力要素及关键人才，具体激励对象个体的配股数量取决于其配股要素的整体得分或系数排名。常见的配股要素有岗位价值、职务行政级别、岗位专业级别、胜任力、历史绩效表现、司龄等，具体的配股要素需要对企业进行全面分析后加以提炼，不同的企业在不同的发展阶段中其配股要素未必是相同的。更详细的要素配股实际操作请参考【案例 20】中的相关内容。

要素配股法适合具有一定规模，人力资源体系相对完善的企业。值得注意的是，配股要素的选择一定要面向企业未来发展，赋予与未来战略目标实现相关的要素更高的股份分配权重。

- 动态积分配股

动态积分配股是将预分配股权池进行切割，并将切割后的各段股份数量与公司阶段成果挂钩；每期股份分配的前提是当期公司阶段成果的达成；个人分配的焦点集中在阶段性成果的实际参与度和绩效表现两方面。动态积分配股最大的特点是不将股份预先直接分配给个人；未来个人股份的分配数量取决于阶段成果达成的关键要素积分数。

关于动态积分配股实际操作请参考【案例 21】中的相关内容。

（2）策略二：配股聚焦股价

配股聚焦股价是将股份分配的重心放在行权的价格上，激励对象工作绩效越高，则未来行权价格越低，正所谓“越努力，购股价格越便宜”。

由于股份价格受国家相关法规政策及税收政策的管制和影响，所以在实际应用过程中股份定价须注意其合法性及合理性。企业通常会确定一个股价区间，最高点需考虑激励对象的认可与承受度，最低点则需要考虑原始股东的价值流失及国家税务的管制。

配股聚焦股价在激励对象无须支付对价的股权激励模式中的应用逻辑：公司根据战略目标的达成情况及激励对象的总体规模，确定一定数量的购股奖励基金，用于激励对象未来购买公司的股份；股份的价格在一定的区间内与激励对象的努力程度及绩效表现挂钩，行权时，各项股价对应折扣要素总分越高，其行权价格越低，所获得的总股份数量也就越多，这种激励模式相当于延期支付模式的变相应用。

配股聚焦股价与配股聚焦股数也可结合应用，即分配股份依然是将股份数量直接分配给个人，未来行权价格的高低由相应的折股要素确定，比较适合应用于期权激励模式。

关于配股聚焦股价请参阅【案例 22】中的相关内容。

（3）策略三：配股聚焦激励基金

配股聚焦奖励基金，与配股聚焦股数、配股聚焦股价所不同的是，公司授予激励对象的是未来可用于购买公司股份的专项奖励基金，而非直接将明确的股份数量和股价在授予过程中进行任何约定。当激励对象行权的时候，股价按当期市场价格确定，股份数量受激励对象行权时股份市场价格的影响而具有不确定性。配股聚焦购股奖励基金的应用流程如下。

- 公司根据总体战略目标达成与否，从每年税前利润中划拨一定比例的专用购股激励基金到专用账户，并通过授予计划对业绩突出的员工进行激励。
- 根据专用购股激励基金授予计划，每年授予业绩符合条件的激励对象相应的虚拟购股激励基金。
- 授予的形式为企业为激励对象签发一对一授予协议，并在协议中明确获得的奖励基金的数额及用途；可行权的时间，以及需要达成的行权条件等。激励对象根据协议约定履行相关义务并可在未来的某个时间点启动行权，即运用专项奖励基金购买公司的股份，从而成为公司股东。
- 对于符合行权条件的激励对象，公司会根据其激励计划期账户内累积的被授予的购股激励基金总额及当年可行权的额度，通过股份支付及相应的工商注册变更手续等，使激励对象成为公司实股股东。

配股聚焦奖励基金适用于无须激励对象支付对价的激励模式，如延期支付、业绩股份等；适合用于激励任职与公司业绩关联度较高的可明确进行量化考核的关键人才。

在操作过程中需注意的是，专项奖励基金的计提财务应设专户管理，通常作为公司的短期负债（应付职工薪酬）进行账务处理更利于税务筹划。

其行权过程的处理逻辑为需要将短期负债变为未来以员工个人名义进行的股权投资。企业是税后计提盈余公积，未来以股份的形式支付给员工，还是税前短期负债，未来以工资形式支付给员工，再以员工个人名义进行股权投资？不同的决策将牵涉税务筹划及合法合规的问题。没有绝对好或者坏的方案，所以需要财务部门与法务部门甚至人力资源部门积极沟通，选择更适合公司的处理方式进行操作。

【案例 20】某公司要素配股机制

（1）公司背景

该公司于 1993 年成立，是一家从事与消防相关的软件产品和硬件产品的研发、生产、销售的企业。随着公司的不断发展，该公司的业务逐步覆盖了智慧消防的全产业链领域。该公司在实施股权激励项目时将未来的战略发展方向延伸至智慧安全物联领域。其产品及服务领域包括智慧消防、智慧家居、智慧社区，并通过自建物联网大数据云平台开展其他增值业务。

公司经过二十多年的发展，员工稳定性好，拥有高度集权组织架构管理模式，执行效率高。随着未来战略方向的调整，在人力资源结构及管理模式上，需要提升。

（2）股权激励实施前调研结果简报

- 对股权激励的了解：44%的受访者对股权激励一点都不了解；56%的受访者通过朋友、客户听说过股权激励。
- 股权激励是否能带来财富增值：所有人都认为股权激励会给自己带来财富增值，因为他们都看好公司所处行业的前景和公司未来的发展，这也体现出大家对公司实施股权激励项目的信心十足，并且对激励收益有一定的期待。
- 购股出资方式：33%的人可一次性出资；22%的人希望可分期出资；44%的人觉得两种出资方式都可以接受。

- 可承受的购股本金额度：22%的人可承受 0～5 万元；44%的人可承受 5 万～10 万元；22%的人可承受 10 万～20 万元；11%的人可承受 20 万元以上。
- 配股要素的选择：33%的人认为历史因素应该占比大；56%的人认为未来因素应该占比大；11%的人认为历史因素和未来因素应各占一半。
- 限售期限的接受：所有受访者都能接受 3～4 年的股份限售期。
- 对公司可否上市的信心：所有受访者对公司上市有信心，并且特别看好公司上市的前景，部分人认为公司上市后会在员工薪资福利、假期、生产设备、生产工具等方面有更好的改善。
- 对公司认可方面列举：工作职责清晰，超过 80%的人喜欢并认为目前所在的岗位是自己擅长的；超过 50%以上的人认为绩效考核制度明确且相对公平；超过 70%的人认可公司 CEO，特别是其人格魅力和领导力；喜欢公司相对宽松的工作氛围。
- 所存在的顾虑：担心公司上市后自己的能力跟不上公司发展的步伐，由此带来的职业不稳定性。

（3）股权激励配股要素

通过对公司进行全面分析，结合项目实施前调研结果，股权激励委员会共同确定了六大项配股要素，如表 4-6 所示配股结果依据六大项配股要素的权重及对应方法综合确定。

表 4-6

六大配股要素	要素细则	配股策略
职位类别	管理类	对应股份数量变化可有配赠股数
	专业管理类	
	设计研发类	
	技术生产类	
	职能服务类	
	市场营销类	
行政级别	特级	对应股份数量变化可有配赠股数
	一级	
	二级	
	三级	
	四级	

续表

六大配股要素	要素细则	配股策略
专业级别	资深	对应股份数量变化
	高级	
	中级	
	初级	
岗位价值	前 10%核心关键岗位	对应股份数量变化
	前 20%关键岗位	
	前 30%岗位	
	前 30%以外岗位	
历史绩效成绩	A 级（优秀）	对应股份数量变化
	B 级（良好）	
	C 级（合格）	
	D 级（需改善）	
在本公司工作时间	10 年以上	对应购股价格
	6～10 年	
	2～5 年	
	2 年以下	

- 职位类别：即根据职位的责任和专业要求，以及价值贡献产生的过程，将职位分成六个类别，给予一定比例的配赠股数。
- 行政级别：即根据职位的责任、财权、人权及下属的管理幅度分为五级行政级别，给予一定比例的配赠股数。
- 专业级别：即根据职位所要求的知识、技能等条件，定义相应的专业级别。例如，初级为任职资格条件，高级为胜任条件，而资深级为专家指导条件，根据职位对专业级别的要求及实际任职者的专业级别水平对应股份数量的变化。
- 岗位价值：运用要素计点法和相关专业岗位评估工具对公司岗位进行价值评估，将评估结果进行强制排序后取值前 10%，20%，30%分别赋予相应的配股数量，并将 30%作为当期授予资格线。
- 历史绩效成绩：参考授予前一年绩效考核成绩，根据绩效成绩确定授予资格及相应的配股股数。
- 在本公司服务年限：根据公司员工实际服务年限数据分析结果，以及不同服务年限分组中所包含的关键职位的情况，确定购股价格的变化。

（4）配股逻辑

首先，用类比法确定类似公司创业板股票均价为 50 元/股；总股本为 1 亿股左右；并模拟创业板股票发行后不同岗位类别期待兑现价值；然后用模拟价值倒除模拟股票均价得到不同岗位对应的基础配股数量（注意换算当下股本总数）。

其次，根据岗位类别确定相应配赠股数比例；并将所有人的模拟股数相加评估应授股数是否超出本期授予总量，并进行相应调整。

最后，根据期别调整认购价格，最后计算每个人实际购股平均价格。

（5）配股结果（由于版面局限，仅截取部分数据供参考，如表 4-7 所示。）

（6）配股要素说明

- 职业类别、行政级别及岗位价值决定 0 元配赠比例。
- 专业级别决定在价值模拟股份数量基础上的加减比例，资深级增加 20%，高级增加 10%，中级不加不减，初级减少 20%。
- 历史绩效成绩在 B 级以上不加不减，C 级减少 20%。
- 工作年限与股价折扣挂钩。10 年以上折扣为 50%；5～10 年折扣为 70%；2～5 年折扣为 90%；2 年以下无折扣。

表 4-7

姓名	所任职位类别	行政级别	专业级别	岗位价值	历史绩效成绩	工作时间	实际股数（股）	认购价（元）	模拟股数（股）	公开募股兑现价值模拟（元）
A	管理类	特级	高级	前 10%	A 级	10 年以上	4400000	0.5	2000000	100000000
B	专业管理类	一级	高级	前 10%	A 级	6～10 年	1980000	0.7	1000000	50000000
C	专业管理类	二级	高级	前 10%	B 级	2～5 年	990000	0.9	600000	30000000
D	市场营销类	三级	高级	前 20%	A 级	6～10 年	286000	0.7	200000	10000000
E	技术生产类	四级	资深	前 20%	A 级	10 年以上	120000	0.5	100000	5000000
F	设计研发类	三级	高级	前 20%	B 级	6～10 年	286000	0.7	200000	10000000
G	职能服务类	三级	中级	前 30%	B 级	2～5 年	100000	0.9	100000	5000000
H	设计研发类		中级	30%外	B 级	6～10 年	0	0.7	0	此次不授予
I	专业管理类	三级	中级	前 30%	A 级	6～10 年	130000	0.7	100000	5000000
J	市场营销类		中级	30%外	B 级	10 年以上	0	0.5	0	此次不授予
K	职能服务类		初级	30%外	C 级	2～5 年	0	0.9	0	此次不授予
L	技术生产类		中级	30%外	B 级	2 年以下	0	1	0	此次不授予
M	技术生产类	四级	中级	前 30%	A 级	10 年以上	100000	0.5	100000	5000000
总计							7986000		4400000	

【案例 21】ASU 公司动态积分配股机制

（1）公司背景

本方案为 ASU 公司的另一个股份分配方案，关于该公司的背景介绍请参考【案例 19】中关于 ASU 公司的介绍。

（2）股份预留及切割（见图 4-9）

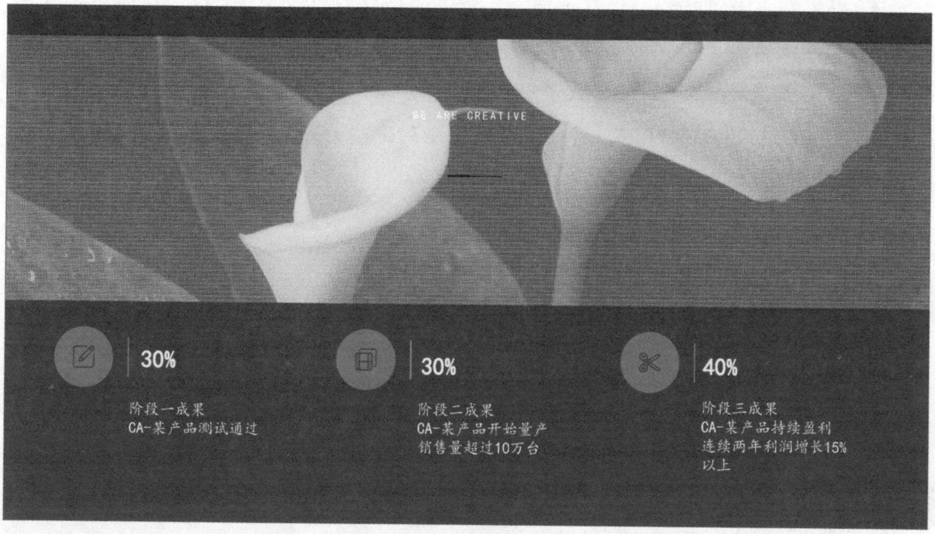

图 4-9

公司预留总股权激励池的 20%，并将其分为三段与阶段成果进行挂钩，分别为 30%，30%，40%；每段对应阶段成果指标达成情况，公司授予相对应预留比例的股份作为员工激励，具体授予办法根据阶段成果达成所需的关键要素确定。

（3）阶段成果达成，启动对应的股权授予计划

某产品测试通过，阶段一成果达成，启动预留 30%股份授予计划。采取积分配股策略，个人当期实际获得股份数量=个人所得配股积分×800 股/积分；每股 800 积分是根据当期可配股数量与当期参与总人数计算获得。

例如，张三当期获得配股积分 80 分，张三当期实际获得股份数量=80 分×800 股/分=64000 股；个人当期积分=各项要素得分之和，并换算成百分制。

（4）配股积分要素说明

- 要素一（权重 50%）阶段目标成果参与度：评估激励对象阶段性目标成果参与度，如果是全职参与，此项为 50 分；如果未参与，此项为 0 分；此项为

0分者，此次无股权激励股份受让权限。

- 要素二（权重10%）是否为关键岗位：判断激励对象所任职的岗位是否为关键成果对应的关键岗位，如果是关键岗位，此项得10分，否则为0分。
- 要素三（权重10%）人才类别为A（核心关键人才）：通过人才盘点工具评估激励对象是否为阶段成果所对应的核心关键人才，如果是核心关键人才，此项得10分，否则为0分。
- 要素四（权重5%）能力等级是否达到胜任标准：测试其知识及能力水平是否达成当年度能力等级要求，如果达成，此项为5分，否则为0分。
- 要素五（权重25%）绩效考核（B或以上）：个人最近一年绩效考核成绩在B级以上的此项为25分，否则为0分；此项为一票否决指标，此项为0分则当期无股份授予资格。

【案例22】某公司聚焦股价配股机制

（1）某公司行权价规定

某公司股权激励模式为有等待期的期权，以当期投后估值定价为每股5元；最低折股率为50%，即每股2.5元；最高溢价倍数两倍，即每股10元。

（2）行权价折扣要素

- 项目参与度：项目参与度为A级，股价折扣率为50%；项目参与度为B级，股价折扣率为30%；项目参与度为C级，不享受股价折扣。
- 绩效成绩：行权时绩效评价连续3个A级，股价折扣率为50%；行权时绩效评价绩连续2个A级一个B级，股价折扣率为30%；行权时绩效评价无A级则不享受股价折扣；行权时绩效成绩B级及以下者无股权激励获授资格。
- 在本公司工作年限：在本公司工作5年或以下，不享受股价折扣；在本公司工作5年以上10年以下，股价折扣率为30%；在本公司工作10年以上，股价折扣率为50%。
- 股份认购金支付方式：一次性支付认购金享受股价折扣率30%；分期付款不超过两年不享受股价折扣；分期付款超过两年的部分执行两倍溢价。
- 特殊贡献：行权时享受股价折扣率折上折；折上折率等于行权时累积特殊贡献积花个数之和。

（3）行权举例

激励对象张某行权价如表 4-8 所示。

表 4-8

项目参与度	绩效成绩	司龄	认购支付	特殊贡献
A 级	连续 2 个 A，1 个 B	5 年	2 年内分期支付	特殊贡献积花 1 枚
折扣率 50%	折扣率 30%	无折扣	无折扣	折上折 1%

按照平均折扣率原则，张三行权折扣（50%+70%+100%+100%）/4=80%

特殊贡献折扣，80%×（1−1%）=79.2%

张三行权价=5 元/股×79.2%=3.96 元/股。

（4）关于低价股权转让合法合规的法律参考

《股权转让所得个人所得税管理办法（试行）》第十三条 符合下列条件之一的股权转让收入明显偏低，视为有正当理由：《国家税务总局公告 2014 第 67 号—股权转让所得个人所得税管理办法（试行）》第十三条规定符合下列条件的股权转让收入明显偏低，视为有正当理由。

相关法律、政府文件或企业章程规定，并有相关资料充分证明转让价格合理且真实的本企业员工持有的不能对外转让股权的内部转让。

员工股权激励符合以上法律法规的情形，因此可视为合法股权低价股权转让。

该员工股权激励符合以上法律法规的情形，因此可视为合法股权低价股权转让。

（5）增资扩股的处理

《中华人民共和国公司法》及《中华人民共和国合伙企业法》允许有限公司或有限合伙企业约定投资额与股权比例不一致。因此，关于股权激励工商处理如下。

激励对象投资总额=每股行权价×配股数量

激励对象股权比例=激励对象投资总额×（1+折扣率）/公司投后估值总额。

例如，张三（假设配股数 8 万股），投资额=3.96 元/股×8 万股=31.68 万元，其工商注册：

股权比例=31.68 万元×[1+（1−79.2%）]=38.3 万元/公司投后估值总额×100%

总之，配股机制主要解决的是激励对象可能获得股份的上限问题。配股机制是将用于股权激励的股份标的分配给激励对象的方案、制度、流程、工具等整套体系的总和；至于激励对象最终可实际兑现的股份数量，则取决于兑股策略及相应的具体办法。

5. “六确定”之确定兑股办法

配股机制决定激励对象获授股份数量的上限，而兑股办法则主要解决激励对象实际可归权或者变现的股份数量。

激励对象实际可归权或可变现的股份数量不仅受公司总体兑现条件的影响，同时也受个人兑股因素的影响。公司总体兑现条件成熟，则所有股权激励对象股份基础兑现条件才被激活；而实际激励对象可否兑现或兑现股份数量的多少取决于个人股份兑现条件的达成情况。

换言之，如果公司总体股份兑现条件未达成，所有激励对象均不具备股份兑现的条件；如果公司总体股份兑现条件达成，则符合股份兑现条件的激励对象可根据自身股份兑现条件的实际满足情况兑现相应的股份数量。

（1）公司兑股条件的选取

公司总体兑现条件的选取，与其所处价值产出阶段相关，也与激励标的产生激励的时间段有关。

股权激励项目之所以产生激励效果，是因为它管理的是人的预期。如果说股权激励授予前等待期和授予条件的设定是对激励对象前半段的预期管理，那股权激励授予后至解锁期这段时间的解锁条件或称股份兑现条件的设定则是对激励对象后半段的预期管理。

激励对象在前半段（股份授予前）努力工作是为了获得股权；而在后半段（股份持有间，即可转让前）努力工作是为了卖出股权获得更多的财富增值。因此，股份兑现主要指的是股份可转让变现前持有期间需要达成的条件。

所以，股份兑现条件的设定，从公司总体而言，需考虑所处价值产出不同阶段的战略目标的达成，以及实际操作的难度。从公司不同的价值产出阶段角度出发，常见的公司兑股条件考虑因素通常有以下几个方面。

① 产品价值阶段——面向客户选取

在产品价值阶段，产品是否可行或者说产品是否具备使用及交换价值关系到整个公司未来的生存与发展。这个阶段的兑股因素应该站在客户角度去选取。常见的公司兑股条件考虑因素包括产品的验证成功或可量产。

例如，将产品实现阶段内预先设定的使用功能作为产品验证成功的标志，将有一定数量的付费购买客户作为产品可量产的标志，与当期授予的兑现条件直接挂钩，即公司实现上述标志性结果后，被授予的股份才可在解锁期到来时进行解锁，否则当期对应的股份均不具备解锁的基础条件。

处在产品价值阶段的公司，通常为创业期，或者转型期，所以与经营相关的关键指标，如资金流、融资计划达成、用户数及付费客户数、付费客户转化率等都可作为兑股也就是股份解锁条件，具体设定需要考虑激励效果、公司的现实情况及操作的难易度等。

② 规模价值阶段——面向内部管理者选取

处于规模价值阶段的公司，往往面临快速的规模扩张是否会带来指数级增长的验证压力；而验证的结果将关系到公司下一轮融资能否到位或者说能否以更好的股权估值去吸引下一轮投资方进驻。

而在规模快速扩张过程中，对公司而言，往往面临的是由于组织模式的适应问题带来的管理不力和整体执行效率下降等问题，甚至有些公司在快速的规模扩张中忽然崩塌。因此在规模价值阶段，相关人员应站在内部管理者的角度去选取相应的兑股条件。

例如，与管理水平提升相关的指标可以是：执行效率的提升、下属对上级的领导力评估结果、领导力水平的测试等；与经营过程相关的可以是粉丝数量的增加、活跃用户数量的增加、付费客户数量的增加、付费客户转换率、复购率等；与经营结果相关的可以是主营业务收入增长、毛利率、利润率、应收账款回款率、经营净资金流入等；与竞争力相关的可以是应收账款账期缩短天数、应收账款降低额、预付账款期延长天数、预付账款可欠款额度增加额、预收账款增加额及预收账款提前天数、毛利率等。

③ 财务价值阶段——面向资本方选取

公司进入财务价值阶段，代表进入持续盈利期。换言之，公司可以通过面向商品市场提供产品和服务，获取经营利润，并且利润呈可持续增长的态势。这个阶段的公司可以通过自给自足，并通过分红向股东回馈利润所得。

然而，资本方往往不满足于公司自主经营带来的净资金流入再投资产生的新的利润所分得的红利收益水平；他们希望可以获得更高的收益，哪怕承担随之而来的风险。所以，在现实中，处于此阶段的公司，往往处在通过收购其他公司产生协同价值的资本运作关键阶段，在股权激励兑股条件选取上，我们必须站在资本方的角度，尽量选择利于资本运作可能产生协同价值的有利条件。

例如，总资产报酬率、净资产收益率、股权估值增长率、融资计划达成、收购标的成功等可作为此阶段的公司总体兑股条件。

【案例 23】某公司总体兑股条件的设定

（1）某公司期权计划的逻辑

某公司期权计划的逻辑如图 4-10 所示。

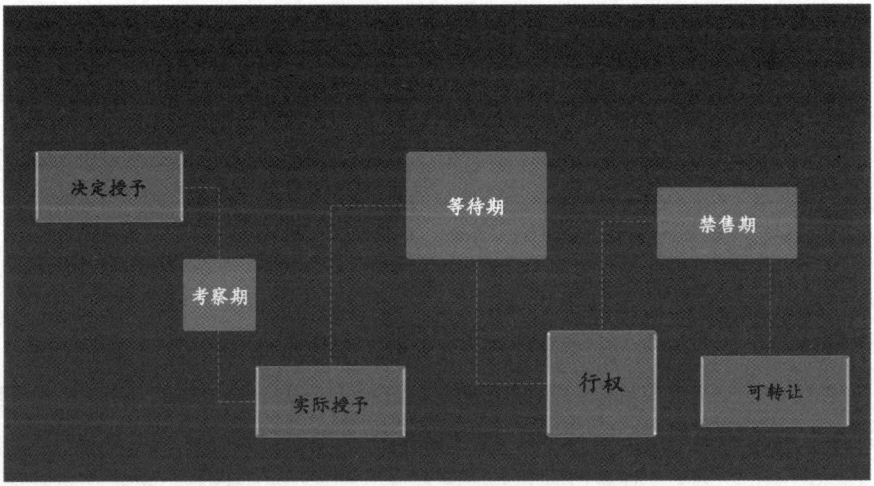

图 4-10

- 决定授予：公司经股东大会决议，决定实施期权计划，并发布正式通告。
- 考察期：期权计划正式激活前有一年考察期和相应的业绩条件，达成业绩条件则启动授予计划，否则，计划作废。
- 实际授予：考察期满，业绩条件达成，公司启动授予计划，并向符合授予条件的激励对象授予相应的期权权利。
- 等待期：被授予期权的激励对象需在一年等待期满并达成公司总体及个人相应行权条件，可在三年内分别行权。
- 禁售期：行权后的期权，需要持有一年以上才可转让。
- 可转让：禁售期满，激励对象可通过转让股份获得经济收益。

（2）确定授予期权计划（2011 年）

公司 2011 年决定实施期权计划，并发布决定实施期权计划的通知，确定授予考察期为 2011 年 1 月至 2011 年 12 月底。

公司总体授予条件：考察期内主营业务收入增长超过 20%。

（3）授予条件达成（2012 年）

公司总体授予条件达成，启动期权授予计划，向激励对象授予期权并进入等待期。

第一期行权条件：等待期内主营业务收入增长超过 40%；主营业务增长不足 20%，第一期不得行权。

（4）第一期行权条件达成（2013 年）

激励对象的业绩条件达成，第一期可行权，行权后进入一年禁售期。

第二期等待期条件为主营业务收入增长超过 60%。

（5）第二期行权条件未达成（2014 年）

由于第二期公司总体行权条件未达成，所以期权对应第二期所有激励对象不得行权；同时第一期已行权禁售期满可解锁；第三期行权条件为主营业务增长不低于 60%。

（6）第三期行权条件达成（2015 年）

第三期公司总体行权条件达成，所有符合个人行权条件的激励对象可行权；第三期行权后进入一年禁售期；2016 年后禁售期满后可解锁。

（7）可变现价值（2017 年）

可变现价值为：第一期解售股权+第三期解售股权

第一期：（变现时市价-第一期行权价）×可变现股数

第三期：（变现时市价-第二期行权价）×可变现股数

（2）个人兑股条件的选取

个人兑股条件主要从绩效考核成绩、重大过错、劳动关系解除等与激励对象个人直接相关的方面进行选取。

① 从绩效考核选择

绩效考核是公司绩效管理中的一个重要环节，如果说公司的绩效管理是一个“面”的话题，那绩效考核则为这个“面”中的一个“点”的话题，所以绩效考核成绩代表着公司对激励对象的全面价值的评估，而将个人获得的股权激励标的未来可兑现的股份实数与其绩效考核成绩直接挂钩，从理论逻辑上来讲，合情合理。

但在现实中由于公司的绩效管理机制有失科学性，难免会对股份兑现条件的选取产生不利影响。关于绩效管理，我根据多年的人力资源实践经验总结出了以下内容供读者参考。

为便于理解，我喜欢把绩效管理比喻为高考。高考前，相关单位会告知考生考试的范围和考试的具体方法；计分逻辑及分数结果的应用等一系列有关考试的事项。在高考到来时，相关单位根据事先告知的范围提供相应试卷，并遵循事先告知的具体方法进行考试。考试结束后根据事先告知的计分方法进行分数的核算，并给予一定的分数公示期，在公示期内考生如果对分数有异议的可提出申诉；最后，根据事先告知的分数结果应用进行学校及学位指标的录取。

而绩效管理的过程与高考的过程极为相似，公司需要制定科学且相对公平的绩效管理制度，制度包括绩效考核的范围、具体指标、考核的具体方法、计分的方法及结果的应用等；换言之，即提前未告知过的考核不能随便进行；绩效考核需要建立在与被考核对象就考核内容、方法、结果认定达成一致的前提下进行。

绩效考核管理，应从知识与技能、投入过程、产出结果三个方面进行如图 4-11 所示。

图 4-11

知识与技能代表着我们所具备的价值产出的基本资源；与之对应的绩效考核指标通常与其所任职位的胜任力水平要求相关，如知识与能力水平提升指标。

有价值产出的资源也就是知识与技能如果没有投入的过程，永远不会产出价值成果，所以在投入环节的绩效考核指标通常与时间和态度等相关，如工作时长达标与否、态度评分是否达标等。

知识与技能的投入，产出相应的价值成果才会带来公司总体战略目标的达成。因此，成果环节的绩效考核指标往往是来自不同价值反应方向的，常用的方法是将关键业绩指标与平衡计分卡相结合：从财务、客户、内部管理、学习提升等不同角度去制定相对应的关键业绩指标，在制定过程中根据职位的特点赋予各角度指标相应的权重来调节不同职位的价值成果期待。

② 从重大过错选择

员工发生重大过错，往往会直接或者间接的造成公司利益或多或少的损失；常见的情况包括但不限于严重违纪、违反竞业限制、造成直接经济损失等，如图 4-12 所示。

图 4-12

有些重大过错可设定为一票否决条件，一旦触发，则其所获股权均不可兑现。公司可根据企业文化及整体制度进行约定，但必须清晰且有认定程序，重大过错认定程序应被大多数员工接受且有理有据；避免小题大做，或者过度主观的重大过错认定制度与股权激励兑现条件进行挂钩。否则，不仅会使个别当事激励对象产生对立情绪，还会波及所有激励对象及暂未获得股权的员工，轻则影响公司的管理效率，重则造成员工对公司的信任破产。

③ 从离职方式上选择

关于激励对象离职时的股份处理，我们后面将有专门关于股份退出机制的详细讲解，在这里，我们可从以下角度进行兑股条件选择，如图 4-13 所示。

关于员工离职，我们从对公司可能带来的直接离职成本角度将离职分为员工主动辞职、公司原因双方协商解聘、公司单方解除等不同的情形。如果股份兑现条件挂钩，应遵循保证员工不失本金为底线，限售期内价格孰低，限售期外孰高的原则约定；尽量建立在双方友好协商解除劳资关系的前提下按股权激励制度及双方的股权授予协议约定执行。

图 4-13

【案例 24】某公司个人兑股条件的设定

（1）某公司个人兑股逻辑

某公司个人兑股逻辑如图 4-14 所示。

图 4-14

（2）个人兑股条件列举

- 绩效考核成绩在 B 级以上的人员可 100%解锁当期限制性股权。
- 有严重违纪情况的，当期限制性股权不得解锁，由原转让股东原价回购。
- 违反竞业限制条款的取消限制性股权受让资格，已归权的由原转让股东原价回购，未归权的取消资格。
- 锁定期内正常离职的按原价加银行一年同期利息回购；非正常离职的视情况

收回股权；锁定期后两年内正常离职的可保留股权两年。

关于兑股条件的设定，企业也需要考虑自身所应用的股权激励标的本身的特征，通常限“购”有等待期的权益类标的应该重点考虑授予条件的应用，而在兑股环节中应尽量遵循就轻原则；如果是限“售”有禁售期的当期实股类标的可以重点应用兑股策略，在授予环节中可尽量遵循就轻原则。总之，如果股权激励方案设计重点在前期授予条件，且授予条件是已经发生过的事件，则股权激励的目的更多倾向于奖励；如果股权激励方案设计重点在后期转让条件，且转让条件是未来要达成的目标，则股权激励的目的更多倾向于激励。

直接配股授予也好，未来满足条件兑现也罢，没有所谓的对错、好坏及应用标准；股权激激励不是一道数学题，没有标准答案，只有适合与否。在任何环节中，我都鼓励你去创新，去创造适合企业自身的股权激励方案，去总结属于你自己的股权激励应用哲学和实际操作方法。

6. “六确定”之确定时间与时期

在股权激励项目实施过程中，会涉及关键时间点（如授予时间）或一段时期（如等待期）的约定；不同的时间点或时期有不同的常用表达用词。以下关于时间及时期的用词说明仅限于我本人的理解，如读者在其他学习渠道的有关内容中遇到不同解释，请结合关键词的上下文去理解其含义。

（1）有效期

有效期指股权激励项目从开始至结束的总时长。通常从公司正式公布股权激励制度之日起至约定时长结束之日止，一般不多于九年。股权激励项目实施的有效期设定应考虑以下几方面的因素。

① 法律的强制规定

关于有效期，我国《上市公司股权激励管理办法》第十三条规定，股权激励计划的有效期从首次授予权益日起不得超过十年。如果企业为上市公司或未来三年内计划上市的公司，股权激励项目有效期最好不要超过法定年限。

② 企业不同阶段的战略重点

股权激励项目实施的有效期尽可能与企业不同阶段的战略重点保持一致。例如，几年后某战略目标未达成则股权激励计划失效；如遇公司公开募股需重新制定股权激励方案的，在保证原有股东权益的前提下，本计划部分内容将进行调整等。

③ 劳动合同的普遍存续期

公司实施股权激励项目，通常仅面向在公司就职的员工，换言之，公司与员工通过书面订立劳动合同建立了合法的劳动关系，并且在实施股权激励项目时激励对象与公司订立的书面劳动合同应在法定存续期内。尤其是有等待期或限售期的股权激励标的，在授予股权时应确保公司与授予对象之间的劳动合同存续期长于其股权变现的最晚时间点。

（2）授予日

授予日是指将股权激励标的授予激励对象的具体时间点。授予日目前不受法律强制规定，特别是在新版《上市公司股权激励管理办法》中取消了有关股权激励计划授予日的规定，只要求在股权激励协议中明确授予日即可。

在实际操作过程中，企业必须在股权激励公示制度文件中明示授予日的具体时间点。因为授予日代表着激励对象正式获得股权激励具体标的的时间点，其他诸如等待期或禁售期等均是由授予日作为起算日的。因此，授予日是股权激励项目为激励对象所接受的重要时间点。通常情况下，公司会有股权激励项目或制度正式公布日，针对不同的激励对象的实际情况，授予日可尽量选择以下时间点。

- 激励对象接管公司重要项目或分公司之日。
- 激励对象取得研发或技术成果之日。
- 激励对象业绩评定结果公布之日。
- 激励对象晋升更高职位之日。
- 激励对象受聘之日等。

为营造更好的激励氛围，有些公司会在股权激励授予日举行各种仪式。例如，公开签发持股证明；或者在授予日正式与被激励对象签订相关协议，同时举行一定规模的聚会活动等。个人觉得公司可以根据自身企业文化的特点在股权激励授予日营造一些仪式感，前提是考虑周全，既要让当期激励对象体验到荣誉感，也要兼顾当期未被授予股权的员工的感受。

（3）等待期

等待期一般用于权益类股权激励标的，指股权激励标的授予日与可行权日之间的时期。

等待期的时长有法律规定。尤其是上市或计划上市的公司需参考《上市公司股权激励管理办法》的第三十条 股票期权授权日与获得股票期权首次可行权日之间的间隔不得少于 12 个月。

等待期的时长设计可参照公司战略目标实现过程的阶段关键成果达成预期。例如，某公司授予激励对象的股权激励标的为股份期权，等待期为从授予日起至某产品实现量产 10 万台之日即进入可行权期。

等待期在实际操作过程中通常最短为 1 年，最长不超过 4 年。应用策略常见的为以下三种。

- 一次性等待期。即从授予日起至可行权日，股权激励标的受让对象可被授予一次性行权并持有的权利。一次性等待期比较适合应用于实股类激励标的授予前的考察，换言之，这里的等待期也可视作考察期，所以一次性等待期的设定期限不宜过长，在行权后的持有期内可设相对长的禁售期。
- 分次性等待期。即从授予日起至第一次可行权日，股权激励标的受让对象需根据授予计划分批次行权并持有；通常总行权期为三年，每一年可行权总受让标的的 30%～40%，分三次行权完毕。分次性等待期比较适用于期权类激励标的；行权后的禁售期不宜过长。
- 非具体时间等待期。即从授予日起至某项重要成果或业绩目标达成之日为等待期，不设具体时长，而是由激励对象的努力结果决定等待期的长短；没有具体时长的等待期比较适合业绩股权激励标的，公司为刺激一定时期内的业绩增长而授予与业绩增长直接相关的激励对象。

（4）行权期

行权期是权益类股权激励标的等待期结束后可以申请权利兑现的时间段，通常为激励对象支付对价购买或受赠股份成为股东的过程。

关于股权激励行权期的相关法律规定如下。

- 关于首次行权日，《上市公司股权激励管理办法》第三十条规定，股票期权授权日与获得股票期权首次可行权日之间的间隔不得少于 12 个月，而这 12 个月，正是我们前面所讲过的等待期的时长。
- 关于分期行权，《上市公司股权激励管理办法》第三十一条规定，在股票期权有效期内，上市公司应当允许激励对象分期行权，每期时限不得少于 12 个月，后一行权期的起算日不得早于前一行权期的届满日。
- 关于行权期结束，《上市公司股权激励管理办法》第三十二条规定，股票期权各行权期结束后，激励对象未行权的当期股票期权应当终止行权，上市公司应将其及时注销。

对于非上市企业而言，股权激励标的不受法律强制规定的约束，具体可参考以下策略。

- 股份支付类标的行权时间不要选择公司工商进行年检时期或年底财务结算较为忙碌的时间段。
- 资金支付类标的尽量不要选择在公司资金流需求较大的时期行权。
- 非上市公司的行权时间点最好与公司业绩指标达成时间挂钩。

（5）禁售期

禁售，即禁止出售变现。禁售期主要指激励对象行权或受让股份，成为股东后，强制要求必须持有的时间段。

对于非上市公司而言，禁售期的约定有利于公司管理结构的稳定，针对不同的股东类型可分别进行禁售期的约定。

- 联合创始股东禁售期约定尽量长，最好不少于 3 年，可以通过公司章程及股东协议进行书面约定。
- 股权激励实股类标的受让对象，禁售期不少于 3 年，不长于 5 年，可以通过股权激励授予协议及公司章程（有限公司）或合伙协议（有限合伙企业）进行约定。

（6）窗口期

窗口期为可办理股权激励行权或转让等相关手续的受理时间。非上市公司可根据自身实际情况确定方便办理相关手续的窗口期。

上市公司可以依据有关法律规定确定窗口期。新版的《上市公司股权激励管理办法》取消了有关股权激励与其他重大事项 30 日间隔期的规定；明确上市公司启动及实施增发新股、并购重组、资产注入、发生可转债、发行公司债券等重大事项与股权激励计划不相互排斥。

在股权激励项目实施过程中有关时间和时期的设定，最好站在股权激励效果期待的前提下，结合企业实际情况及未来发展需求，理性选择适当的策略，并通过正式文件公示，股权激励计划一旦确定，不可轻易更改。

4.3 选择股权激励方案的“二来源”策略

在本书中，股权激励方案的“二来源”即实股类股权激励标的的股份及用于支付实股标的对价的资金从哪里来。选择股权激励方案的“二来源”策略即不同的公司在不同的股权激励应用场景下，应该如何选择这两个重要资源的解决策略。

无论是股权激励标的的股份来源还是用于购买公司股份的资金的来源，不同的解决策略会对激励对象产生不同的激励效果，且后续的公司或者股东需要面对的财务及工商处理程序也完全不同。

因此，全面系统地了解股权激励项目实施中这两个关键资源的解决策略，一方面有利于股权激励项目的顺利实施；另一方面也关系到股权激励各利益关联方的满意度而带来的以股权作为标的所产生的激励效果。

1．“二来源”之股份来源

关于股权激励实股类标的的股份来源，有四种解决策略，即原有股东转让、预留股份、定向增发、回购本公司股票；其中回购本公司股票仅限于上市公司从二级市场回购本公司已经公开发行的在外流通的股票，所以理论上这种解决策略不能应用于非上市公司。

（1）原有股东转让

原有股东转让是指公司在实施股权激励项目之前在册股东将自己的部分股权转让给激励对象；原有股东转让最大的特点是公司总体股本大小不变，只是增加了新股东或个别股东间的股权比例变化。原有股东转让的过程，通常需要受让对象向原有股东支付股份相应的对价；原有股东转让股权的过程也是其股份变现的过程；整个转让过程，公司账面没有资金进账。

采用原有股东转让的方式解决股权激励实股标的的来源，在实际操作时需要注意，转让股东与受让对象签订一对一的股权转让协议，约定重点事项。重点事项包括但不限于股权转让的比例、转让价格、具体转让流程、转让产生的税务承担及股权交割等。

实施股权转让时需注意公司的性质，如果是上市公司，必须提前查询相关法律规定，保证股权转让程序的合法性。与股权激励实施相关的股权转让的主要法律法规包括但不限于以下内容。

- 《中华人民共和国公司法》第一百三十七条规定，股东持有的股份可以依法转让。换言之，股权转让必须在合法的前提下进行。
- 关于转让渠道及转让方式，《中华人民共和国公司法》第一百三十九条规定，股东转让其股份，应当在依法设立的证券交易场所进行或者采用国务院规定的其他方式进行。
- 针对上市公司而言，关于记名股票的转让与禁忌，《中华人民共和国公司法》

第一百三十九条规定，记名股票，由股东以背书的方式或者法律、行政法规规定的其他方式转让；转让后由公司将受让人的姓名或者名称及住址记载于股东名册。股东大会召开前二十日内或者公司决定分配股利的基准日前五日内，不得进行前款规定的股东名册的变更登记。但是，法律对上市公司股东名册变更登记另有规定的，从其规定。

- 针对上市公司而言，关于无记名股票，《中华人民共和国公司法》第一百四十条规定，无记名股票的转让，由股东将该股票交付给受让人后即发生股权转移。
- 关于公司发起人股东股份转让的限制，《中华人民共和国公司法》第一百四十一条规定，发起人持有的本公司股份，自公司成立之日起一年内不得转让。公司公开发行股份前已发行的股份，自公司股票在证券交易所上市交易之日起一年内不得转让。

（2）预留股份

预留股份指从公司总股本中预留一定比例的股权用于未来的股权激励。预留可采取个别原有股东转让或者原有股东同比稀释股份增资扩股的方式发起，将预留的股份由自然人股东或持股平台（有限合伙企业）暂为代持，并在公司章程中进行相关事项的约定。

为保证股份来源的持续性，我更倾向于用持股平台代为持有的方式预留将来用于股权激励的股份，以免个别股东代持发生不可预见的事情，造成分期授予股份标的的来源被切断。

如果采取原有股东转让的方式预留股份，操作注意事项可参考本书前文关于原有股东转让的内容。如果采取增资扩股的方式预留股份，需提前由财务进行相关核算后进行相应的公司章程的修订及工商程序的变更。

对于上市公司而言，预留股份需要符合《上市公司股权激励管理办法》第十二条的相关规定。

- 上市公司在推出股权激励计划时，可以设置预留权益，预留比例不得超过本次股权激励计划拟授予权益总量的20%。
- 上市公司应当在股权激励计划经股东大会审议通过后12个月内明确预留权益的授予对象；超过12个月未明确激励对象的，预留权益失效。

（3）定向发行

定向发行是指通过增资扩股向特定对象发行股份。对于上市公司而言，称为定向发行，而对于非上市公司而言，则称为增资扩股。

定向发行后，原有股本总结构会发生变化，通常原有股东同比稀释股份，由于新增股东支付股份资金对价，故公司会有资金流入，并进入财务实收资本账户。从这个角度而言，定向发行的过程其实也是公司引入新的资本的过程。

定向发行在实际操作过程中需要注意的事项有以下几方面。

- 取得股东大会的书面决议。
- 由财务计算需要增发股份的数量及比例所带来的每个原有股东同比稀释后的股份比例，特别是在有豁免同比稀释的投资方的情况下
- 增发股份的价格及溢价增发的税务筹划。
- 公司章程的修订及工商手续的办理。

对于上市公司而言，定向增发必须严格遵守相关法律规定，本书仅罗列与股权激励相关的法律法规，供读者参考。

关于定向增发面向特定对象要符合的条件，我国《上市公司证券发行管理办法》第三十七条规定，须符合股东大会决议规定的条件；发行对象不超过 10 人；发行对象为境外战略投资者的，应当经国务院相关部门事先批准。

我国《上市公司证券发行管理办法》第三十九条规定，上市公司非公开发行股票要符合以下条件。

发行价格不低于定价基准日前 20 个交易日均价的 90%；本次发行的股份自发行结束之日起，12 个月内不得转让；企业实际控制人及其控制的企业认购的股份 36 个月内不得转让；本次发行将导致上市公司控制权发生变化的，还应当符合证监会的其他规定。

上市公司不得公开发行股票的情形，需参考《上市公司证券发行管理办法》第三十九条的相关规定。

本次发行申请文件有虚假记载、误导性陈述或重大遗漏；上市公司的权益被控股股东或实际控制人严重损害且尚未消除；上市公司及其附属公司违规对外提供担保且尚未解除；现任董事、高级管理人员最近三十六个月内受到过中国证监会的行政处罚，或者最近十二个月内受到过证券交易所公开谴责；上市公司或其现任董事、高级管理人员因涉嫌犯罪正被司法机关立案侦查或涉嫌违法违规正被中国证监会立案调查；最近一年及一期财务报表被注册会计师出具保留意见、否定意见或无法表示意见的审计报告。严重损害投资者合法权益和社会公共利益的其他情形。

定向发行所募集资金要符合《上市公司证券发行管理办法》第十条规定。

（4）回购本公司股票

正如前文所言，这里指上市公司从二级市场购买本公司股票。在实际操作过程中由于到公开股票交易市场回购本公司股票需要资金，所以会对公司当期利润及资金流造成一定的影响。另外，《中华人民共和国公司法》第一百四十二条规定，只有特定条件出现时，公司才可回购自己的股份。

- 减少公司注册资本，应当经股东大会决议，股份自收购之日起十日内注销。
- 将股份奖励给本公司职工，应当经股东大会决议，回购额度不得超过本公司已发行股份总额的5%；用于收购的资金应当从公司的税后利润中支出，所收购的股份应当在一年内转让给职工。
- 与持有本公司股份的其他公司合并，应当在六个月内转让或注销。
- 股东因对股东大会做出的公司合并、分立决议持异议，要求公司收购其股份的，应当在六个月内转让或注销。

股权激励实股标的股份来源的解决策略如上所述，没有哪种方式更好，只有哪种方式更适合公司的实际情况。在为公司提供股权激励项目咨询的过程中，我会通过与公司实际控制人的沟通，分析各种股份来源解决策略为公司带来的优势和不利因素，最终决策由公司做出。

股份来源的确定是一项看似简单的选择，实则是直击人性弱点的棘手的工作。有的股东确实想通过股权激励实现一部分股份的变现，但其碍于面子，一般不会直接表达出来，需要相关人员运用经验和智慧进行识别。

对于股权激励项目的实操过程及对其实施结果的把控，可能比掌握股权激励专业知识和技能更重要的是对人性的解读及恰到好处的人际关系处理能力。

2. “二来源”之资金来源

资金来源问题的焦点在激励对象，旨在解决激励对象受让实股类激励标的时所需要支付的股份对价的资金从哪里来。在实际操作过程中，常用的方式有以下几种。

（1）自筹资金

自筹资金是最直接，操作也最简便的购股资金来源方式。对公司或原转让股东而言通过这种方式可直接收到资金，同时也可对激励对象产生约束作用。

激励对象自筹资金获得公司股份的流程为激励对象支付股份对价后，公司进行公司章程的修改并办理工商注册登记手续，激励对象成为合法的公司在册股东。稍有不同的是，如果激励对象所购股份源于原有股东转让，则资金支付对象为股份转让股东本人；如果激励对象所购股份源于公司增资扩股，则资金支付对象为公司账户。

为保障员工认购股份的热情，相关人员在实际启动股份认购前最好先做摸底调研，至少激励对象可接受自筹资金购股的人数不低于 60%以上，大多数人可接受自筹资金的额度应提前掌握；否则，很可能出现股份认购通知发出后无人响应的尴尬局面。

根据激励对象的实际自筹资金购股的承受能力，相关人员在制定股权激励方案时可适当考虑分期付款的方式，只是需要在认购协议中明确股份本金总额，需要分为几期，分期间隔时长及分期支付的额度和工商变更的时间点等。

（2）回偿支付

回偿支付指公司将当期应支付给激励对象的各项激励标的所对应的经济价值，包括但不限于各种奖金或分红甚至工资，用公司股份延期支付给激励对象的过程。

为便于读者理解，我换一种更通俗的方式来解释，回偿支付其实就是公司将应及时兑付给员工的股份分红、奖金或工资等暂时留存，未来将应支付的资金价值与股份价值进行对应换算后，用公司相应价值的股份一次性或分期支付给员工。

在回偿支付实际应用中，有三类回偿标的可供参考。

- 分红回偿，指用应获得的股份分红所得累积额偿还购股本金。
- 奖金回偿，指用延期支付留存的部分或全部奖金偿还购股本金。
- 工资回偿，指用部分工资支付购股本金。

运用回偿支付的方式支付购股本金，在实际操作时需要关注以下几点。

- 回偿期的约定，回偿本金需要的时间一般以不超过 3 年为佳。
- 回偿金额的约定，回偿金是否可以在一定时间内足额回偿购股本金，既要考虑激励对象的承受能力，也要兼顾回偿时间的合理性。
- 回偿流程的约定，回偿的流程包括但不限于确定回偿金额、确定回偿时间、确定分期间隔、确定每期回偿额及工商变更手续的时间等。

回偿支付一般与奖金制度或虚拟股权计划对接，在购股本金偿还完毕前一般只约定虚拟权益，如分红权。一般企业会在购股本金偿还完毕后进行工商变更。

无论采用何种标的偿还购股本金，总偿还时间不宜过长；需要提前约定购股本金偿还期内客观条件发生变化的情况的处理。例如，企业公开募股、企业被收购、企业破产清算或其他情形。

【案例25】某公司工资回偿购股策略

（1）案例背景

某公司实施了股权激励项目，激励标的为限制性期股，即当期授予后，激励对象需持有三年，禁售期内不得转让；股份认购方式为首付款加分期付款期股模式，首付款为激励对象自筹资金，分期付款为工资回偿。

（2）回偿约定

回偿方式为工资回偿；共分四年16期，每季度为一期；每期回偿金额为税后工资的20%；回偿期内股份由大股东暂为代持，回偿期满一次性进行工商手续的办理。

（3）签订协议

公司与激励对象签订一对一的股份认购协议，并在协议中约定各项回偿事项。同时签订委托投资协议，由激励对象委托公司暂存分期回偿工资，待股份本金偿还完毕委托公司代为办理以本人名义投资的工商变更事项。

（4）财务处理分析

站在财务账务处理的角度，未付职工工资属于短期负债子科目应付职工薪酬，而未来则会变为股权投资，进入实收资本或资本公积账户；或者是通过股份支付的方式进行应付职工工资的支付，中间需要采用什么样的方法处理需要财务进行权衡。

需要注意的是，将应付工资缴纳个税后以员工个人名义认购股份属于投资行为；而将应付工资以公司股份支付属于激励行为；前者需缴纳个税，后者会对公司当期税后利润产生一定影响。

（3）融资融券

融资融券是指借助资本市场的力量，通过融资解决股份认购本金。融资融券常用的实际操作方法有以下几种，即先行权转让部分股票、信托贷款行权、公司委托资金购股、信托临时股东。

① 先行权转让部分股票

可由指定券商代为行权并出售部分股票获得收益，用获得的收益扣除券商服务费后支付剩余股份行权所需的费用，并由券商将剩余股票存入激励对象的个人账户。此种方式，激励对象在行权过程中无须支付现金对价即可获得股票，只是需要牺牲掉一部分股份来支付股份本金及券商服务费。

② 由信托机构贷款行权

激励对象与信托公司签订贷款融资协议；由信托公司垫资行权，获得的股票抵押给信托公司；用分红偿还本息，偿还完毕后信托公司将股票过户给激励对象；此种方式的焦点在于股票分红是否能在一段时期内偿还股份行权本金。

③ 公司委托资金购股

公司将资金委托给信托公司；信托公司与激励对象签订贷款协议，将资金贷款给激励对象用于行权，当激励对象偿还本息及信托公司服务费后，信托公司将资金返还公司；此种方式规避了公司不便直接为激励对象提供贷款支付购股本金的法律限制。

④ 信托临时股东

公司将资金委托给信托机构，并指定该资金专门用于购买公司股票；公司是委托人，公司和激励对象是共同受益人。激励对象在等待期内，信托公司是股东，行使股东权利，享有股东收益。等待期结束后，激励对象行权，信托公司将股票过户给激励对象后退出；如果激励对象未达到行权条件，信托机构出售股票获取收益；扣除相关费用后将资金返还给公司。此种方式对企业而言，需要解决的是解决股票回购和股份代持问题；对中介机构而言，可以获得临时股东分红及转让股票溢价的收益；对激励对象而言，可通过行权获得公司股票。

在股权激励购股资金的来源合法的前提下，企业可根据公司实际情况尽量选择与激励对象“双赢”的股份认购本金支付策略。需注意的法律为我国《上市公司股权激励管理办法》第二十二条，激励对象参与股权激励计划的资金来源应当合法合规，不得违反法律、行政法规及中国证监会的相关规定。上市公司不得为激励对象依股权激励计划获取有关权益提供贷款及其他任何形式的财务资助，包括为其贷款提供担保。

4.4　构建股权激励方案的“一退出机制”

股权激励方案中的“一退出机制”，主要解决的是各种原因引发的各种股权激励标的退出的情形的具体解决办法。

股权激励之所以能够产生激励效果，也是因为公司将股权作为价值载体授予激励对象，激励对象在持有一段时间后能够将其变现。整个过程使激励对象有机会分享到股权增值或溢价的经济收益。换个角度讲，正因为“有进有出”股权才会成为“活”的激励标的，否则即使股权从理论上价值再高，没有退出机制，其价值将永远是“空中楼阁”。

本书前边的内容基本侧重于股权激励过程中的“如何进”，即股权的授予和持有策略；接下来我们就“如何出”，即对由于公司或激励对象引发的股权退出机制设计进行详细解读。

1. 退出起因——公司原因

公司方面原因引发的股权激励标的退出的情形有公司上市、公司被收购、公司合法注销、公司破产清算、被吊销、其他不可抗力因素等。

（1）公司上市

公司上市是股权激励最完美的退出出口，甚至很多公司将股权激励标的的授予或行权，以及可转让的条件和时间点直接设定为公司公开募股或挂牌上市成功。公司上市，激励对象获得的股份（票）可以在可变现时间点通过股票市场公开交易，获得较高的溢价收益；在股票公开交易市场进行变现交易还可享受国家税收优惠政策。

需要注意的是，激励对象不同的持股方式，对其未来交易的流程和相应手续甚至赋税会有不同的影响。

（2）公司被收购

如果公司未能在预期的时间段内上市，且经营发展遇到困难，其实能在较好的估值阶段被上市公司或优秀的企业收购也是非常好的。

我们当前已进入“快公司”时代。一个公司从发现客户需求，到产品或服务价值验证，再到面向市场的过程，已不是过去线性的发展路径，而是在资本的推动下，到一定时间点呈指数型爆发式增长。公司之间的竞争已非产品或服务的竞争，而是速度的竞争；企业的经营也不仅仅是面向市场提供产品和服务，还需要适时提升面向资本市场的股权价值。

“把公司当孩子养”的时代已经过去，或许创业看不仅仅是为了基业长青，更可以是“一直可以在创业的道路上昂首阔步”的企业家的洒脱。例如，李嘉诚的儿子李泽楷的收入有相当一部分是源于购买一家公司，通过一段时间的经营和股权价值的提升，然后将其转手卖掉。

所以，公司被收购，也是一定阶段的成功，也是股权激励退出机制非常好的出口。我鼓励公司与股权激励对象约定，如果公司被收购，其受让的股份可同其他股东同股同权，一同转让给收购方。

（3）合法注销

公司由于管理结构或经营发展的需要，可能会注销部分公司经营主体；此种情况可提前与激励对象约定其获得的股份可通过价值折算后置换至公司所属的其他经营主体中。

（4）破产清算

公司出现合法破产清算的情形，则根据《中华人民共和国企业破产法》有关公司清算程序的相关规定，与激励对象提前在股权激励授予协议中约定同股同权。

（5）被吊销

公司由于经营不当或触犯法律法规，用于股权激励的主体被工商机构依法吊销营业执照的，如果可能，尽量采取相应补救措施。例如，用其他经营主体机构股份补偿或购买激励对象所获得的股权，避免造成激励对象购股本金的损失。

（6）其他不可抗力

在股权激励项目实施过程中，关于出现不可抗力因素造成股权协议无法继续履行的，可约定由董事会或股东大会，即公司最高决策机构临时协商解决。

2. 退出起因——激励对象原因

激励对象个体原因引发的受让股份退出的情形有主动离职、被动离职、退休、去世、触犯法律等。

（1）主动离职

站在激励对象的角度，主动离职常见的情形包括在劳动关系存续期内，激励对象主动口头或书面提出辞职申请；或者劳动合同到期，激励对象主动提出不再续签劳动合同，劳动关系终止或解除；通常企业不需要支付有关劳动关系解除的任何经济补偿。

关于主动离职的情形，激励对象获得股份标的的退出机制读者可参考以下策略，但需根据股权激励效果期待和公司实际情况变通应用。

- 解除劳动关系之日，获授股权未行权的离职后行权权利丧失。
- 解除劳动关系之后，已认购或行权的股份支付本金购买的，由指定股东进行回购；无须支付本金行权的，注销。
- 回购价格，持有公司股份在禁售期内主动提出解除劳动合同，不高于认购本金的由指定股东回购；禁售期满后主动提出解除劳动合同，不低于认购本金，如果可能可按同期（同禁售期）银行利率支付利息由指定股东回购；禁售期满超过 2 年以上的按溢价回购原则执行。

（2）被动离职

被动离职在此依然是站在激励对象角度而言的，常见的情形为在劳动合同存续期内，由于激励对象不能胜任工作、严重违纪、劳动合同期满又或者是继续履行劳动合同的客观条件发生变化重大变化的，由企业方提出解除劳动合同，根据不同的情形，企业可能需要支付激励对象相应的补偿金或赔偿金，如果处理不当，还可能引发法律诉讼。

在激励对象被动离职的情况下，本着友好协商解除劳动关系的原则，股权激励的标的退出可参考以下策略。

- 在劳动合同存续期内，激励对象不能胜任工作的，双方解除劳动合同后，已支付股份对价获得的股权激励标的，由指定股东按支付本金原值回购其全部股份；无须支付对价受让的股权权益，自双方解除劳动关系之日起由公司收回注销。
- 劳动合同期满，企业提出不再续签劳动合同的情形，原则上在股权激励项目实施后不会出现，因为授予激励对象股份标的前提条件是双方的劳动合同在存续期内，且待股权受让后至转让变现前劳动合同必须在存续期内。
- 激励对象严重违纪，对于严重违纪事实认定符合双方劳动合同约定或者公司公开劳动纪律相关制度的程序，且有相关证据证明并获得当事人书面签字认可的；激励对象所获得的股权激励标的，有资金支付对价的，须无条件由公司指定股东原价回购；无资金支付对价的，由公司收回。公司可保留或行使追偿已归权股份标的及收益的权利。
- 继续履行劳动合同的客观条件发生变化的，不同的公司可能会有不同的情形，最好提前在股权激励标的授予协议中进行约定。

（3）退休

激励对象依法办理退休的，公司根据约定是否给一段时期的经济收益权或继续保留股份至某一时间点，又或成为名誉股东；如果需要退出时应根据经营效益或股权当期实际公允价值由公司或指定股东溢价回购。

（4）去世

针对激励对象去世的情形，站在公司管理的角度，通常不建议约定股权标的的可继承性；相关人员可根据当期股权价值溢价回购；由法定继承人根据法定优先程序继承股份被回购的经济价值；也有公司经全体股东表决通过，在同股同权的前提下，所有股东约定自己离世后，将股份赠予公司。

（5）触犯法律

激励对象触犯国家法律，并被依法追究责任的，企业有权取消其股权激励标的受让资格，公司有权追偿已受让或归权的股份收益，有权强制以股份受让时本金原值回购受让标的。

3. 退出标的的处理

股权激励标的退出的处理方式为有注销、失效、取消、回购。相关操作的现实意义如下。

（1）注销

指取消登记在册或记录在案的事项；在股权激励标的退出过程中指取消已经授予的股份标的，不会再授予他人，股份标的回归公司总体账户或以某种方式代持，或按股东持股比例由原有股东受让。

（2）失效

指失去原有的效力；在股权激励退出时指公司与激励对象签订的授予股权激励标的及相关书面文件不再具有其原有的法律效力。

（3）取消

指使原有的制度、规章、资格、权利等失去效力；停止计划取消资格等。在股权激励标的退出机制中主要指剥夺激励对象受让资格，因此，公司可保留或行使追偿已归权股份的收益的权利。

（4）回购

指将曾经售出的标的购回。在股权激励标的退出机制中指由公司或指定股东购回原授予或转让给激励对象的股份，需要明确约定不同的情形下回购的价格。

4. 回购退出操作中需要注意的事项

在股权激励标的退出的实际操作过程中，特别是关于回购退出需注意以下几点。

（1）书面约定

公司需要与激励对象一对一签订股份标的授予协议，在协议中明确关于股份回购退出的关键约定事项，包括但不限于回购出现的情形、不同情形下的回购策略、回购价格、回购流程等；并经双方签字确认后生效。

（2）股东回购

关于股东回购，其实是股东间股份转让的过程；最好约定由指定股东进行回购；否则需根据《中华人民共和国公司法》规定或《公司章程》约定，可能出现所有股东按持股比例回购的情形。公司与激励对象签订的股权激励标的授予协议中需明确约定股份回购（股份转让）的指定股东、回购（转让）流程、回购（转让）价格、转让个税等事项。

公司还应在股权激励实施制度中明确指定股东回购股份标的的处理方式，是股东自己保留，还是由回购股东暂为代持以便未来授予其他激励对象。

（3）公司回购

区别于股东回购，由公司回购已授出的股份标的，则意味着公司代表所有股东的权益；而且必须符合《中华人民共和国公司法》关于公司回购股份的法律规定的情形；回购的股份还需在法定时效内进行合法处理；另外，回购的资金由税后利润支出，还将影响公司当期利润；所以，站在利于实际操作的角度，双方通常约定由指定股东回购原授予股份标的，而非公司进行回购是非常有必要的。

【案例 26】某公司股权激励标的的回购约定

（1）案例背景

本案例与【案例 25】系同一家公司，案例背景请参考【案例 25】。

（2）回购条款

- 本金 80%回购的情形，限制性期股认购后未满 3 个月乙方提出辞职的。
- 本金 100%回购的情形，期股认购后满 1 年，仍在锁定期内的；因严重违纪双方解除劳动关系的；乙方因刑事犯罪被追究刑事责任的；执行职务时，乙方存在违反《中华人民共和国公司法》或者《公司章程》及相关限制性管理要求，损害公司利益的行为。
- 本金溢价回购的情形，甲方回购价格为乙方购股本金加同期 1 年期银行利率利息的：根据甲方的绩效管理制度，乙方绩效考核成绩出现不合格的；

乙方被劳动部门鉴定为工伤且丧失工作能力或死亡的；乙方依法办理退休手续的。

企业股权激励标的退出机制的约定在合法、合理的前提下，有相对的自由度，但基本原则是尽量不使激励对象损失认购股份时支付的本金；并且双方一定要进行书面约定。

股权激励标的的退出前提是双方劳动合同的解除，股权激励标的授予协议相当于双方劳动合同的补充协议，其效力应次于劳动合同。换言之，如果双方不存在劳资关系，原则上就没有股权激励标的授予；即使有特殊股份可存续的情形约定，也是建立在双方曾经履行了一定时长的劳动合同的基础上的。

所以，处理好股权激励标的的退出，直接关系到劳资关系的质量。往往与股权激励相关的法律诉讼一定伴随着劳资关系的破裂。追本溯源，激励标的的圆满退出，意味着劳资关系的健康存续；而唯有劳资关系和谐，股权激励项目的实施才有意义，才有可能达到预期的激励效果。

第 5 章

教你实施：股权激励项目

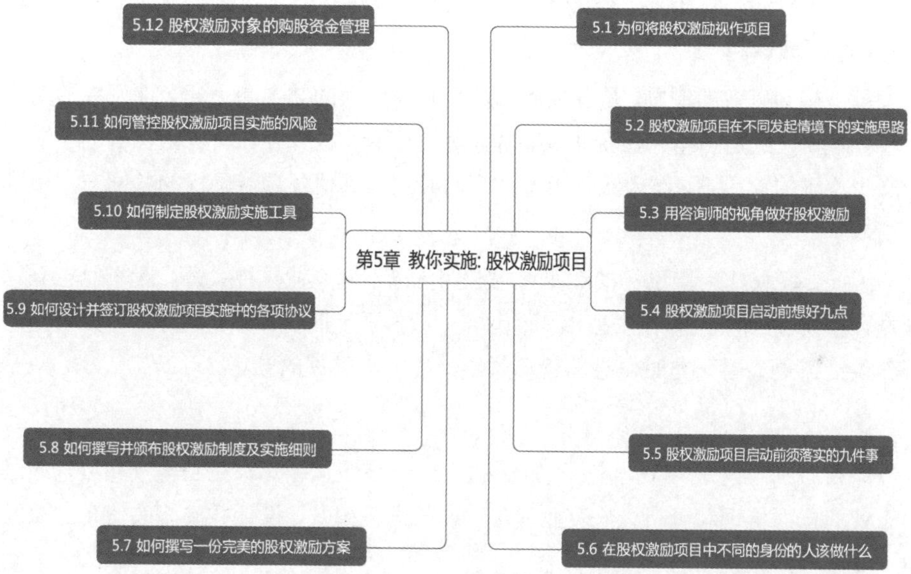
第5章 教你实施: 股权激励项目
5.1 为何将股权激励视作项目
5.2 股权激励项目在不同发起情境下的实施思路
5.3 用咨询师的视角做好股权激励
5.4 股权激励项目启动前想好九点
5.5 股权激励项目启动前须落实的九件事
5.6 在股权激励项目中不同的身份的人该做什么
5.7 如何撰写一份完美的股权激励方案
5.8 如何撰写并颁布股权激励制度及实施细则
5.9 如何设计并签订股权激励项目实施中的各项协议
5.10 如何制定股权激励实施工具
5.11 如何管控股权激励项目实施的风险
5.12 股权激励对象的购股资金管理

5.1 为何将股权激励视作项目

1. 股权视角

股权关系到公司的管理结构、投资与融资、经营决策权、人才的激励等各个领域；更重要的是它关系到企业资本投入和收益的分配机制问题；甚至企业经营的终极使命其实是提升股权的价值。

所以运用“股权”这种具有多项关键利益、权利、责任载体特性的标的进行人才激励，本就不是一个单一的激励制度。

2. 激励视角

员工得到有效的激励，是各项激励体系共同作用的结果和企业全面发展的基本保障。而股权激励是建立在企业保障体系相对完善，极少存在员工因保健因子缺失而产生不满的前提下，作为激励因子之一的股权与其他各项激励标的共同产生激励作用。

因此，股权作为激励标的在企业中应用，离不开企业重视人才、股东愿意分享利益、开放公正的企业文化之土壤的栽培；离不开企业干部班子优秀领导力素养的营养供给；更离不开与时俱进的管理哲学的探索与尝试的升华。

3. 股权激励视角

股权激励不仅是一个方案、一个制度，还是一个需要站在企业全局角度，通过对企业的全面梳理和分析，从企业顶层发展的角度出发，设计并实施的使企业激励更上一层楼的系统工程。

因此，股权激励的实施需要系统的、全面的、科学的项目管理思维，并运用项目管理的实战方法，从明确股权激励的目标开始进行正式的项目立项；严把股权激励的实施过程，管理好股权激励项目的质量和进度；合理配置项目实施的各项资源，控制好项目实施的成本；分别运用不同的激励策略尽量保证股权激励项目干系人的利益平衡；最后获得较好的股权激励项目成果。

4. 具备项目管理的特性

股权激励的实施过程，具备项目的特性，即一次性、独特性、目标的确定性、活动的整体性、组织的临时性和开放性。

（1）一次性

一家企业在发展过程中通常只实施一次完整的股权激励项目。虽然股权在不同的发展阶段或节点授出，但往往运用的是股权激励最初实施时的方案和制度的总指导思想，最初的股权激励之“道”基本不会有大的改变。

（2）独特性

股权激励项目的实施属于企业偶然性工作范畴，往往没有过往经验可借鉴；其涉及的利益关联方也比较多，所以，必须依其独特性单独立项实施。

（3）目标的确定性

既有万千期待，也须明确目标；没有目标，就没有方向；没有方向，停止便是进步。在实际操作中，我们会将股权激励可能的目标全部列出来，包括目标的时效、具体成果的描述、资源约束等，由企业的决策者进行强制排序，最终锁定前三项作为股权激励目标。

（4）活动的整体性

项目中的一切活动都是相关联的，各项活动构成一个整体，缺少某些活动必将有碍项目目标的实现。因此，在股权激励项目实施前，需要对所有必要的工作进行梳理，根据计划，使各项工作有序开展。遇到问题，在评估其与目标实现的关联度是否高相关的前提下，采取相应的解决策略，坚决将目标而非问题导向思维执行到底。

（5）组织的临时性和开放性

股权激励项目正式立项后，企业会正式成立项目组，项目组成员从各个部门借调，项目组只会有详细的工作流程和各职位的具体职责及要求和项目结束后的激励兑现机制。

总之，股权激励若想得到有效实施，必将历经项目管理全过程。而让项目得以有效地实施不完全取决于项目实际操作者在技术层面的能力水平，更重要的是团队成员的合作。

理解项目利益关联方不同的合理需求，尊重每个人价值观的独特性。股权激励项目实施从人际关系而言则是一个不断求同存异的过程，最终达成各利益关联方主观感受相对平衡的目标。最重要的是整个项目的实施能够切实推动企业整体战略目标的达成及组织能力的提升。

5.2 股权激励项目在不同发起情境下的实施思路

企业的股权激励项目真正提上日程，往往都有其不同的发起情境。有的企业计划很久，却迟迟未能启动；也有的企业是某种原因倒逼不得不启动股权激励项目；更有些企业即使在紧锣密鼓地实施股权激励项目，却也没想明白为什么要实施股权激励项目。

企业实施股权激励项目的时间点及实施时所面临的发起情境直接关系到股权激励项目实施的方向和准绳。在本书中，我根据为企业提供股权激励项目咨询的经验总结了八种常见的企业实施股权激励项目的发起情境，不同的发起情境，股权激励项目导入的思路完全不同。

1. 发起情境一：为人才激励

在现实中，经常有企业管理者问我："为何我怎么做，员工都不能像我一样用心？"往往这种情况下，企业管理者对股权激励项目的实施抱有过高的期望，甚至有些管理者将股权激励项目的实施作为激励员工的最后筹码。

企业在管理者带着非理性的人才激励目的启动股权激励项目的情境下去实施股权激励项目，对于股权激励项目实施的主责任人而言，此时的股权激励项目实施的前提是先想方设法将企业管理者对股权激励项目实施效果的期望值拉回到理性范围内，否则宁可暂时不启动股权激励项目。

（1）股权激励不能直接解决员工不努力工作的问题

首先，员工为何不努力工作，这也许是个永远无解的伪问题。

努力本就是一个难以量化的形容词，现实中永远是员工感觉自己已经很努力，而管理者依然感觉员工没有其期待的那么努力。管理者与员工之间对工作状态及结果的期待值存在较大差距，导致管理者产生"员工不努力工作的"主观认知；抑或是这种对"努力工作的认知的差距现象"一直存在，导致员工产生了无力感，认为再努力也难以达到领导满意，干脆不那么努力了。

所以，要想达成企业管理者认可的员工努力工作的状态，必须先明确"什么是努力工作的标准？"同时管理者和员工应就当下努力工作的现状及在未来不同阶段需要达到的努力工作的标准建立统一的认知体系。

管理者可以通过帮助员工清晰地构建努力工作的意义链接。通过自我对话的方式，思考并回答有关努力工作的问题："我为何要努力工作？努力工作对我而言有何价值？努力工作的标准是什么？”通过不断强化努力工作的职业信念，让员工切实感受努力工作可能给自己带来的价值；清晰地意识到公司认可努力工作的标准；明确地知道如果不努力工作可能会受到的惩罚等。

因此，我们有必要了解大多数努力工作的员工的动力。

① 基于主观认可的经济收入

员工的收入多少没有客观的标准，最重要的是其清晰地了解自己的收入结构，了解自己如何获得更高收入，了解与自己同岗位的同事与自己获得收入的关键要素是一致的；员工主观感受自己目前所获得的收入与自己提供的价值输出是基本匹配的。

② 员工认为自己的工作是自己擅长的

员工当下所从事的工作是自己擅长的，或者相信自己未来有机会在企业做自己擅长的工作，甚至是自己感兴趣的工作；同时有机会在企业学习并获得技能的提升。

③ 员工感受到工作环境符合自己的期待

识别员工喜欢公司的环境最简单的指标是，公司里员工看不惯的事儿很少；公司的价值观得到大部分员工认同，公司也会尊重员工的个性，双方在求同存异中找到舒适平衡点。

④ 员工认可自己的上司

员工往往加入的是一家公司，离开却是因为一个上司，甚至可以肯定，员工能否持续地努力工作，主要看其与上司的匹配度。对于员工而言，遇到优秀合拍的好上司，是职场之幸。而好的上司没有太多相处中的违和，可以让员工感受到基本的尊重，感受到相对平等的沟通，感受到只要努力就会有成长的机会；感受到有为才有位的适当压力。

由此可见，股权激励并非是促使员工努力工作的直接诱因。实施股权激励项目与是否可以推动员工更努力地工作有一定的关联性，但没有必然的关联。企业必须明确要解决的是“如何让员工更努力地工作”还是“通过股权激励提升员工的努力工作程度”，这两个问题是完全不同的解题思路，如果是前者，企业需要的是一系列的促使员工努力工作的系统方案和措施而非一个单一的股权激励项目的实施。

（2）如何通过股权激励项目的实施提升员工工作的努力程度

我们需要一次全面的股权激励项目实施环境的内部问诊。我们可以从以下六个方面进行。

① 员工收入不满意度是否偏高

我们可以向外看人才供需市场和供需结构是否利于企业核心人才引进，同时关注企业自身的薪酬水平在同行业及竞争对手间关键岗位的薪酬水平是否具备一定的竞争力；向内看员工收入横、纵向是否公平；了解员工个体收入满意度情况等；这一系列的问诊结果将为股权激励项目如何实施可更好地提升员工收入整体满意度提供依据。

在此特别提示：员工对基本工资不满意度及不满意率过高，如不满意度超过 80 分以上的人数超过总人数的 50%；员工对基本工资不满意造成的主动离职率过高的企业，不建议实施股权激励项目，而是先合理地调整工资收入标准至员工不满意度明显降低后再考虑。

② 人是否尽其才

我们必须站在企业发展的角度，全面分析并预测企业未来需要什么样的人才，评估当前人才整体职业满意度对未来人才内部供给的影响；股权激励项目的实施过程将更利于企业在其发展的不同阶段创造关键价值的核心岗位的人岗匹配度及人才的满意度。

③ 环境健康，是否具备基本的满意度

我们有必要调研员工对工作环境特别是人文环境的整体满意度，如果此项指标得分过低，在整体员工满意度超过 60 分的员工不足 50%的情况下，不建议启动股权激励项目，而是有必要先提升员工对企业整体环境的满意度，否则，实施股权激励项目的效果将不尽人意。

④ 上司是否普遍合拍

我们可以通过开展由下对上的不记名满意度调查及优秀员工主动离职率的分析来评估上司的合拍指数。一个受欢迎的上司，通常只有少数对其不满的下属；若一个上司，其下属对其的不满意人数超过其下属总人数的 50%以上，且其下属历史主动离职率高于企业平均水平，则其很可能是不太受下属拥护或认可的。在这种情况下实施股权激励项目，其激励效果也可能不尽人意。

所以，在实施股权激励项目的同时，相关人员应对公司管理团队进行领导力的培训。

⑤ 员工是否普遍对股权激励有基本的了解

这里主要了解员工对股权激励的理解及员工认为股权激励对自己而言有何价值。只有自己主观理解并认可的事，才可能有兴趣去关注；自己看到的价值，才有可能去追求。

⑥ 基础实施条件是否具备

股权激励项目实施的基础条件是员工对公司发展前景的信心和员工对公司诚信度的认可；只有员工看到公司未来发展的潜力，才愿意为获得公司的股份而努力，同时因为对公司诚信度的认可，他们才敢于把自己的血汗钱用于购买公司的股份。

（3）实施股权激励项目前请修正并统一效果期待

股权激励与员工更努力地工作有一定的联系但并非是因果关系。在高期待的员工激励效果发起情境下，作为股权激励项目实施负责人，你的工作重点是：在实施股权激励项目前让企业管理者对股权激励效果有相对合理的期待。

那该怎么做呢？这里介绍四个重点工作项供读者参考，如图 5-1 所示。

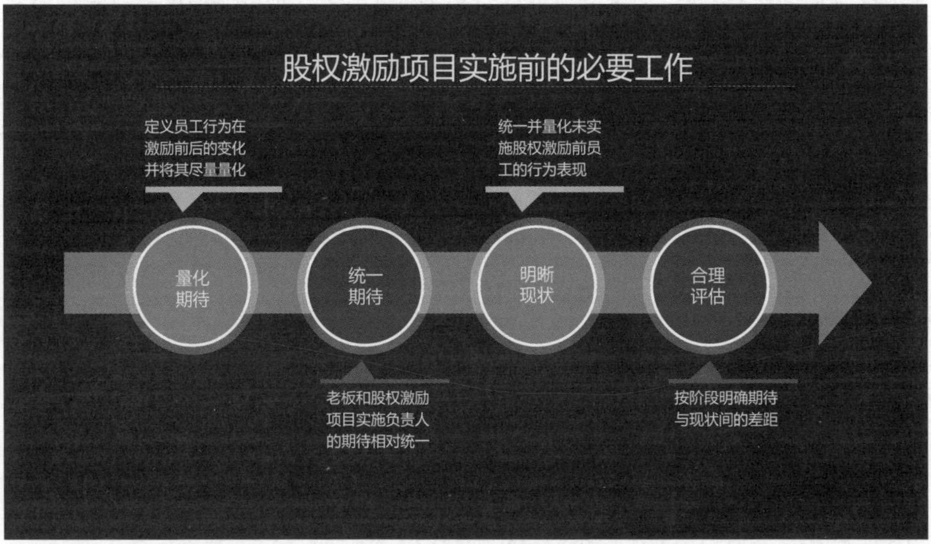

图 5-1

① 量化期待

用一个方法将股权激励项目实施前后的员工绩效结果及行为期待进行量化。例如，将股权激励项目实施一年后的员工努力工作具体对应的期待行为描述出来，如在实施股权激励项目前员工主动延长工作时长每月人均多少小时；产品质量相关指标的变化等。并且将实施股权激励项目前的各项指标值用同样的方式量化并固定，作为用于判断未来激励期待实现与否的参照基数。

② 统一期待

将管理者的期待与股权激励项目实施团队的认知统一起来，大家用同一套体系来评价激励项目实施前后各项共同定义的指标的指数变化。

③ 明晰现状

没有比较，就没有提升；提升永远是相对而言的，而被比较的参照基数则是实施股权激励项目前的现状；股权激励项目实施的效果显现在现状与期待之间的差距上。所以，在不能明晰现状的情况下，股权激励项目不如不去实施，因为没有参照基数，只能凭个人主观感受去评判，没法统一相对客观的结果。

将股权项目实施前员工的绩效结果与行为和员工被激励后产生的绩效结果及行为的变化进行详细的描述并用计分制将员工当前的水平进行量化，并作为未来激励效果评估的参照基数。例如，让员工更努力地工作，变成行为描述可能是员工为客户提供更主动、更热情的服务；绩效反应指标是客户满意度指数的提升或不满意度指数的降低，而当下这项指标被定义为 5 分，未来实施股权激励项目后如果提升至 8 分，则说明股权激励项目的实施在促进员工更加努力工作方面显现出了积极的作用。

④ 合理评估

公司需要合理地评估现状与期待之间的差距，以及达成期待提升目标所需的各项资源与时间，不可揠苗助长，过度要求员工努力工作。对股权激励项目的实施效果抱有过高期待将适得其反。

我们必须清楚的是，股权作为激励标的在人才激励方面是有一定作用的，但没有办法估计其作用的大小；而其在人才激励方面所起到的激励作用的大小，与企业整体物质与精神激励要素的协调性直接相关。一个被员工评价为激励体制公平、激励标的更具竞争力的企业，运用股权作为标的去激励员工，效果会非常好。

2. 发起情境二：为融资

企业实施股权激励项目的目的是为了完成融资计划。包括为创造利于引进外部投资的条件而“不得不”实施股权激励项目，或者以股权激励的方式向员工募集资金，完成阶段内融资。

（1）引进外部融资

企业在引进外部投资的过程中，被投资方倒逼实施股权激励项目或要求明确未来股权激励实施计划。而投资方的需求是在保证投入资金安全的前提下，未来能获得收益。所以，风险点永远是投资方关注的焦点。

如果企业在投资方进入前未实施股权激励项目，投资方会担心其团队的稳定性，以及决策机制的单一性。另外，投资方进驻后企业未来实施股权激励的股份来源是否会造成其股份比例的稀释；或者定价机制是否参考投后公允价值；是否存在以股权激励为名，分享存量而造成投资资金被侵吞的可能性等。

企业在投资方进入后实施股权激励项目，投资方会比较关注股权激励计划整体安排，未来是否还会有授予计划，授予价格如何确定，股份来源是否做了预留等关键条款。

所以，企业无论是否在融资前启动股权激励项目，都应该有基于融资战略的股权激励计划，每步都想在投资方前边，会利于融资计划的完成。

（2）通过股权激励向员工融资

对于已经步入持续稳定经营阶段的企业，如果能通过实施股权激励项目向员工募集资金完成内部融资不失为非常好的方法。但内部融资往往在实际执行过程中难以逾越信任这条隐性鸿沟，操作的难点是让员工相信内部融资仅为企业融资渠道之一，而非唯一。要让员工理解公司实施股权内部融资，不是因为资金紧张、经营困难，需要向员工变相借钱；而是在整体融资计划策略中给予员工分享企业经营成果的机会；员工可自行决定是否通过认购公司的股份，获得未来成为企业股东的机会。

在实际操作过程中，可参考以下注意事项。

- 企业确实进入持续稳定的经营状态，即使不需要融资，也可以活下来；最好每年拿出税后利润的一定比例进行分红。
- 企业具备一定的财务基础和相对完善的内部审计制度；可定期向员工公示企业真实的财务状况。
- 明确企业总股本价值，以及股份定价机制和逻辑，并向员工详细讲解，直到员工理解公司股份定价的机制和逻辑。
- 向员工说明未来内部募集资金的计划，准备将资金投向哪里，预计回报周期及回报率等。
- 发布内部招股书，详细介绍公司历史、管理结构、资产结构、未来发展规划、计划募集资金、资金流向计划、认购限制条款等。
- 起草并签订自愿认购协议书，并明确相应的权利和是否有禁售义务等。

另外，通过股权激励进行内部融资，必须提前关注国家有关非法集资的相关规定，避免操作不当，在无意识的情况下踩到法律的红线。

根据《关于取缔非法金融机构和非法金融业务活动中有关问题的通知》，非法集资是指单位或者个人未依照法定程序经有关部门批准，以发行股票、债券、彩票、投资基金证券或者其他债权凭证的方式向社会公众筹集资金，并承诺在一定期限内以货币、实物及其他方式向出资人还本付息或给予回报的行为。

3. 发起情境三：为管理

企业在管理方面受到威胁或主要股东比较重视公司的所属权，通过启动股权激励或员工持股计划，让一定数量的员工持有公司的股份从而增加企业管理结构的稳定性。

有些企业从始至终都没有上市计划，完全通过内部员工持股计划完成了融资，也解决了公司管理稳定性的问题，如华为、西贝，其实都是非常不错的案例。

企业为使内部管理结构稳定和完善，启动股权激励项目甚至是员工持股计划，需要进行顶层管理布局，具体可以分以下四个层面。

（1）做好股权层面的控制权的顶层设计

股权架构的顶层设计关系到企业未来管理结构的安全。

大股东的持股比例是企业管理的关键。在公司发展的不同阶段，应合理掌控不同股份比例，即 67%（绝对控制权）、52%（相对控制权）、34%（一票否决权）、10%（申请解散公司）、5%（重大股东变动通告线）；持有股份的比例所代表的对公司的控制权的释放节奏。

股权架构的合理性关系到公司管理结构的稳定。公司在做股权架构规划时应避免出现以下两种情况：第一，股权过度分散，所有股东里没有持股超过 1/3 股份比例的大股东；第二，股权分配平均化，所有股东的持股比例一样。由于过度相互制衡，没有直接大股东控股，容易引发未来股东之间的权益之争，在现实中这样的案例屡见不鲜。

健康的股权架构例如，如果是 2 个股东，大股东比例不低于 67%或 52%；如果是 3 个股东，大股东的比例不低于 51%；如果是 4 个或是 4 个以上股东，大股东与任何一个股东股份比例相加不低于 51%或 33%。

巧妙运用持股模式达成融资与控制权的平衡。很多公司引入持股平台模式，通过有限合伙企业这种由普通合伙人和有限合伙人两种不同身份的合伙人构成的特殊组织形式，即普通合伙人（GP），执行合伙事务并承担连带责任；有限合伙人（LP），不执行合伙事务且只有经济收益权；完美地解决了创业团队在不失去对企业的经营决策权的同时，通过将投资方引入持股平台成为有限合伙人的方式间接持有经营主体的股权，而普通合伙人则由创业团队来担当的策略完成不同发展阶段的外部融资。

（2）股东大会为企业最高权力机构

企业可以通过股东大会投票决策权的委托、一致行动协议；及在有限公司法人主体的前提下约定同股不同权；或者 A/B 股模式（目前只有境外支持）等方式来保证在股东大会的投票决策权。关于这方面的详细内容建议读者延展阅读相关内容。

（3）董事会为股东大会服务

企业可以争取在董事会的三分之二席位及董事席位提名权来保证在董事会层面的经营决策权的把控。

（4）经营工具的把控

公司需要把控用于日常经营的营业执照、公章、财务章、高管人名章、财务 U 盾及付款流程的制定权等。

企业不仅要从以上四个层面来完善管理结构，更重要的是需要平衡好股东大会、董事会、监事会、管理人员的关系。股权激励项目实施的前提，也是公司的管理结构相对健康、稳定。股权激励项目科学有效的实施也更利于公司管理结构的优化。

4．发起情境四：为学习

你可能面临，企业管理者刚从总裁研修班学习归来，义正辞言地告诉你，现在很多公司都在进行管理创新、组织变革，我们公司也需要与时俱进啊！企业管理者忽然“觉醒”，终于找到了管理“秘籍”，原来很多企业都在实施股权激励项目，合伙人机制，赋能组织模式，阿米巴，并且要求你，把这些听说过的新鲜玩意儿全部研究一遍，在企业里做试点。

如果在这种情况下实施股权激励项目，你最好在实施股权激励项目前做一份详细的企业管理者提到过的企业股权激励项目实施效果的调研报告，用数据和事实让企业管理者对那些管理之术有相对理性的认识。然后和企业管理者一起，回归到企业本身，运用“第一性原理”的思维全面审视企业的实际需求，共同讨论具体想要解决的问题，制定需要达到的目标，结合企业的资源现实选择适合而非流行的股权激励模式。

如果有可能，与企业管理者共同探讨关于管理有效性的话题，引导其意识到：其实管理的最高境界就是把有关平等、尊重、双赢、价值对等交换等人性基本心理需求方面的常识坚持运用下去；在这过程中我们或许看不到浓墨重彩，但点滴细节却润物细无声地融入组织团队的共同信念和价值观里。而股权激励的实施效果，需要积极向上的企业文化来保障。

一个管理水平高的企业，我们可能看不到他们繁杂的制度，见不到员工看见上司时的点头哈腰，听不到他们慷慨激昂的口号声；他们从不搞什么运动，也不会去营造某种形式。进入企业，迎接你的是一张张真诚的笑脸；映入眼帘的是整个办公场所里的一尘不染和各自忙碌中的秩序井然；听到的是会议室里的各抒己见；感受到的是一种力量的凝聚。

5. 发起情境五：为竞争

如果你的企业处在一个高脑力劳动行业中，股权激励可能就和某些“福利”似的，是标配。实施股权激励项目未必带来多少满意度的提升，不实施股权激励项目肯定会造成满意度的下降。因为你企业中的优秀人才很可能之前就在某 500 强企业中就职被你重金挖角过来的；或者员工本人及之前的同事都获得过股权，或者正在被授予股权，可能大家茶余饭后讨论的话题离不开哪家公司上市了，自己的朋友卖了股份发财了；之前的同事跳槽到某家企业，可能还有期权……

既然如此，何不运用好这些资源，向员工收集行业内外各家企业实施股权激励项目的方案和细节，早做准备，将股权激励作为长期的激励政策，直接内化到企业的激励机制中。

因此，如果股权激励项目在这样的情境下发起，企业应尽量将股权激励的授予前置，甚至在向新员工发送的录用通知书里，明确载明将未来股权激励的授予条件和等待期等细节；员工无须主动询问，只要怀着满满的期待，签字入职，接下来除了认真工作，还有什么事需要担心？

6. 发起情境六：为人才

初创企业，往往没有现金，没有资源，没有环境，但紧缺优秀人才。除了股权，还有什么筹码可以吸引优秀人才加入？

在这种情况下，企业运用股权标的去吸引人才，吸引资源，吸引技术是智者之举。这个阶段中的企业称不上实施股权激励项目，而是运用股权吸引优秀的合伙人。所以在运用股权作为标的的过程中，如何既能通过授予股权引其所需，又能不失去经营决策权是关键。巧妙地运用虚拟权益，如账面价值增值权，度过公司与新进人才的磨合期后，再结合延期支付和回偿完成虚拟转实股的合伙人引进机制，为未来建立共同创造价值、共同承担责任、共享公司收益的激励机制打好基础。

7．发起情境七：为接班

企业创始人已非盛年，谁来传承自己打下的江山？如何将接班人扶上马，送一程？股权激励或许是上策。

这种情境下的股权激励，不如换成股权奖励；用股权换信任，用股权释兵权。常言道：让美归功，此君子事；分怨共过，此盛德事。让出一部分股权，奖励给元老，让他们甘心退居二线，颐养天年；让出位子给新人，并为新人提供必要的指导和帮助，为公司未来的发展注入新的活力。

8．发起情境八：一片空白

企业中的大多数人未关注过、不了解、甚至从未听说过股权激励。有些企业的管理者对股权激励的理解也仅限于让员工出钱购买企业的股权，换言之，他们认为股权激励就等于出资购股。

在这种情境下实施股权激励项目，项目负责人首先要做的不是股权激励方案怎么策划，股权激励标的怎么分配，而是先分别针对不同的对象群体，进行“扫盲式”培训。让企业的管理者和员工尽可能地理解有关解股权激励的知识，尤其是与他们的利益直接相关的内容。只有经过一系列的培训和问题答疑的过程，你才可能把他们拉到股权激励的“频道”上来与之对话，才有可能将股权激励项目顺利实施，并且产生激励效果。

我们每个人每天都需要走路，同是在路上走，有人先迈左腿，有人先迈右腿；有人快走，有人慢慢溜达；有人哼着小曲，有人眉头紧锁。股权激励与其相似。有的企业需要未雨绸缪，做详细的预案；而有的企业则水到渠成，直接可以出具体政策并公布；有的企业可以快速见到效果，而有的企业可能什么激励效果也不会显现；有的企业顺利实施股权激励项目后成功上市，而有的企业可能根本不具备实施股权激励项目的条件。

所以，“凡事欲则立，不欲则废”的说法至少提醒我们在实施股权激励项目前，有必要对实施股权激励项目的背景有所了解，做则事而行的智者。

5.3　用咨询师的视角做好股权激励

1．为何是咨询师视角

其实我们大多数人所从事的职业，或多或少都有提供咨询的过程。甚至我们每天的生活，都在接受咨询或为他人提供咨询，只是我们自己没有意识到而已。

那么，什么是咨询呢？当有人向你问路，你告诉他如何走；他按照你提供的信息去走，路是他自己去走；这时候你提供的就是咨询。如果你告诉他，我直接带你去吧，这是言传身教。如果再进一步，你问他，你要去哪里做什么，我帮你去做吧，这便是代理了。

三者最大的区别是，行动责任的转移程度不同。咨询，行动的权利和责任未进行转移，依然在咨询需求当事人那里，即使你为对方提供了咨询，但其是否按照你提供的咨询方案去付诸行动，权利和责任依然在当事人。而言传身教的过程，发生了部分行动的权利和责任的转移；代理则是行动的权利和责任则完全发生了转移。

因此，当你向"需要去进行选择而行动的人"提供建议时，你就是在提供咨询。当你不能直接控制某人，而你希望他们能够倾听你的建议时，你所面对的就是咨询师的困境。咨询的特点是：建议你可以提，行动与否及如何行动的决定权不在你手里。换言之，其实咨询的本质很多时候是你在"售卖"你的价值观、专业知识、你看问题的视角、你的人生哲学。而咨询的目的往往是为了"改变"，让被咨询的人学习新的思想、新的知识、新的技能；迎新便是弃旧的过程，唯此才是改变发生的根本，而改变本身就是反人性的，没有人愿意被改变，除非他自己发自内心地意识到自己需要改变且看到了改变发生后自己可以获得的价值；而提供咨询的你，只不过扮演了一个让被咨询者发现改变的意义的引导者的角色。

诚然，我们必须面对一个现实，我们每天都不得不主动地或被动地为他人提供咨询，也在主动或被动地接受着咨询。

（1）咨询与股权激励项目的实施有何联系

让我们以另一个视角来审视股权激励。

- 谁的事？全体股东的事。
- 谁说了算？总之不是项目负责人。
- 谁是受益对象？直接的受益对象是职业经理人或者员工；间接的受益对象是公司。
- 谁来主导项目的执行？项目负责人。
- 谁是实际操者？不止一种角色。

股权激励项目负责人的大量工作内容都是在提供咨询服务；而咨询服务的对象还并非一种角色，他们都是股权激励项目的利益相关者，任何一方都有可能导致股权激励项目推进困难，甚至是停滞；所以，从项目管理或咨询的角度而言，他们都是项目负责人的客户，而项目负责人唯一能做的，其实只有为其提供咨询服务；股权激励项目是否得以顺利实施，其实是项目负责人站在外部专家咨询者的肩膀上做好内部咨询的过程。

2. 内、外咨询师

股权激励项目的实施其实是内、外部咨询衔接的过程；我们将内部由项目负责人主责的工作项视作“为内部提供咨询的过程”；将外部由聘请专家负责的工作项视作外部咨询过程。由此可见，股权激励不过是一场内、外咨询师共同以“让员工通过获得股权而得到激励”为目标提供咨询服务，从而达成员工更加努力工作，企业目标得以实现的项目成果。

（1）内部咨询师

- 职务身份：股权激励项目负责人。
- 主要职责：股权激励项目实施的全过程的把控和推进。
- 胜任条件：内部关系协调能力，向上管理能力。
- 具备优势：熟悉企业管理者的处事风格，能正确理解企业文化及价值观。

（2）外部咨询师

- 职务身份：外部聘请专家。
- 主要职责：提供有关股权激励的专业咨询，协助项目负责人完成项目实施。
- 胜任条件：熟练掌握股权激励专业知识并结合企业实际为客户提供个性化方案。
- 具备优势：有丰富的股权激励项目运作经验，中立客观不易受内部人际关系的影响。

内、外咨询师各自负责股权激励项目实施过程中的不同工作内容，相互配合，协同作战，各自发挥身份优势。而相同的目标是，让别人接受自己提供的方案及各项建议，顺利实施股权激励项目，并达成项目目标，从而获得自己所需要的价值。

3. 咨询师必备三大技能

这里的咨询师并非是指从事咨询师职业的咨询师，而是指大部分工作中都需要的通过向他人提供咨询服务而达成目标的人。而向他人提供相对完整并且有效的咨询须具备以下三种必备技能。

（1）专业知识和技能

什么咨询主题对应什么专业方向。股权激励项目需要的专业技能主要有以下几方面。

- 股权顶层设计：包括企业战略分析、商业模式及业绩增长逻辑梳理、融资路径分析、股权架构布局确认或设计。
- 股权激励实施：营收逻辑推导、股权激励方案策划并呈现、制度及协议拟定、操作工具制作、各项必要培训及问题解答。
- 外围知识技能：人力资源体系搭建、薪酬福利及激励系统的设计、绩效管理、税务及相关财务知识、股权激励相关法律条款的熟悉。

（2）人际交往技能

人际交往技能是我们从事任何职业所必备的技能，同时也是影响我们幸福指数的关键要素之一，而人际交往技能主要表现在哪些方面呢？根据个人理解及在实践中的感悟，总结为以下六个方面，供读者参考。

- 转化：将各种理念转化为不同角色可接受语言的能力。简而言之，就是针对不同的人用不同的语言模式讲解复杂理念或概念的能力。真正有效的沟通是，对方听到了什么，而不是你表达了什么。
- 倾听：倾听对方真实诉求的能力。通过对方表达的内容，分析或感知部分真实诉求的能力。例如，很多企业经营都会讲，我希望把钱分给真正创造出价值的人，而其语言表象后真实的需求可能是能否为他提供更加奖罚分明的绩效考核方案。更有甚者，其真实的诉求是希望降低奖金发放额度。
- 支持：在合适的时间、适当的场景主动给予支持的能力。智慧的人懂得审时度势，在对方最需要或者适宜的情境下给予一定的支持，这种支持，多数是精神层面的。例如，当一个人在伤心地哭泣时，更有效的精神支持是，在其哭泣一会儿后轻轻递给其纸巾，并且静静的与其并排成45度角而坐，无须讲话，可视当时情景，轻轻把手放在对方后背上部或肩部待其情绪平息后，由对方决定是否讲出原因。
- 争论：适度与他人争论的能力。适度的冲突有利于问题的解决。理性的、符合场景的、可促进对方思考的争论非常有必要，也是人际交往过程中一种难能可贵的能力。例如，我曾在倾听了一家企业的CEO向我抱怨他最得力的一位职业经理人如何不尊重她后，忽然严肃地反问她："你说的这些，与你今年公司目标的达成之间有何关系？"她愣了许久，像是被当头棒喝："也是哦！你说的对，我又犯老毛病了！"
- 维系：与他人维系关系的能力。擅长适度表达疑虑，适当自我暴露；人与人之间关系的密切程度，与其互相向对方所暴露的隐私程度有相关性，隐私暴露级别越高，关系越亲密，如图 5-2 所示。

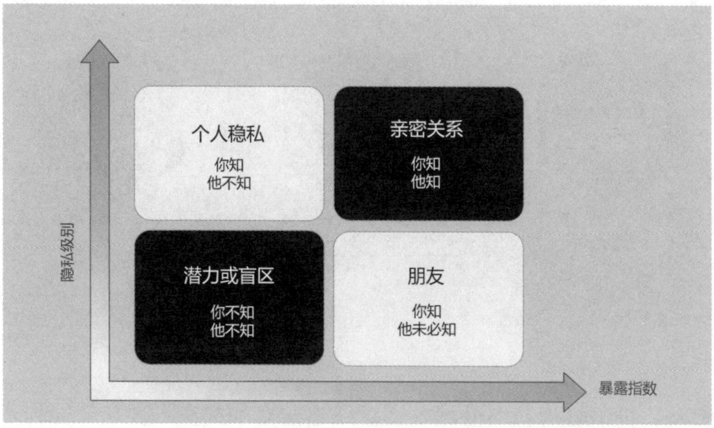

图 5-2

亲密关系：隐私级别和暴露指数最高。几乎你知道的，对方也知道。

朋友：朋友与你的关系，取决于双方互相暴露的隐私级别高低。你知道的事你的朋友有的知道，有的不知道。

个人隐私：你轻易不愿意暴露的，只有自己知道在合适的时间向合适的人暴露，反之，则可能反映出自己的不成熟。

潜力或盲区：你也不知道，他人也不知道；属于自己的潜力或者是盲区，需要被激发或者被发现。

- 相处：我们每个人都在与自我相处、与他人相处、与环境相处。而相处最重要的是与自我和谐相处的能力。精神分析学家弗洛伊德曾提出了“本我、自我、超我”的概念，以解释意识和潜意识形成和相互关系。“本我”代表人类相对原始的欲望，受意识遏抑，但往往发生在潜意识层面；“自我”负责处理现实世界的事情；“超我”是良知或内在的道德判断。与自我和谐共处是用自我维持超我与本我间的平衡，即不过度压抑本我的合理需求，也要让自己的大部分行为符合社会基本规范。

（3）咨询技巧

作为咨询师，或者为他人提供咨询，往往管理好目标和运用好咨询的流程比咨询内容更重要。我将股权激励项目咨询流程总结为五步，如图 5-3 所示。

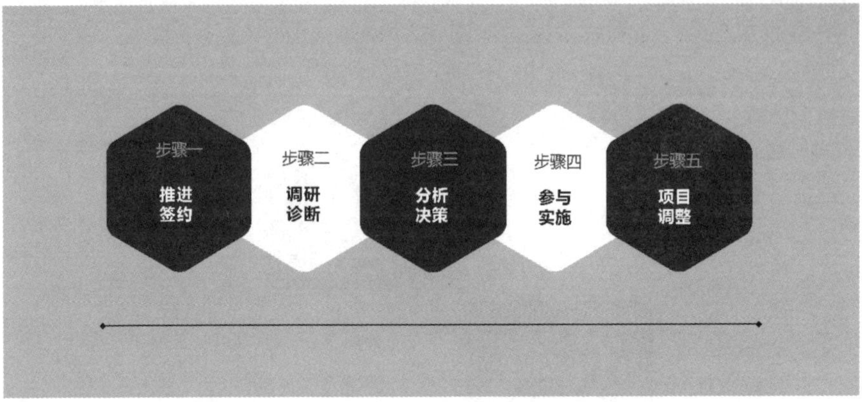

图 5-3

- 步骤一：推进签约。探讨并确认具体要解决的问题，评估咨询师（广义）可否胜任工作；将咨询师与客户对目标的期望进行统一并确认；沟通并确认咨询开始的时间；共同探讨并确认咨询的流程及阶段性成果。
- 步骤二：调研诊断。充分了解具体问题及客户所拥有的资源与能力，提供并呈现专业的调研诊断报告。本阶段关注重点包括向谁获取信息，采用什么方法获取信息，应当收集哪些数据，调研过程需要多长时间，咨询顾问与客户不同角色间的分工细则及合作模式。
- 步骤三：分析决策；整理并向客户呈现前期对话的结果，尽量向客户呈现精简的数据及有代表性的问题，设法打消客户的疑虑，推动并引导客户进行部分及全部决策。
- 步骤四：参与实施。将步骤三中的决策进行细化，形成可执行的工作计划；组织并实施必要的扫盲培训；根据实际情况不断调整计划，可先选择试点稳步推进。
- 步骤五：项目调整。结合项目试点的分析，做出试点是否进行推广的决策。项目终止或重启调整；项目的终止是咨询工作的一个合理而重要的组成部分，对我们有价值的是，项目进行过程中的经验总结和复用。

以上咨询过程贯穿项目整个实施周期，而项目负责人在整个过程中工作的重心始终是在目标导向的前提下，把控流程，通过影响他人与自己共同达成项目目标。而项目实施流程中所指的客户是广义的服务对象。

4. 识别并处理抵触

提供咨询的本质是让他人接受而未必去付诸行动的建议，本书前文曾提到过，

“改变本身就是反人性的，没有人愿意被改变，因为改变意味着否定自己原来认为正确的信念，而信念是人们自己人生哲学的总结”。所以，发生抵触是咨询过程中的常态，当然也是在股权激励项目实施过程中必然会遇到的正常现象。

（1）如何识别抵触

对方或客户究竟在抵触什么？从外显表现形式可能未必能直接识别其真实的诉求，但稍做分析，发现其真实诉求其实并不难。注意以下 14 种抵触表现。

- 要求提供更多细节。
- 为你提供大量不相关的细节信息。
- 想做，就是时间太紧。
- 说你不切实际。
- 这事在意料之中。
- 攻击是客户另一种形式的抵触。
- 困惑，不断求助，反复解释还是不停地说困惑，很可能是变相的抵触。
- 沉默，无论你提供什么，对方不做任何反应。
- 理论化，讲些与进展无关的理论。
- 说教，和你说一通大道理。
- 顺从，你说什么就是什么。
- 方法论，和你讨论各种方法，但不行动。
- 迅速好转，忽然间态度转变。
- 急切地寻找解决方案。

客户通常在抵触什么？外部表现的背后很可能隐藏着以下原因。

- 现实比你知道的复杂。
- 可能关系到关键岗位的人事变动。
- 不愿意暴露不满。
- 不能胜任岗位的管理者不愿意直面能力不足。
- 组织中派系倾向复杂，管理者不愿意引起动荡。
- 管理者的上司是某些问题的根源，其不愿意面对上司。
- 组织提供的产品或服务市场萎缩，没有信心。
- 管理者不想做出改变或没有勇气改变。
- 管理者可能需要面对自己曾经的错误决策，面子上过不去。
- 员工需要的资源恰恰是管理者不想提供的。

客户抵触的真实原因，从更深层次的心理原因分析，与以下几方面有关。

- 潜在顾虑，习惯了掌控，不愿意面对失去掌控感的脆弱。
- 恐惧与希望的纠结，又想获得想要的，又怕失去不想失去的。
- 依赖他人，但缺乏相信他人的勇气。
- 期待得到证实，而非改变；希望通过你证明他是对的。

其实很多看似的抵触，未必是真正的抵触。大部分的抵触，都与你无关，理性地识别抵触，对应对和处理抵触非常重要。

（2）抵触心理的应对

抵触是一种情感过程，而非理性的思考，没有标准的范本，只有人性的弱点。识别抵触并先从自我心理调节开始，是处理好抵触的关键，这一过程，是悄无声息的。

- 判断：通过各种外显形式的细节，判断抵触情绪的产生。
- 理解：视抵触为自然过程，理解抵触情绪存在的合理性。
- 鼓励：鼓励客户直接表达抵触情绪。
- 接纳：不要认为抵触就是针对你的。

发自内心地接纳抵触，其实是与自己和谐相处的过程。之所以你不能中立、客观的看待对方的抵触情绪，不能理解抵触存在的合理性，往往是因为自己潜意识中某种情绪的投射；在遇到抵触时无意识启动内心错误的信念，将对方正常的抵触解读为对自己的敌意。

学会中立、客观地看待身边的每个人，每件事；用心去理解“独特“一词存在的意义，用智慧的眼睛去发现世界每个角落的独特之美；用”每个人都是独一无二的”的信念，破除阻挡你改变和成长的思维陷阱，理解自己，理解他人，你的人生将充满无限可能。

（3）如何处理抵触

时刻提醒自己，你是咨询提供者，不是代理者，最终采取行动与否是对方的事情，主动权在他那里，你可以影响他，但未必能改变他。因此，有些抵触是不需要处理的，至少是不需要马上给出反应的。

客户实际上比你更有经验、有能力做成他想做的事，他们通常只是被心魔暂时遮住了眼睛，束缚了手脚；他们需要的是你用专业的方法帮助他们发现并接纳自己害怕失败的弱点，他们需要你通过咨询帮他们厘清思路，他们需要你赶走阻挡他们相信自己有潜力达成目标的心魔，他们需要你带给他们采取行动，一步步向目标迈进的信心和力量。

只要你的心里装着和客户一样的目标，所有的问题都会为你让路。遇到抵触你可以先在心里做以下三步处理，注意，我说的是心里，不是实际采取行动，以下这些是心理活动的过程。

- 第一步：慢慢收集信息，只是收集，证明你发现了，仅此而已。
- 第二步：试着在心里用客户的语言描述抵触情绪，只是描述，不加任何主观评价。
- 第三步：保持沉默，看客户接下来如何反应，进一步分析抵触产生的原因。
- 第四步：区分原因是外界环境更多，还是客户自身心理反应。

只要清楚抵触产生的原因，如果可以，先暂停推动项目进展，与对方坐下来，用些时间鼓励其说出真实的想法，和对方站在一起，理性评估资源和环境，制订切实可行的计划，在不断调整中前行。

用咨询师的视角和思维去实施股权激励项目，跳出股权激励项目本身，站在高处，俯览全局，你会发现：企业需要让一群人共同去完成企业目标，让一群人共同去遵循企业的价值主张，让一群人通过实现自我的价值实现而间接实现企业整体价值的提升。

如果说领导力是企业实现这一切的道，那股权激励不失为其术之一。而咨询的思维和视角，则是站在了领导力之道的层面，从解读并顺应人性的弱点出发，从根本上为实施股权激励项目开启了心门。

5.4　股权激励项目启动前想好九点

在股权激励项目执行前，有必要对项目执行结果影响较大的关键事项进行确认和预案。我们可以从以下九个方面提前布局。

1. 界定工作范围

股权激励虽为一个独立的项目，但其顺利实施是公司各种资源、各项工作、各个部门共同协作的结果。

根据实际需要，要有所为有所不为。例如，公司已经提前预留了用于股权激励的股份标的，并采用有限合伙企业的主体形式代持股份，那股权激励项目的实施可以视作员工持股平台内（有限合伙企业）合伙人的股份分配，无须考虑公司整体股权顶层设计或者股份来源的事项。再如，公司之前一直在实施绩效管理，绩效考核结果可以直接与股权激励的兑股策略进行对接，否则可能需要同时设计绩效考核机制。

清晰地界定在股权激励项目实施中需要做什么，不需要做什么，将工作边界划分明确，更利于大家将时间和精力集中在关键的事项上，更高效地达成项目实施的预期。

在实践中，我们可以用多维视角界定股权项目实施的工作范围。

（1）向上界定工作高度

股权布局是否确定？如果股权激励项目的启动是在股权顶层架构已经确定的前提下进行的，股权激励池通常已经进行了预留，股权激励的标的授予则在股权顶层布局确定的框架下进行。如果股权架构没有经过科学地设计，股权激励项目应该纳入股权顶层设计的工作范。

（2）向外界定工作宽度

股权激励属于企业激励体系设计范畴，与企业各项激励标的共同构成企业激励系统，在股权激励项目启动前需要评估并界定，是否将其纳入其他激励设计甚至人力资源相关工作范畴。例如，岗位价值评估、绩效管理、胜任素质模型、领导力提升等因素对股权激励项目能否落地影响较大；如果企业在股权激励启动前上述有关人力资源发展规划方面的基础工作较弱，则应将其纳入股权激励项目工作范畴中来。

- 岗位价值评估结果是股权激励标的授予时的必要依据之一，也是企业付薪的重要要素之一，企业有必要建立属于自己的岗位价值认定评估标准，在一定的民主参与机制下，确定各岗位在不同发展阶段中的相对价值。
- 绩效管理是股权激励标的授予及兑现策略的基础。企业需要具备一定的管理基础，才能实施股权激励项目，至少要做到相对客观公正、赏罚分明。
- 胜任素质与任职资格之间的差距是人力资源在同样的职位上努力提升的目标，也是股权激励标的配股和兑股激励要素，企业需要通过胜任素质模型的建立与任职资格体系的打造来提升企业的核心能力。
- 领导力提升贯穿企业所有激励机制的有效实施全过程，再好的激励标的，没有有效的领导力，也难以显现激励效果。

（3）向前界定工作长度

股权激励属于长期激励，短期难以见到成效。实施股权激励项目一定要将视角面向未来，以终为始，倒推当下的计划和策略，向前看多长，每段倒推多久，关系到整个股权激励项目的布局及各个阶段的工作重点。

（4）向内界定工作深度

股权激励项目实施的过程，对企业内部来讲，表层是一项物质激励制度；浅层是人才自我激励动机的助推机制；深层是对企业人性假设的认知体系的拷问。股权激励项目实施后的激励效果，与过程中各项工作的深度直接相关。

企业对人性持“偏勤快或偏懒惰”抑或是“既勤快又懒惰”的假设。不同人性假设的价值观，决定了整个股权激励项目实施过程中的底层价值观。例如，持“人性偏勤快”价值观的企业，更愿意先行支付权益而后实施考核来验证激励的有效性；反之，持“人性偏懒惰”价值观的企业更倾向于先看到成果，再支付权益。相同的标的，两种不同的人性假设导致股权激励效果会截然不同。

对于实际操作者而言，需要从各个环节和细节深度挖掘股权激励对企业价值观的影响和作用，采取适合企业的激励标的、授予形式以及配股、兑股策略等，尽可能产生对人才由内而外的激励作用。

2. 进度预期管理

股权激励项目的实施过程是项目管理的过程，所以进度的把控也是其工作重点之一。我们可以从以下几方面对股权激励项目实施过程进行时间及进度的管理。

（1）项目启动时间

这里仅指股权激励项目的启动时间，企业可以选择企业的年度结算周期的起算点作为股权激励项目的启动时间，也可以将企业战略计划的起点作为股权激励项目的启动时间，或者标志性事件，如某轮融资成功；某批优秀人才加入企业或工作满一年等；总之，尽量选择对企业而言有意义的时间点作为股权激励项目启动时间。

（2）关键成果完成时间

我们可以把股权激励项目的实施过程分为前期调研阶段、设计初步框架阶段、项目关键要素讨论并确定阶段、股权激励方案策划阶段、方案讨论并确定阶段、方案培训答疑阶段、方案转化公示制度并实施阶段、股权激励项目收尾并结束阶段。

各阶段的成果及时间点把控如表 5-1 所示。

表 5-1

项目阶段	主要成果	时间
前期调研	调研报告	一周
设计初步框架	思路构架图	一周内

续表

项 目 阶 段	主 要 成 果	时　　间
关键要素讨论并确认	要素确认备忘录	取决于领导层决策效率
股权激励方案策划	方案文档	两周
方案讨论并确定	会议备忘录	取决于领导层决策效率
方案培训答疑	培训记录及反馈记录	一周
方案转化制度并公布实施	公示制度及签字确认记录	取决于项目总周期
股权激励项目收尾并结束	项目总结	一周

（1）费用支付时间

费用支付时间的管理关系到项目的实施进度，需要建立在预算审批预案的前提下按照相应的时间点进行费用支付并保障支付的顺利。

（2）各项工作最晚截止时间

在股权激励项目实施过程中，有些工作时间尤其是需要领导层给出决策结果的事项的时间不容易把控，作为项目负责人，可以给出每阶段工作截止时间；或者以结构化问题库的方式引导决策层尽快给出结果。

3．预算成本合理

这里的预算有广义与狭义之分。广义的预算包括股权激励标的的成本预算；狭义的预算仅指在股权激励项目实施过程中产生的费用。

我们从广义的角度总结股权激励项目实施过程中所需要的成本预算，如表5-2所示。

表 5-2

费用产生项	预 算 额 度
聘请外部专家	20万元～50万元；取决于公司基础管理水平和聘请专家的渠道
项目参与人员工资	不额外支付，按其原工资及工作量进行核算
激励标的	如果是无须支付对价的激励标的，则需要提前预算费用额度
注册费用	如果需要持股平台，则需要注册有限合伙企业的费用

股权激励项目实施过程中的成本管理，侧重于支出项及支付流程的合规合理。费用控制应本着效率优先的原则，提前设计审批权限及支出流程；项目组提前进行各项费用的预算额度及支出的节点及流程，报公司审批，避免由于费用支出不利影响项目的正常进度及实施效果。

4．激励效果预期

关于激励效果的预期，前文我们曾用一定篇幅详细介绍过，这里再次强调，激励效果的预期管理是建立在项目组与公司股东及高层管理者就激励效果有相对统一的期待及共同的衡量标准的基础上。在此前提下，可以通过员工信任度分析、项目实施前的扫盲或针对性培训、激励模式的选择分析、领导层的预期管理等来提升激励效果预期的达成度。

5. 成立股权激励项目组

股权激励项目立项后需要成立项目工作组。项目工作组的成立由哪个部门负责，项目管理工作由谁具体承担等事项，要提前讨论并确认。

股东大会为股权激励项目实施的最高权力机构；董事会为股权激励项目的发起机构；监事会是股权激励项目实施过程的监督机构；薪酬委员会为董事会下设机构：负责股权激励项目的实施，组织成立股权激励项目工作组。

通常情况下，项目工作组必备角色有：项目负责人、外部股权激励咨询专家、法务、财务、管理层代表、拟激励对象代表、普通员工代表等。

6. 保障沟通有序顺畅

为确保在项目实施过程中沟通顺畅，项目启动前工作组有必要提前商讨并确认以下具体事项：向谁分别收集必要的信息；不同的问题，需要什么样的沟通策略；关键问题的回答如何统一口径；不同信息的提供者或对接人，应尽量从始至终是同一人；既使在框架下工作，也需要灵活变通机制等。

7. 风险管理

风险点的预测及识别是控制风险发生的前提。在股权激励项目实施过程中可能的风险点有以下几个。

（1）法律风险

股权激励项目的实施需要遵从的基础法律有《中华人民共和国公司法》，对于上市公司而言，需符合《上市公司股权激励管理办法》；国有控股或参股企业需关注专项法律法规条款。

（2）税务风险

税务风险主要可能涉及股权转让过程中的企业所得税及个人所得锐，在股权激励项目实施过程中应有财务部门涉税对口负责人全程参与核算与税务筹划。

（3）管理风险

管理风险主要发生在企业与激励对象间的劳动关系破裂，导致双方发生劳资纠纷。股权激励项目的实施前提是劳资关系健康且相对长久。所以在股权激励项目实施的后期，需要进一步提升公司整体领导力水平；同时不断加强对员工关系的管理，才能进一步保障股权激励的效果。

（4）操作风险

由于股权激励操作的风险点较多，通常有股权架构设计不合理，包括但不限于：平分股权、一股独大、股权过度分散及隐性股权代持、公司章程约定不详、股东间协议要件缺失等引发的股东间的纠纷。股权激励方案不科学，有失公平合理及实施过程不透明，股权标的授予不明确，书面约定不清楚等风险。

8. 聘请外部专家

聘请外部专家比较理性的做法是，选择合适的咨询专家而非选择机构的知名度。咨询行业的特点是专业的咨询师就是生产力，选择与自己企业实际情况匹配且志同道合的咨询专家更利于提升股权激励项目的实施效果。

聘请股权激励项目咨询专家可以参考以下要点。寻找擅长企业长期激励设计及股权激励项目运作的专家，同时擅长企业股权顶层设计者优先；避免掉进寻找律师操作整体项目的误区。

签订聘用合同时需注意，咨询师为哪家企业主体服务，最好用相应的经营主体签订合同，若服务内容超出签订合同的经营主体，企业应进行特殊约定。

在费用约定方面需注意，是以项目还是服务时间周期为结算依据；现实中我们经常遇到的情况是，股权激励作为一个单独的项目实施对企业的基础管理工作有一定要求，否则项目周期较长。

在此，我给读者的建议是，企业具有一定规模，有相对成熟的管理体系，有独立运行且相对有序的人力资源管理部门，可以选择项目制咨询服务模式，相对费用更经济，通常项目周期为2～3个月；企业规模小，基础管理弱，可以选择经验丰富，但知名度未必高的咨询师进行年度咨询服务合作，使股权激励项目的实施更加合理。

9. 利益关联方管理

任何项目的实施，离不开利益关联方管理。股权激励项目利益关联方间的利益平衡有相对难度。

（1）股东

- 原始创业股东关心企业的控制权和股份标的出让后的激励预期，以及不同情况的退出机制是否完善。

- 财务投资股东关心股权激励项实施后是否会造成其原有股份被稀释；担心存在经营团队利用股权激励变相占有或侵吞其资产的风险；在意股权激励项目的实施对推动企业上市的作用。
- 职业经理人股东在意新进股权激励受让股东的股份分配机制是不是公平。

（2）激励对象

- 希望能用最少的自筹资金获得最多的股份权益。
- 关心股份分配机制及授予和兑现策略的公平、公正、公开。
- 关注股份标的的退出机制。
- 担心公司未来的发展潜力，公司的诚信。
- 最担心的是自己的购股本金是否会损失。

（3）未来潜在激励对象

- 关心未来自己获得股权激励的可能性。
- 关注身边的同事获股的原因及数额。
- 关注公司接下来的股权激励计划安排。

（4）其他

- 各部门直线经理关心分配机制的公平性；在意本部门普遍获股人数占比。
- 股权激励项目负责人在意项目实施过程中关键角色对自己工作的评价。
- 外聘专家在意项目实施的公司背景和项目规模及项目的进度和结果。
- 项目组成员在意项目带来的个人工作量和对应的奖励等。

股权激励项目的最大特性是偶然性，因此对利益关联方而言，会经历一个接受和应对变化的过程。不同角度的利益关联方在项目进展的不同阶段对其关注度不尽相同。作为项目负责人，需要在不同的时间应对不同的利益关联方，站在利益关联方的价值角度，运用不同的引导策略，做好利益关联方的管理。

5.5　股权激励项目启动前必须落实的九件事

在股权激励项目启动前，除了要做好上述九个方面的布局，更重要的是需要落实以下九件事。

1．取得股东大会的书面决议

股权激励实施的前提是全体或部分股东的利益和权利的让渡，所以在实施股权激励项目前必须取得三分之二以上股东表决通过并签字的书面决议。

2. 外部专家到位

无论选择知名咨询公司还是直接邀请咨询专家，在股权激励项目启动前，必须保证专家已进场，并能够全程参与股权激励项目的实施。

3. 确定项目组团队成员

公司正式公布股权激励项目组成立，公布项目组具体成员名单及主要职责分配。

4. 确定项目组工作模式

讨论并确定项目组的具体工作模式，是聚集在一起办公，还是每周约定时间召开碰头会；遇到什么问题如何反馈并获得支持和决策意见，对外宣传口径及接口人的确定；项目组工作汇报形式，是内部先汇报后统一由指定人员上报还是另有其他安排等。

5. 确定项目目标

项目组负责人与公司高层确定项目目标及评估标准，并且形成书面文件后在项目组内向所有成员进行讲解并签字确认，确保项目组成员清楚项目总体目标及个人所负责的具体工作与目标间的联系。

6. 确定项目时间

书面确定项目具体立项时间，以及项目阶段成果的完成时间，项目总体周期；并向项目组及全公司公布，为保证项目时间安排得合理，可以设置一段时间的公示期，在公示期内无异议的则执行项目公布时间，并相应出台项目延期的责任划分及对应政策。

7. 制订项目工作计划

由项目组制订项目总体计划及各阶段详细工作计划，并与利益关联方进行充分沟通、调整、确认，形成书面文件后分别根据计划内容执行。在执行过程中，遇到需要调整计划的情况，应根据计划所约定的流程进行；出现与计划偏差较大的事项，项目组需要召开临时会议进一步沟通后调整相关计划。

8. 分配项目工作到责任人

根据项目总体工作计划，将工作进行分配，并将每项责任落实到人，争取做到人人头上有指标，事事都有人承担。尽量避免项目组少数人事事都管，其他人只是充数，遇到责任相互推诿，关键事项无人牵头推进的局面。

项目工作组属于组织中的临时机构，为项目实施而成立，项目结束则团队解散；项目成员大多来自公司各个部门，项目组成员在项目组工作期间受原部门上司及项目组负责人双重领导，容易出现进退两难的局面。因此，需要项目组负责人与项目组成员分别就项目组工作量及工作需要的时间，与其原部门负责人充分沟通交流后，将重要职责及要求落实在书面上，进行三方签字确认备案；这样更利于项目团队的管理和项目进度的把控。

9. 进行扫盲培训

实践经验告诉我们，大部分人对股权及股权激励了解甚少。在股权激励项目实施前，有必要对项目组成员、公司高层领导、员工采取分批次，分内容及形式的扫盲培训；确保不同的受众对象不同程度地了解或掌握股权激励相关知识及信息。再次重申一遍，一定要针对不同的对象分别准备适合的内容，具体可参考如下内容。

（1）项目组成员

- 详细了解股权激励的基本概念，激励原理的产生机制。
- 熟悉常用的股权激励标的。
- 掌握常用股权分配机制和兑股策略及持股方式的相关知识。
- 熟悉股权激励项目实操的全部流程，学习相关工具的使用。
- 学习其他有关股权激励必备的知识和信息。

（2）公司高层领导

- 了解股权标的产生激励的原理及相关机制。
- 了解股权激励对股权架构及控制权的影响。
- 了解股权不同的定价策略及优劣势。
- 了解公司需要的激励标的相关信息。
- 了解不同持股方式对经营决策权的影响。
- 了解不同的股份来源的税务筹划。
- 了解股权激励项目实施基本流程及项目周期。

（3）员工

- 了解股权激励对其可能产生的价值及价值的产生原理。
- 了解不同的激励标的对其在认购本金及未来产生价值的影响。
- 了解不同情形下的退出机制。
- 了解授予条件及分配机制，兑股策略及流程。
- 了解股权激励标的的相关责任条款等。

以上为股权激励项目实施前有必要落实的九个重要事项，落实与否的标准，请参考如下内容进行评估，如图5-4所示。

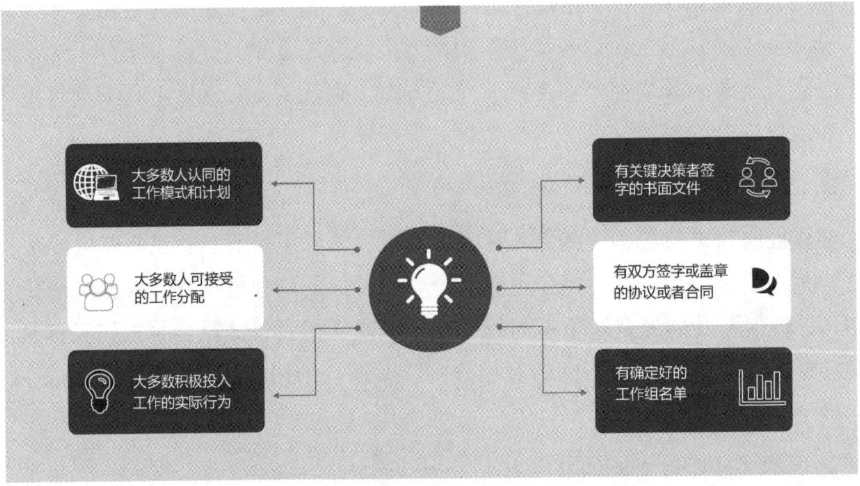

图 5-4

股权激励项目实施前需要想好的九点，需要落实的九件事，尤其需要股权激励项目负责人重点关注。即便如此，也不能确保项目执行过程中不会出现其他突发的事件，毕竟你所承担的是一项关系到多方利益且沟通协调有相当难度的特殊项目。无论如何，你没有办法无视由于人性的弱点所产生的一系列问题：股东或企业经营者碍于面子，不直接向你明示其真实想法；激励对象碍于公司对其的评价，不直接表达合理的担心；项目组成员由于自我价值感缺失，消极抵触等。因此，提前讲好规则，定好流程，确认工作模式，对日后项目过程的管理有积极的意义。

5.6 在股权激励项目中不同身份的人该做什么

在股权激励项目实施中不同身份的需要关注的信息和具体该做的事情差别较大，为此，我总结了四种股权激励项目实施过程中重要身份应关注的事项供读者参考。

1. 我是老板我该做什么

在此，我们先要明晰老板的不同含义。这里所指的老板包含以下几种情况：是公司控股股东，持股比例超过67%或52%，同时任CEO；或者是非控股股东，任公司 CEO；抑或者是 CEO，但非公司股东；当然，还包括只是股东，不担任公司中的任何职位。

总之，在这里，我们统称他们为老板，在股权激励项目实施过程中，他们都需要关注股权激励之道，而非过分钻研股权激励之术；切忌事无巨细，重点把控以下几个重要事项。

（1）选对负责人

作为老板，选人和用人是永远需要面对的要事。以下四个选择股权激励项目负责人的关注点，供读者参考。

- 关注思维方式。是否具备从宏观到微观，先面后点的思维高度和广度；是否思维敏捷，逻辑性强；这是良好的统筹规划能力的前提。
- 关注性格特点；开放、包容、积极、乐观、好学、乐于分享，这些性格特点是良好的人际关系协调能力的必备基础。
- 关注能力水平。是否擅长将正在做的事在短时间内变成自己擅长做的事，具备这样的悟性和行动能力的人才不可多得，如果遇到，一定要重用。
- 其对股权激励项目的兴趣。如果一个人既具备前面三项特点，又对股权激励项目的实施感兴趣，就是非常好的股权激励项目负责人的人选。

股权激励项目负责人，不是战略家，但需要有战略意识；不是企业家，但需要懂经营；不是公关家，但需要优秀的人际关系协调能力。而其在企业原有的身份特征，也将或多或少地影响其作为项目负责人的价值观。

股东成员任股权激励项目负责人，可能会在意个人的股份被稀释，容易产生与激励对象对立的心态；职业经理人、CEO 任股权激励项目负责人，容易为争取更多的股份权益而与股东产生对立情绪；人力资源总监任股权激励项目负责人，容易掉进为了证明自己的能力而影响项目正常进展的死胡同，也可能会担心请外部专家造成上司认为自己能力不足而错失借助外力的优势。

（2）选好咨询师

好的咨询师可遇不可求。与我而言，一名合格的咨询师通常不卑不亢，即有底气告诉你自己真实的建议而将是否达成合作置之度外；又有勇气选择自己可以影响或引导的客户，放弃由于自己的局限性而不能提供帮助的企业。

尽量选择志同道合的咨询师，为此，我总结了选择咨询师的“四能”“三不要”“一道合”原则供参考。

- 一能快速理解并厘清企业的商业逻辑。

- 二能倾听并准确理解企业理念及其发展规划。
- 三能真正站在企业未来发展规划的基础上提出适合的思路。
- 四能运用专业知识及经验和阅历势助企业顺利实施股权激励项目。
- 一不要一味顺从你，听不到不同观点或建议的咨询师。
- 二不要只会强调风险显示自己专业的。
- 三不要只会讲课没有实战经验的。
- 一道合即与自己价值观不冲突且对企业感兴趣者。

（3）学习关键知识

作为老板，时间是最稀缺的资源。关于股权激励，只需学习关键的知识即可，主要有以下四个方面。

- 公司管理：学习股权层面的架构设计；股东层面的股东大会、公司章程、股东协议；董事会层面及经营层面的组织体系、流程、制度、规定、标准、规范等与公司管理有关的知识和基本常识。
- 投资与融资：了解股权投资与融资对股权激励收益的影响，股权融资对股权激励定价的影响。
- 股权激励：学习股权激励的逻辑，不同股权激励标的产生的激励价值，不同激励模式对公司未来股本结构变化的影响，股权激励项目导入流程及总体计划。
- 法律及税务：了解不同持股方式的纳税义务，有上市潜力的公司，需要了解相关法律法规，股份支付对利润的影响等。

（4）把握好要事

在股权激励实施过程中老板需要特别关注股权激励方案是否利于企业战略的达成，是否符合企业未来商业逻辑下优秀人才的引进和保留，并通过以下具体事项对整个项目进行把控。

- 股权激励标的来源的解决策略。
- 授予比例及持股方式对投票表决权的影响。
- 股权激励项目的实施对利润的影响及对资金流的需求。
- 股权激励模式的选择过程及结果。
- 股权激励标的总量及分期授予标的的量的把控。
- 股权激励项目的实施对企业融资及企业未来上市计划的影响。
- 股权激励标的总体授予、行权、解禁、退出条件等。

（5）准确提供信息

股权激励项目实施的进度及是否可以达到激励预期，与企业经营者可否在关键的时间节点提供准确的信息的相关度极高，重要的关键信息如下。

- 清晰的企业使命、愿景、价值观。
- 清晰具体的战略发展规划及阶段目标。
- 有计划的资金需求，有节奏的融资路径。
- 三年内经营策略及具体计划。

作为企业经营者，在股权激励项目实施过程中，要有所为有所不为；站在制高点上放眼全局，选择性地参与其中，在重要事件上做到有的放矢。

2. 我是项目负责人我该做什么

作为项目负责人，先要熟悉股权激励全盘操作实务；此外，在以实用为导向的基础上，可以选择学习以下六个方向的知识，并将其转化成相关技能，更利于项目的顺利实施。

（1）股权激励（认真阅读本书）

- 股权激励相关理论知识。
- 股权激励项目操作流程及实施细则。

（2）企业战略（可选择相关书籍进行拓展阅读）

- 企业战略分析，会运用一些基本的分析工具。
- 商业模式及各项财务指标增长逻辑。
- 企业组织模式规划及组织发展。

（3）人力资源（股权激励项目负责人最好具备人力资源相关技能）

- 人力资源规划，包含任职资格体系及胜任素质模型，人才盘点。
- 薪酬激励体系设计，包含岗位设置、岗位价值评估；奖金政策。
- 绩效管理，包含企业指标分解，部门及岗位 KPI 确定，绩效考核等。

（4）相关法律法规（通过网络查询）

- 《中华人民共和国劳动法》《中华人民共和国劳动合同法》《中华人民共和国劳动合同法实施条例》、地方性劳资相关法规。
- 《中华人民共和国公司法》《中华人民共和国证券法》、股权激励相关法律法规。
- 《中华人民共和国企业所得税法》《中华人民共和国个人所得税法》、其他有关股权激励的税务法规等。

（5）心理学相关（在本书中学习一部分，网络或相关书籍拓展阅读）

- 常用的激励理论。
- 组织行为学涉及的一些组织行为现象的了解。
- 有关人性正常的心理需求等。

（6）财务知识（网络相关课程或财务通俗书籍）

- 企业财务管理思维，三张报表与经营间的联系。
- 企业资本与资产、负债、所有者权益间的基本转换逻辑。
- 了解股权激励有关股份支付的相关知识。

（7）金融知识（本书中涉及一部分，可在此基础上拓展学习）

- 股权投资与融资。
- 企业估值逻辑。

在实施股权激励项目时，可以参考以下三个阶段的工作重点。

① 阶段一，股权激励项目启动

- 参考本书 5.4、5.5 节具体内容，想好九点，落实九件事。
- 确认大多数人对企业的未来发展充满信心。
- 确认员工对企业诚信度的认可。
- 协调项目内、外的人际关系，引导决策层尽快给出决策结果。

② 阶段二，股权激励项目实施（认真研学本书第四章内容）

- 构建制定一套适合本企业的股权激励方案。
- 商讨股权激励方案的“六确定”“二来源”“一退出”的具体内容。
- 撰写股权激励实施方案。
- 颁布股权激励制度及实施细则。
- 签订股权激励协议。
- 制作股权激励实施的工具。
- 平衡各方利益。

③ 阶段三，股权激励项目后期管理（认真研学本书第六章内容）

- 股权激励项目没有精准的结束点，做好项目后期维护。
- 不同的激励标的有不同的后续管理，将后期管理事项落实至个人。
- 做好特殊情况后续管理的接续，选择适合的时间点解散项目组。

- 完成股权激励项目的总结与评估，项目组奖金兑现。

3. 我是激励对象我该做什么

如果你有幸成为股权激励项目的激励对象，记得感恩你所服务的公司愿意用股权价值来认可你为公司做出的贡献，毕竟在中国真正去实施股权激励的企业还是凤毛麟角的。

接下来，除了心怀感恩，继续努力的工作，还需要清楚以下几点。

（1）是什么让我有机会获得公司的股权

企业的股权对企业而言，是稀缺的资源，无论什么形式的价值交换，永远是不可能无偿获得的，你是用业绩换股权，还是以能力或专业技术换股权，还是用财务资金换股权，还是企业进行普惠式员工持股计划，自己需要心中有数。只有你获得股权所支付的对等价值交换标的一直保持，你才可能一直保持公司股东的身份。

（2）接下来我需要做什么

你需要理解自己所获得的股权激励标的具体包含的内容有哪些。通常你需要达成等待期的行权条件，或者满足未来转让股份获得经济价值的解禁条件；总之需要认真阅读并完全理解公司与你签订的股权激励授予协议所约定的关键内容。

（3）必须要知道的信息

你需要知道所获得的股权激励标的是经工商局注册的实体股权还是虚拟股权，如果需要支付资金对价进行认购，是否与其他原始股东同股同权。你需要评估你所能承受的可能的风险，你所获得的实股是认购时即归权进行注册还是有等待期？归权后是否有禁售期？如果有，禁售期是多久。如果你出现不同情况的离职，所对应的股份退出约定条款有哪些？你的股份认购价格是如何确定的？你通过什么方式持有公司的股份？你所直接或间接持有的是否为企业未来拟上市经营主体的股份？

你可以通过阅读本书相关内容，对照企业与你签订的股权激励协议或公司的股权激励计划文件来具体了解以上信息。

4. 我是其他角色我该做什么

无论你以什么身份在阅读本书，至少在未来股权将作为我们持有资产的一种承载形式，并且被越来越多的人关注。甚至有“过去十年持有房产，未来十年持有股权”的说法，所以了解股权产生收益及增值的逻辑和原理，也是迟早的事。

如果你和我一样是一名为企业提供股权激励项目咨询服务的咨询师，作为同行，欢迎互相交流、互相学习。

如果你是一位从没有获得过，但期待有一天能获得股权激励的朋友；除了你有自己的能力优势外，还需要独具慧眼，去发现有发展潜力，又重视人才的优秀企业。

如果你只是因为本书的主题相对热门，买来随便看看，相信终有一天你会感谢自己当初发现并选择这本书。

面对同样的事物，不同的身份在不同的人生阶段，需求不同，在适合的时间做符合自己身份的事，在择事而行中获得不一样的成长。

5.7 如何撰写一份完美的股权激励方案

我们需要将商讨并初步确定的股权激励策略，包括六项确定、两个来源、一个退出机制的各项策略以书面载体的形式呈现出来，方便我们在一定范围内传播，进一步讨论，确认；此阶段的书面载体文件，我们称其为股权激励方案。本节主要教大家如何撰写一份实用的股权激励方案。

1. 股权激励方案给谁看

股权激励方案是小范围交流所需的文档，主要的阅读对象包括股东、股权激励项目组成员，以及其他需要在方案阶段沟通的管理者等。

（1）股东希望在方案中载明的事项

- 股份来源具体策略。
- 估值定价的具体核算细则。
- 授予行权解锁条件的明示。
- 比较关心方案策略是否分享增量而非存量。

（2）股权激励项目组成员需要的信息

- 股权激励模式的确定，不同模式对应的具体对象群体。
- 估值定价策略，以及不同定价策略间的区别。
- 配股机制的具体操作办法。
- 兑股策略的具体操作办法。
- 工作流程及要求。

（3）其他方案沟通对象的注意事项

- 需要小范围公开的角色确定。
- 与股权激励项目实施密切相关的其他非项目组内成员。
- 在未公布实施制度前需保密的事项。

2．股权激励方案有何作用

股权激励方案为股权激励正式实施前的文档，主要用于内部特定对象间的股权激励策略研究和决策实施。所以，方案的语言模式相对比正式实施制度文件通俗一点，且在有些策略上可以提供备选项。由于其用于沟通和决策的特点，所以会不断地在讨论后修改，生成不同的版本。在每版更新迭代的基础上，不同的版本进行特殊版本标记，并单独进行文档保存；每次生成最新版文档进行交流时，汇总上版与最新版间修改的内容，并提示参与讨论决策的人员。

股权激励方案最后定稿后，需要在公布实施前根据公司公开制度文件要求，转成可正式公布的制度文稿进行公示后生效。

3．股权激励方案的基本要求

股权激励方案有三点基本要求，即通俗易懂、可指向行为、可转换制度。文档可采取 PPT 汇报格式，也可以用 WORD 转换 PDF 格式。

（1）通俗易懂

股权激励方案语言应尽量采用多数人可直接理解的语言，简洁且通俗易懂，避免过多专业性术语，必要的术语应有解释说明。

（2）可指向行为

各项条款内容可直接指向行为，股权激励方案是未来股权激励项目实施的行动指南，各项内容应尽量指向具体行为，具有可操作性。

（3）可转换制度

股权激励方案应尽量内容全面、具体；不同的策略最好有实施细则说明，方便决策定稿后普通职员将其转成公司内部可公开的制度文件。

4．股权激励方案内容

股权激励方案内容包括总则、股权激励原则、股权激励策略及实施细则、持股方式、所需制度文件及操作工具、具体工作部署、其他等七大模块。

（1）总则

- 股权激励总思想，总目标说明。

- 相关术语或指标解释。
- 股权激励项目执行机构说明。

（2）股权激励原则

- 对外具有竞争力。
- 对内横、纵向公平。
- 股权激励机制公开透明。

（3）股权激励策略及实施细则

- 六项确定：激励主体、激励标的、定价策略、配股机制、兑股办法、时间和时期的具体内容。
- 二来源：股份来源解决策略及涉及购股资金的解决办法。
- 一退出：正常和非正常各种退出情形的具体安排。

（4）持股方式

- 不同人群具体持股方式说明。
- 通过持股平台持股的，应该增加持股平台相关解释。

（5）所需制度文件及操作工具

- 用于向公司内部公示的并执行股权激励制度及实施细则。
- 用于项目实施的相关协议及各项操作表格。

（6）具体工作部署

- 详细说明股权激励项目工作流程及计划内容。
- 详细说明各阶段成果及不同工作执行负责人。

（7）其他：最后列明其他有关事项。

【范本参考】某公司股权激励方案

本方案范本为我为客户提供股权激励项目咨询过程中的一个真实案例，此项目已经结项满两年，但因保密需要，故隐去客户敏感信息。

1. 建议成立专门的工作委员会（命名自行决定）

（1）工作委员会成立原因

股权激励方案的制定过程是每个人对自我及他人价值认定的过程，需要相对民主的参与决策机制作为前提，否则很可能在公平性方面出现较大瑕疵。

充分考虑“不患寡而患不均”的人性本质，在注重方案内容的同时关注方案的参与度。

(2)工作委员会由以下成员组成(总人数需要单数,外部专家不计入总人数内)

名誉委员长：由CEO担任（重要会议的参加，重要决策的确认）。

执行委员长：人力资源负责人。

委员会成员：中层管理人员代表、核心部门负责人（重要会议的参加）。

财务部门负责人：提供财务相关预算及核算支持。

其他员工代表：重要会议的参加（可通过员工投票选出员工代表）。

外部专家顾问：设计思路、技术方案、相关培训、项目实施指导。

（3）工作委员会的职责与义务

① 委员会职责

讨论并通过股权激励方案及实施细则。

在股权激励执行过程中，方案或制度细则中未涉及的特殊情况的商议处理等。

② 执行委员长

起草关于针对全公司员工的各项与股权激励有关的方案、计划、政策。

组织委员会成员对股权激励方案及实施细则进行研讨及决策。

协调股权激励项目实施中的各项资源，确保股权激励按计划实施。

对股权激励的实施方案及过程负有相应的保密义务。

③ 委员会成员

在执行委员长的组织下，参与股权激励方案及实施过程中的各个会议的讨论，并在会上发表个人意见或建议。

对股权激励的实施方案及过程负有相应的保密义务。

④ 外部专家顾问

根据×××公司战略和商业模式的特点，根据双方《咨询合作协议》约定履行相应的职责和义务。

2. 股权激励原则

（1）符合×××公司商业模式逻辑原则，即产品引领粉丝社群经济，社群带动市场规模价值提升，规模价值决定股权估值并吸引投资，投资拉动企业整体价值增值。

（2）以推动×××公司未来整体价值增值为目标，兼顾历史贡献原则。

（3）对外具有一定竞争力，对内具有一定激励性，兼顾横向、纵向公平。

（4）股权与技术或经营成果挂钩的动态设计，而非个人定向配股原则；尽量根据个人的参与度、贡献度确认每个人各期获得的股权数量。

（5）坚持相对民主参与原则，自愿认购或放弃原则，价值共创及成果共享原则。

（6）尽量减少人为主观临时决定，以制度为准则，制度未涉及的事项通过工作委员会临时会议决议确定原则。

3. 确定激励模式

总体激励模式：创业期股+普通期股+期权模式，如表5-3所示。

表5-3

激励模式	创业期股	普通期股	期权
模式说明	限制性实股	限制性实股	未来的购股权
限制性条款	限制期3年	限制期3年	行权前有等待期3年 行权后有限售期1年
有效期	认购有效期（30日内）	认购有效期（30日内）	行权有效期（30日内）
	未认购的默认为弃权	未认购的默认为弃权	行权后1年可变现
定价策略	0元	原始账面价值定价1.16元/股	最近一轮融资投前账面价值定价
			参考股份定价表
资格条件	2015年5月1日（不含）前入职	根据对应的配股积分获得配股积分详见制度	根据对应的配股积分获得，配股积分详见制度
认购策略	在认购普通期股的前提下，按对应比例配赠	在认购有效期内认购，否则默认为弃权	在行权有效期内行权，否则视为放弃

声明：每个人在期股认购期内均有权选择期股，期股认购期结束后可选择期权或放弃。

（1）一定：目标

方案一：以“始”为“终”展未来，如表5-4所示。

目标阶段	目标策略	成果具体描述	对应时间节点	释放股份数量（股）	包含赠送股数量（股）	释放股份比例	剩余股份数量（股）	剩余股份比例	股份来源
阶段一目标	重产品	成果一：产品DEMO版测试成功	2017年4月底	1836000	—	17%	3348000	31%	创业赠股（14%）+现任股（20%）
		成果二：产品量产上市（定义标准需讨论）	2017年12月底	1836000	—	17%	1512000	14%	
阶段二目标	重数据	粉丝量数据	待定	1512000	—	14%	0	0%	创业赠股（14%）+未来股（14%）
		粉丝转换率							
		产品销量数据							
阶段三目标	重业绩	营业收入	待定	待定	待定	待定	待定	待定	未来×××公司释放
		利润额							

方案二：以“终”为“始”推现在，如表5-5所示。

未来目标	目标策略	成果具体描述	对应时间节点	对应权益	股权激励	兑现或释放比例	收益描述	股份来源
阶段四：2021年创业板公开募股	公开募股前1年营收不少于5000万元	主营业务收入5000万元以上	2019年年度营收达5000万元以上	原期股逐步解锁，进入变现阶段	限制性/股票期权股票授予	未来确定	分红收益/增值收益	公开募股前预留期权池或增发

续表

未来目标	目标策略	成果具体描述	对应时间节点	对应权益	股权激励	兑现或释放比例	收益描述	股份来源
阶段三：2021 年创业板公开募股	公开募股前 2 年累积净利润不少于 1000 万元	2018 年和 2019 年度净利润之和 1000 万元以上	2019 年年底	原期股逐步解锁，进入变现阶段	限制性/股票期权股票授予	未来确定	分红收益/增值收益	公开募股前预留期权池或增发
	其他条件成熟	具体参考创业板公开募股政策条款	2020 年之前完成					
阶段二：盈利 1000 万元以上	主打产品	2018 年产品销量不少于？（数量待定）	2018 年年底	原锁定期内期股分红	第二期期股/期权释放	期权池第一期释放后剩余部分	分红	期权池
	非主打产品盈利	2018 年非主打产品盈利 500 万元以上						
阶段一：主打产品量产上市	产品量产上市	2017 年底产品量产上市（标准待定）	2017 年 12 月底前	授予期股/期权	第一期期股/期权释放	期权池第一期释放额	分红	期权池
	产品 DEMO 测试成功	产品 DEMO 测试成功（标准待定）	2017 年 4 月底前					

（2）二定：时间

① 期股

认购期：企业总体阶段性目标成果达成后，以具体通知开始认购之日起 30 日内。例如，阶段性目标一，产品 DEMO 版 2017 年 4 月测试成功，第一期股权激励认购日为：2017 年 5 月 1 日至 5 月 30 日。

锁定期：从实际认购之日起 3 年；具体细则通过协议内容约定。

② 期权

行权日：指可以购买股权的时间点，以协议签订之日起满 3 年，即可行权。

行权期：指行使购买权，行权期为等待期结束后 30 日内。

限售期：指行权后变现锁定期，限售期为行权满 1 年。

③ 公司总体股权激励授予时间

公开募股前：计划分四期释放。

第一期：2017 年 5 月份前后（具体依据第一阶段目标达成时间点）

第二期：2019 年 2 月前（具体依据第二阶段目标达成时间）

第三期：2020 年 2 月前（具体依据第三阶段目标达成时间点）

第四期：2021 年，公开募股前（具体依据公开募股准备条件成熟度）

（3）三定：激励对象

① 在职人员

须同时符合以下两个条件：参与了当期阶段性目标成果的在职人员；当期绩效考核成绩在 B（含）级以上的在职人员。

② 新员工

为关键岗位 Y 招聘的能力等级值在 4.0 以上的稀缺及专业的新人。

（4）四定：权利

① 期股

认购时：认购或弃权，或部分行使认购权。

解锁期：增值权+溢价权。

② 期权

行权时：行权或弃权。

行权后：增值权+溢价权。

所有期股或期权无另行约定的均无投票决策权。

(5) 五定：配股模型

① 配股积分兑股策略

每个人所得配股积分×1配股积分对应的股份数量=个人当期实际获得股份数量。例如，张三当期获得配股积分80分，当期1配股积分=200股

张三当期实际获得股份数量=80×200=16000股。

关于1配股积分对应股数，如表5-5所示。

表5-5

阶段	总股数	股份占比持股平台	股份占比×××公司	总人数	总分值	每分对应股数
第一阶段	3672000	34%	5.10%	70	7000	524.5714286

计算公式：

1配股积分对应股数=当期总股数/100（个人积分满分值）×当期参与总人数

例如，当期总股数3672000股，当期参与总人数为70人，计算如下：

3672000（股）/100（分）×70（人）=524.5714286股

当期1配股积分≈525股（四舍五入）

② 个人配股积分

个人的配股积分满分为100分，配股积分由5项积分要素确定，分别为：

要素1：是否为关键岗位（Y）任职人（K），所占权重分值为10分。

要素2：阶段性目标成果参与度，所占权重分值为50分。

要素3：个人绩效，所占权重分值为25分。

要素4：能力态度评估，所占权重分值为10分。

要素5：能力等级，所占权重分值为5分。

个人的配股积分=要素1得分+要素2得分+要素3得分+要素4得分+要素5得分。

具体计算办法，如表5-6所示。

表5-6

满分值	100分				
得分要素	是否为关键岗位	阶段性目标成果参与度	个人绩效	能力态度评估	能力等级

续表

单项要素分值	10 分	50 分	25 分	10 分	5 分
计分方法	判断其是否为关键岗位 Y 任职人 K，是此项 10 分，否为 0 分	根据阶段性目标成果参与度评分办法评出参与权重（%），用单项要素分值×权重	个人绩效为 B 级（含 B）以上者此单项要素得分 25 分，否则为 0 分	根据人员盘点结果，此项为 A 者，得分为 10 分，否则为 0 分	（1）第一期为能力等级≥3.1 的，此项得分为 5 分，否则为 0。 （2）从第二期起，此项为当年度能力等级评分是否达到目标值为判断依据，若达标，此项为 5 分，否则为 0 分
	此项为一票否决指标		此项为一票否决指标		
任意一项一票否决指标为 0 的，当期所得股数为 0					

③ 人才引进配股办法

同时满足以下两个条件的新入职人员，在通过试用期后，可授予一定数量的期股或期权。

条件 1：关键岗位 Y 的任职者。

条件 2：能力等级评估在 4.0 分或以上者。

④ 各项配股要素评估办法

要素 1：是否为关键岗位

参照公司关键岗位评估办法-制度文件名称《　　》，文件编号（），颁布日期：

要素 2：阶段性目标成果参与度

参照公司阶段性目标成果评估办法-制度文件《　　》，文件编号（），颁布日期：

要素 3：个人绩效

参照公司绩效管理办法-制度文件《　　》，文件编号（），颁布日期：

要素 4：能力态度评估

参照公司人员盘点办法-制度文件《　　》，文件编号（），颁布日期：

要素 5：能力等级

参照公司人员盘点办法以及职位等级相关规定-制度文件《　　》，文件编号（），颁布日期：

（6）六定：股价

- 赠送股价格：0 元/股，随普通期股按相应比例配赠予符合条件者。
- 普通期股价格：1.16 元，按原始账面价值测算确定。
- 期权价格：按行权时账面净值折算价格确定。

具体测算，如表 5-7 所示。

表 5-7

核算项目	当期账面价值测算（有限合伙平台）				
年份	2016	2017	2018	2019	2010
价值测算（元）	10800000	25800000	48300000	78300000	123300900
股份总数量（股）	10800000	10800000	10800000	10800000	10800000
每股折算价格（元）	1	2	4	7	11
普通股购股价（元/股）	1.16	1.16			
赠送股购股价（元/股）	0.00	0.00			
期权行权价（元）		等待期		7	11

例如，2017 年的股价计算方法，按融资 1 亿估算当期账面净值为：

（10800000 元/15%+100000000 元）×15%

10800000 是持股平台账面净值，15%是持股平台占×××公司的股份比例

10800000 元/15%是×××公司融资前账面净值

（×××公司融资前账面净值+100000000 元）即×××公司融资后账面净值

×××公司融资后账面净值×15%即持股平台融资后账面净值

持股平台融资后账面净值/10800000（总股份数量）=当期股价

（7）一来：股份来源

- 股份来源：×××公司期权池的 15%，折合原始股本 1080 万元。
- 第一期、第二期股权激励股份来源为期权池，未来可通过增加期权池股份数量或控股股东转让都可。
- 持股方式：有限合伙平台（普通合伙<GP>+有限合伙<LP>）模式。
- 有限合伙原始总股份数量：1080 万股，参考股份计算模拟表（表 5-8）。

表 5-8

XXXX 公司					
股东	持股平台（共占 15%）				天使投资
股份类别	控股股东	创业股	现任股	未来股	85.00%
股份比列（%）	7.80%	2.10%	3.00%	2.10%	

续表

××××公司					
股东	持股平台（共占15%）				天使投资
股份类别	控股股东	创业股	现任股	未来股	
股份数量（股）	5616000	1512000	2160000	1512000	85.00%
原始股本（元）	6530232.56	0.00	2511627.91	1758139.53	

（8）二来：资金来源

① 普通期股及期权

原则上员工自有资金一次性付款。

超过5万元的，可取部分工资分期回偿，回偿期不超过认购期当年年末。

② 关于创业股（0元赠股）

符合条件者在普通期股认购的前提下，根据入职时间、岗位价值评估、项目成果参与等按相应比例配赠。

（9）一去：退出机制

① 正常退出机制

正常离职：指期股锁定期满后员工在两年内提出离职的，公司将进行强制回购，回购价格不低于本金+银行一年期同期利率，具体以双方协议约定或公司章程条款执行；锁定期后满两年离职的，由员工自行决定是否退出或保留股份。

退休：正常办理退休手续的，如果持股人申请退出按价格孰高原则退出，具体以双方协议约定或公司章程条款执行。

死亡：无继承权，退出价格孰高。

公开募股：根据国家相关法律法规执行。

② 非正常退出机制

非正常离职：指员工在期股锁定期或期权等待期内提出离职或在锁定期及解锁期严重违纪由公司单方解决劳动合同的情况。

不满一年：以低于购股本金20%的价格由公司强制回购。

满一年仍在锁定期内：本金转出由公司强制回购。

解锁期：按本金+当期银行一年期固定利率由公司强制回购。

公司注销：按照《中华人民共和国公司法》相关法律法规执行。

4. 持股平台

（1）采取持股平台模式间接持股，图 5-5 所示。

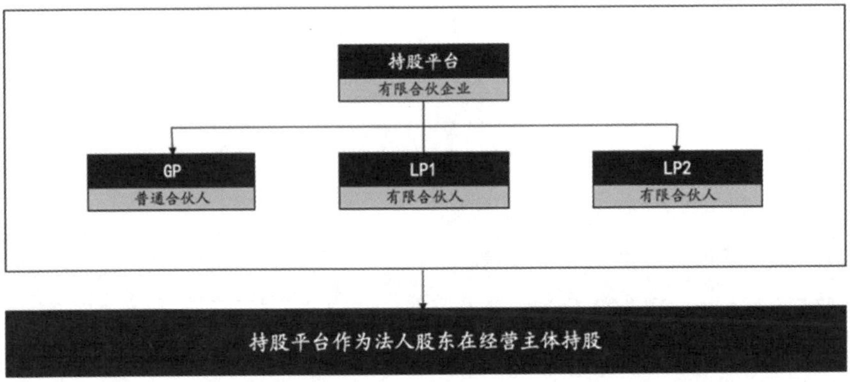

图 5-5

（2）个人持股方式策略

- 期股：所有人在第一期股权授予时默认为期股模式

在规定认购期一个月内进行认购，认购价格为原始折算股价 1.16 元，符合赠送股条件者，按相应百分比配 0 元赠股。超过 1 个月未认购的，默认为弃权。

- 期权：期股未认购默认期权，选择接受的，以协议方式约定行权条件。

等待期不少于 3 年；行权等待期以协议方式约定，行权后进行工商注册。认购价格不低于当期账面价值折算价格。

5. 所需制度文件及具体工作

（1）所需制度文件

- 《股权激励办法及实施细则》（内部公开政策性文件）。
- 各要素评估办法。
- 持股平台管理办法（参照合伙协议）。

（2）操作表格

- 配股明细表 A（2017 年第一期）。
- 配股明细表 B（第二期及以后）。
- 股份计算模拟表。
- 股份定价测算表。
- 激励模式表。

- 目标确定表。
- 积分计算表。
- 持股平台示例表。
- 执行操作用表。
- 阶段成果标准描述表。
- 股权管理表。

（3）协议

- 员工持股协议（期股及期权不同版本）。
- 劳动合同相应的变更。
- 保密或竞业限制条款（可在持股协议中约定）。

6. 具体工作部署

（1）进一步沟通方案细节，进行修改。

（2）进行必要的财务核算，商议并确定此方案中所涉及的各项财务数据。

（3）确定各阶段性目标及成果描述。

（4）根据确定的方案撰写相应的制度公文。

（5）针对初步拟定的制度文件召开会议讨论并修改制度文件。

（6）针对制度文件修改稿召开会议表决通过。

（7）进行制度发布并分批培训公司全体人员。

（8）签订相关协议。

（9）日常监督调整常态化运作。

7. 其他

（1）本方案未尽事宜，可讨论后补充。

（2）本方案只作为内部讨论使用，未确定前保密。

5.8　如何撰写并颁布股权激励制度及实施细则

在股权激励项目实施公开前，我们必须将之前经过多次讨论修改后的股权激励方案转换成用词符合公司受控制度文件，更加严谨、经得起推敲的股权激励制度及实施细则；而不是直接将用于小范围研讨、决策的方案直接公布并执行。

1. 股权激励制度及实施细则写给谁

股权激励制度及实施细则是可公开的政策性文件，具有一定的承诺性，通常是写给全体公司员工、激励对象、国家审批部门、社会公众的。

2. 股权激励制度及实施细则的主要作用

股权激励制度及实施细则的主要作用是用于股权激励项目实施中涉及的各项具体政策的公开说明；在实施过程中需要遵循的原则及具体实操细则规定等。

股权激励制度及实施细则与股权激励方案的作用各不相同，前者的主要作用是用于股权激励项目的公布实施；而后者的主要作用是供小范围研讨决策，两者缺一不可，各自发挥不同的作用，两者也不具备相互替代性。

3. 股权激励制度及实施细则基本要求

股权激励制度及实施细则一般由股权激励方案转换而成，通常采用 WORD 文档撰写，转换 PDF 格式进行公布，有以下基本要求。

必须采用书面语言，避免口语化；条款描述准确，用词避免产生歧义；专业术语应有解释说明，文件前后整体用同一词汇指同一事物。文件内容合法合规，专业严谨，内容不得与国家法律法规相悖；同时，兼顾引导正向价值观；公开制度文件具有公司价值观的引导作用，通过引导公司期待的行为方式逐步形成新的价值观。

定稿前最好由专业的律师进行审核。文件正式公布后给予一定公示期，保证大多数人在理解条款的前提下无异议，并签字。

4. 股权激励制度及实施细则内容

（1）内容合法合规

相关人员制定的股权激励制度及实施细则必须合法合规，尤其是拟上市或上市公司。我国《上市公司股权激励管理办法》第九条规定，上市公司依照本办法制订股权激励计划的，应当在股权激励计划中载明下列事项（以下内容引用法律条款原文）。

- 股权激励的目的。
- 激励对象的确定依据和范围。
- 拟授出的权益数量，拟授出权益涉及的标的股票种类、来源、数量及占上市公司股本总额的百分比；分次授出的，每次拟授出的权益数量、涉及的标的股票数量及占股权激励计划涉及的标的股票总额的百分比、占上市公司股本总额的百分比；设置预留权益的，拟预留权益的数量、涉及标的股票数量及占股权激励计划的标的股票总额的百分比。

- 激励对象为董事、高级管理人员的，其各自可获授的权益数量、占股权激励计划拟授出权益总量的百分比；其他激励对象（各自或者按适当分类）的姓名、职务、可获授的权益数量及占股权激励计划拟授出权益总量的百分比。
- 股权激励计划的有效期，限制性股票的授予日、限售期和解除限售安排，股票期权的授权日、可行权日、行权有效期和行权安排。
- 限制性股票的授予价格或者授予价格的确定方法，股票期权的行权价格或者行权价格的确定方法。
- 激励对象获授权益、行使权益的条件。
- 上市公司授出权益、激励对象行使权益的程序。
- 调整权益数量、标的股票数量、授予价格或者行权价格的方法和程序。
- 股权激励会计处理方法、限制性股票或股票期权公允价值的确定方法、涉及估值模型重要参数取值合理性、实施股权激励应当计提费用及对上市公司经营业绩的影响。
- 股权激励计划的变更、终止。
- 上市公司发生控制权变更、合并、分立以及激励对象发生职务变更、离职、死亡等事项时股权激励计划的执行。
- 上市公司与激励对象之间相关纠纷或争端解决机制。
- 上市公司与激励对象的其他权利义务。

（2）如何撰写股权激励制度及实施细则

我们可以依据股权激励方案的主体内容，对照《上市公司股权激励管理办法》第九条必须载明的内容框架撰写自己公司的股权激励制度及实施细则；主体内容可参考以下框架结构。

① 必要的解释及说明

股权激励项目实施的经营主体公司的股权架构说明；机构的简称；持股方式等。

关键术语解释，包括但不限于所用标的名称解释、标的类型及授予日、授予条件、认购、认购期、锁定或限售期、股权转让等在股权激励制度及实施细则中具体所指内容的解释及说明。

② 总则

股权激励目的、股权激励制度适用的范围、股权激励的原则、股权激励计划的管理及执行机构等相关内容。

③ 股权激励标的

股权激励标的的详细说明及股权激励标的分别对应的激励对象范围。

④ 股份标的来源

公司股份标的解决方案及详细说明。例如，预留股份需要说明预留总量及代持方式或具体代持人，认购及转让的具体细节等。

⑤ 授予条件及授予细则

公司总体授予条件及个人授予条件的说明。根据不同的激励标的详细说明授予日、认购期、认购细则、锁定期、可转让期、可转让条件等。

⑥ 股份价格确定办法

详细说明股份价格所采取的价格确定依据，是账面净值还是哪一轮融资的投前或投后估值；以股份数量计价的，应明示股本总额所均分的总股份数量，价格的具体核算逻辑及是否有折扣优惠等。

⑦ 股份分配细则

股份分配的主要依据的说明，是主要依据阶段性成果还是岗位价值，

或者是直接分配到每个人。

⑧ 股份兑现考核办法

未来股份归权时与绩效考核结果对接，或者未来股权激励对象实际可以归权的股份数量的考核依据的说明。

⑨ 购股资金解决办法

公司可接受的股份认购本金支付或者可提供的相应的支持有哪些及所对应的具体操作办法说明。

⑩ 股权激励标的退出机制

股权激励标的在各种情况下的具体退出解决办法及操作细则说明。

⑪ 其他

股权激励制度及实施细则的附则说明，公示征求意见期，颁布及签署流程，制度解释和修改权限等。

5.9　如何设计并签订股权激励项目实施中的各项协议

协议作为双方共同协商、共同承认、共同遵守的文件，是未来达成协议双方行动的共同纲领。协议代表一种契约的达成。而股权激励是以股权为载体，以契约为形式的激励机制，所以协议或合同是其在实施过程中必须签订的法律文件。

1．协议分类

为便于读者学习，本书将协议根据是否经工商注册、签订对象的类别、应用场景分为三大类。

（1）是否经工商注册

由股东共同成立，经工商登记注册并受《中华人民共和国公司法》保护的有限公司和股份有限公司，其公司章程是公司内部全体股东间的共同契约，也是协议或合同的一种形式。

由合伙人共同成立，并经工商登记注册并受《中华人民共和国合伙企业法》保护的合伙企业，其合伙协议是合伙企业内所有合伙人共同商议并认诃，共同去遵守的契约，是协议或合同的另一种形式。

以上经国家工商部门注册受《中华人民共和国公司法》保护的公司股东之间的公司章程，受《中华人民共和国合伙企业法》保护的合伙人之间的合伙协议是与股权激励密切相关的契约形式。

（2）签订对象的类别

根据协议签订对象人数的不同，股权激励协议可以是一对一，一对多、多对多三种签订形式。

- 一对一，常见的情形为公司与股权激励单一股权标的受让对象之间的授予协议；以及原有股东与受让对象个体之间的股权转让协议。
- 一对多，可以用于规模较小的公司小范围内的股权激励，即公司一方与当期激励对象签订一份股权标的授予协议；或者公司单方分别给激励对象个体出具一份统一版本的持股证明。
- 多对多，通常为所有股东之间的章程或协议及合伙人间的合伙协议。

（3）应用场景

在不同的应用场景下，公司需要与不同的对象签订不同形式的协议或合同作为利益相关方的契约载体，我们整理了企业常见的协议应用场景供读者参考，如图 5-6

所示。

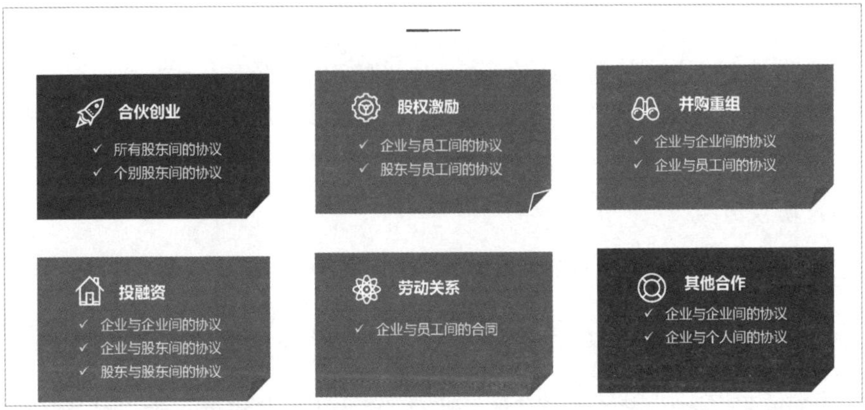

图 5-6

2. 常用的协议

(1) 合伙创业常用协议

股东合伙创业，将彼此责任的划分、权利的赋予、利益的分配提前规划并约定清晰，形成具有法律效力的契约，是创业成功的基础。

根据现实应用总结，股东合伙创业的协议，至少需要约定以下信息，如图 5-7 所示。

图 5-7

股东间根据不同的对象和约定事项，需要签订的协议通常有六大类。

- 公司章程：注册公司时由所有股东共同签订，并经工商登记注册，受《中华人民共和国公司法》约束及保护，需要所有股东共同遵守。
- 股东合作协议：所有或个别股东之间在公司章程的基础上约定的事项，受《中华人民共和国合同法》约束并保护，需要签约的股东共同遵守，对于其共同投资的公司而言，其法律效力次于《中华人民共和国公司法》及公司章程。
- 合伙协议：注册合伙企业时所有合伙人共同签订，并经工商登记注册，受《中华人民共和国合伙企业法》保护，需要合伙人共同遵守。
- 代持协议：用于股东之间股权代持的约定，受《中华人民共和国合同法》约束及保护，由实际股东与被委托代持者双方共同遵守。代持事项在公司章程中载明的，并在股东大会公示的受其保护。
- 股权转让协议：用于股东之间或股东与外部新进股东之间的股权转让事项的约定，受《中华人民共和国公司法》及《中华人民共和国合同法》和公司章程的约束及保护，由签订协议的股东遵守。
- 合作协议：用于各种合作的约定；可能是公司与公司，也可能是股东与公司，或者股东与股东；签订协议内容受《中华人民共和国公司法》《中华人民共和国合同法》及公司章程的约束；所签订协议由签订方共同遵守。

（2）股权激励常用协议

股权激励常用的协议有授予协议、持股协议、股权转让协议等。公司与员工之间需要签订一对一的股权激励协议，用于明确授予的股权标的明细及被授予对象受让标的应当履行的义务。如果采取原有股东转让的方式解决股份标的来源，则原有股东与激励对象之间通常需要签订股权转让协议，对双方认可的责任和义务条款进行书面确认。

我们以期权为例，公司与激励对象签订的授予协议通常包括以下主要内容。

- 基本信息：甲、乙双方信息，协议签署目的，协议签订的时间等。
- 授予标的：标的授予的数量，如股份数量、股份比例或者是激励基金额度等；授予的价格，如每股价格及标的总价格；期权开始行权日，即自授予之日起至某年某月某日止；期权的行权期限，即自期权被授予之日起至某年某月某日止。
- 协议效力：股权激励协议效力次于激励制度和劳动合同。
- 激励对象须满足的条件：通常为受雇于甲方且与甲方建立了劳动关系，并签订书面的劳动合同。为公司的发展做出贡献，如带来经济效益方面的增长。

- 行权约定：包括具体的行权时间表及行权流程。
- 持股规定：股权禁止处理条款通常包括整体转让、出售、赠予、抵押、质押及代持条款等。
- 代扣代缴：代扣代缴股份行权本金及个人所得税。
- 违约责任：违反竞业限制或保密条款、违反持股禁止条款、违反法律或严重违反公司规章制度应承担的责任条款。
- 不可抗力：自然灾害及其他原有客观条件发生不可预见的变化。
- 退出约定：退出情形、退出方式及退出价格的约定。
- 争议解决：适用法律法规、争议解决流程及办法；争议解决归属地的约定等。
- 其他约定：协议的完整说明及分割性，协议的修订，未尽事宜的解决办法，协议的份数及双方确认签字生效等。

（3）并购重组常用协议

公司在并购或重组过程中，公司或公司的股东需要与目标公司或股东签订并购或重组的协议。在并购重组过程中，公司就相关事项需要与员工签订针对性的协议，如股权同步转让协议或股权委托转让协议等。

（4）投资与融资

公司在投资与融资过程中，由于投资标的及出资方式的不同，公司与公司之间，公司与股东之间，甚至股东与股东之间会根据实际应用场景的需求，签订不同的投资协议，包括但不限于投资条款清单、增资协议、股东协议、公司章程等。

例如，一家公司（A）以法人为主体与另一家公司（B）的某个法人（B-1）股东共同出资设立一家新的公司，则需要签订的协议包括但不限于 A 与 B-1 之间的股东合作协议、公司章程；B 与 B-1 之间的竞业限制协议等。

（5）劳动关系

企业与员工之间建立劳动关系应签订劳动合同。股权激励是建立在企业与员工双方已建立劳动关系的基础上的契约，因此股权激励协议作为劳动合同的附件，在法律效力的优先级别上仅次于劳动合同。

（6）其他合作

其他企业与企业、企业与个人之间由于达成某种合作，根据合作方式及双方合作关系依据《中华人民共和国合同法》签订相应的协议或合同，如战略合作协议、服务协议、劳务合同、禁业限制协议、保密协议等。

3．法律依据

与股权激励相关的法律法规有法律类和相关行政法规类。

（1）法律类

法律类主要有《中华人民共和国公司法》《中华人民共和国证券法》《中华人民共和国合伙企业法》《中华人民共和国劳动法》《中华人民共和国合同法》《中华人民共和国会计法》及《中华人民共和国企业所得税法》《中华人民共和国个人所得税法》。

（2）行政法规类

- 劳资关系：《中华人民共和国劳动合同法》及《中华人民共和国劳动合同法实施条例》和相关地方法规。
- 股权激励：《上市公司股权激励管理办法》。
- 员工持股：《关于上市公司实施员工持股计划试点的指导意见》。
- 其他相关：股权激励相关行政或地方法规；员工持股相关行政或地方法规；上市国有控股及高新技术企业相关法律法规。
- 税务及会计：与财税处理相关的法律法规。

4．关于协议模板

关于协议模板原则上不建议直接复制，读者可以根据实际需要参考和借鉴。协议属于法律文件，需要经过专业的律师审核后应用。

查询协议模板的渠道有网络或由律师主笔的与股权相关的书籍，或者一些律师事务所的公众号及官网，在此不再赘述。

5.10　如何制定股权激励实施工具

1．股权激励实施工具是什么，有何作用

股权激励实施工具是一套由流程、操作文件、表格组成的实际操作方案，是将股权激励方案具体实施且落地执行的指引工具；是对操作人员基础要求低，无须深度学习，人人通过简单培训即可上手的“傻瓜式”操作工具。

2．股权激励实施工具有哪些形式

股权激励实施工具有三种主要形式，即协议、表单、表格。

- 协议：主要用于股权激励标的授予过程及持有，以及转让变现过程中的关键项的确定及双方的书面签字确认。
- 表单：主要用于执行操作流程指引及信息的获得和接受意向的确认。
- 表格：主要用于数据的测算和便捷管理。

3．如何制作股权激励实施工具

在制作股权激励工具前可以先自问并回答以下四个问题。

（1）工具用于解决什么具体问题

是用于股份分配，还是股份兑现，还是股权激励后期的管理，不同的需求工具制作思路不同。

（2）需要解决问题的总逻辑是什么

工具的制作是为了方便日常操作，所以需要认真分析所要解决的问题的基本逻辑，我们以配股机制为例说明。

根据本书配股机制中介绍的三种配股聚焦模式，即配股聚焦股数、配股聚焦股价、配股聚焦奖励基金。我们选择配股聚焦股数的简单配股、要素配股、动态积分配股三种常用方法中的要素配股法进行说明，要素配股法的应用逻辑如下。

- 第一步：确定配股聚焦策略为直接配股至个人。
- 第二步：确定股份数量对应的要素。
- 第三步：确定各项要素应占的权重。
- 第四步：确定各项要素与配股数量的对接策略。

（3）主逻辑项下的流程有哪些

例如，我们以主逻辑第二步，确定股份数量对应的要素为例，加以说明。

根据公司实际情况确定股份数量对应的要素包括五项，如图 5-8 所示。

- 要素一：岗位类别，根据岗位类别的不同赋予一定的分配权重。
- 要素二：岗位价值，根据岗位需要的知识技能、承担的责任大小、解决问题的难度等评估岗位本身价值的大小并赋予相应的分配权重。
- 要素三：胜任能力，根据激励对象在胜任力提升方面的达标情况赋予相应的分配权重。
- 要素四：绩效成绩，根据激励对象个体在公司任职一段时间内的历史综合绩效成绩赋予一定的分配权重。
- 要素五：阶段性成果参与度，根据对激励对象在公司阶段性成果或重要项目的实际参与度评估结果确定一定比例的分配权重。

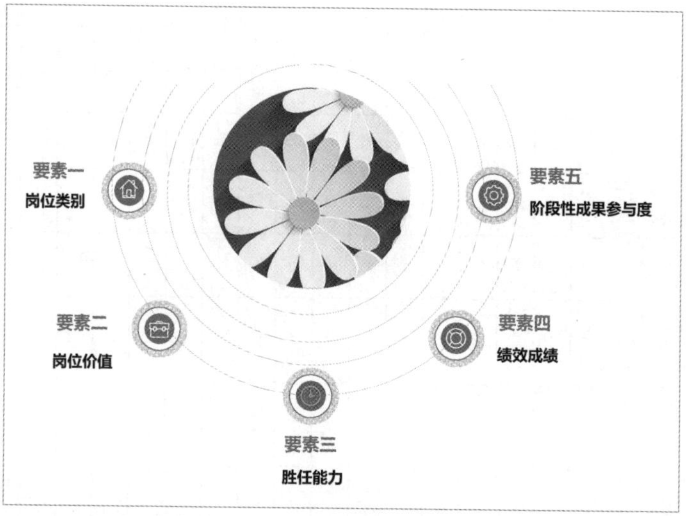

图 5-8

（4）选择什么样的载体。

常见的工具载体形式如图 5-9 所示。

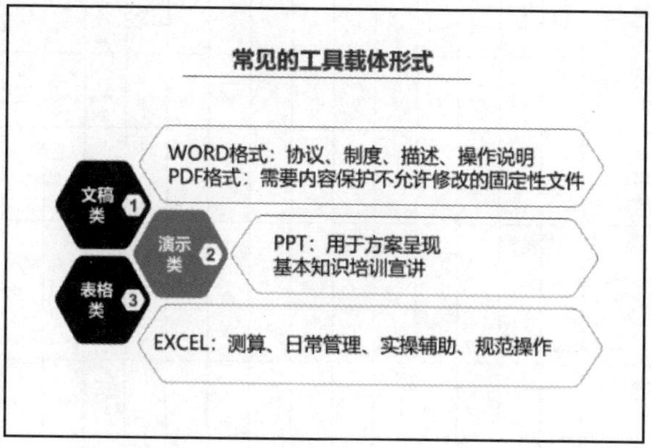

图 5-9

例如，某公司股权激励配股工具如表 5-9 所示。

表 5-9

		配股依据								10	50	25	10	5		
姓名	现任职位	入职时间	是否为关键岗位任职者（K）	是否为赠股人	现在能力等级成绩	能力等级目标值	阶段性目标成果参与度评价	个人绩效等级	能力态度评估结果	关键岗位得分	阶段性目标成果参与度得分	个人绩效得分	能力态度评估得分	能力等级得分	综合得分分数满分100	实得股份数量（股）
A	硬件总监			是	4.1	4.2	0.3	C	A	0	15	0	10	5	30	15737.14
B	高级 BSP 工程师				2.2	3.2	0.5	B	B1	0	25	25	0	0	50	26228.57
C	音频工程师				2.1	3.1	0.6	B	C	0	30	25	0	0	55	28851.43
D	高级射频工程师				2.2	3.1		D	B2	0	0	0	0	0	0	0
E	高级基带工程师				3.1	3.2		C		0	0	0	0	5	5	2622.857
F	高级 PCB Layout 工程师				3.1	3.2				0	0	0	0	5	5	2622.857
G	高级焊接工程师				3.1	3.1				0	0	0	0	5	5	2622.857
H	高级天线工程师				2.2	3.1				0	0	0	0	0	0	0
I	基带主管		K		3.1	3.2	1	A	A	10	50	25	10	5	100	52457.14
J	高级光学工程师		K		2.2	4.1		C		10	0	0	0	0	10	5245.714
K	高级基带工程师				2.2	3.1				0	0	0	0	0	0	0
L	高级光学结构工程师				2.2	2.2		B		0	0	25	0	0	25	13114.29
M	高级结构工程师				3.1	3.1	0.7			0	35	0	0	5	40	20982.86
N	结构主管		K		3.1+	3.3				10	0	0	0	5	15	7868.571
O	BSP 主管				3.2	3.3		A		0	0	25	0	5	30	15737.14
P	射频主管				3.1+	3.3				0	0	0	0	5	5	2622.857
Q	高级基带工程师				3.1+	3.1				0	0	0	0	5	5	2622.857
R	高级射频工程师				3.1	3.2				0	0	0	0	5	5	2622.857

续表

姓名	现任职位	入职时间	配股依据							10	50	25	10	5	综合得分分数满分100	实得股份数量（股）
			是否为关键岗位任职者（K）	是否为赠股人	现在能力等级成绩	能力等级目标值	阶段性目标成果参与度评价	个人绩效等级	能力态度评估结果	关键岗位得分	阶段性目标成果参与度得分	个人绩效得分	能力态度评估得分	能力等级得分		
S	ODM Manager				3.1	3.2				0	0	0	0	5	5	2622.857
T	高级 BSP 工程师				3.1	3.2				0	0	0	0	5	5	2622.857
V	高级 Modem 工程师		K		3.1	3.2				10	0	0	0	5	15	7868.571
W	结构工程师				2.1	2.2				0	0	0	0	0	0	0
X	技术市场总监				4.1	4.2				0	0	0	0	5	5	2622.857
Y	BD 高级专员				2.2	3.2				0	0	0	0	0	0	0
Z	BD 高级专员				2.2	3.1				0	0	0	0	0	0	0

表中的股权激励标的分配项全部设置了自动生成，相关人员只需对操作者做简单讲解。

4. 不同股权激励模式使用的工具

不同的激励标的授予，需要的实施工具不同。我们将授予标的分为实股类和虚拟权益类并分别制作实施工具。

（1）实股类激励标的常用工具列举

- 标的授予前：价值测算工具，配股测算工具，兑股测算工具；股权激励制度及实施细则。
- 标的授予时：授予通知，认购申请，认购协议；持股证明。
- 标的禁售期：禁售到期时的解锁申请，解锁证明。
- 标的转让时：转让（卖出）申请，转让交割表。

（2）权益类标的常用工具列举

- 标的授予前：权益测算工具，行权管理工具，股权激励制度及实施细则。
- 标的授予时：授予通知，授予证明，授予协议。
- 标的行权时：行权申请，行权过户手续，持有证明。
- 标的退出时：转让（卖出）或退出申请，转让交割表。

股权激励项目实施过程中的工具需要根据实际标的及授予细节进行个性化定制，最重要的原则是尽量自动化生成，避免过多的手动工作环节；操作简便，对操作人员能力要求低。作为股权激励项目负责人，重要的是掌握自己动手制作工具的理念和方法；尽量不要去复制现成的模板，用自己亲自动手制作的工具，将会更好地将股权激励方案中的细节内化到实际操作过程中，获得更好的激励效果。

5.11 如何管控股权激励项目实施的风险

股权激励项目的风险比较极端的表现形式是法律诉讼。所以，与其研究如何管控股权激励项目的风险，不如关注如何避免由此引发的法律诉讼。

1. 股权激励法律诉讼基本情况

我们通过中国裁判文书网站查询到，与股权激励相关的法律纠纷案例约占民事纠纷案件总量的12%。主要法律诉讼方向集中在股权及股权转让、合伙协议、股东资格确认、股权代持、股东出资、增资、劳动争议七个方面，其中股权转让纠纷案件占比高达 69.51%。

股权激励诉讼的特点是以民商案件为主，基础法律关系复杂、有群体隐患；诉讼当事人往往有劳动关系和投资合作双重关系，既要依据《中华人民共和国劳动法》和双方签订的劳动合同解决其劳动争议，也要同时依据《中华人民共和国公司法》或者《中华人民共和国合伙企业法》签订的股权激励授予协议解决其股权资产争议。

而大部分股权激励诉讼都是由于劳动关系的破裂而引发的，从这个角度而言，规避股权激励风险的源头其实是建立和保持和谐的劳动关系；反之，由于股权激励实施不当引发股权激励对象的不满，而造成劳动关系破裂的情况也屡见不鲜，所以在实施股权激励项目的过程中，一定要认真学习并掌握各项操作细节，分析股权激励诉讼真实案例，预测并规避相关风险。

2. 股权激励诉讼发生的原因

要想更好地规避股权激励引发的诉讼，我们有必要了解与股权激励相关的诉讼发生的原因。

股权激励诉讼发生的原因主要集中在两方面，一方面是我国对于股权激励的法律法规的制定笼统、滞后；另一方面是企业股权激励操作不规范。

（1）国家法律法规的制定笼统、滞后

我国的法律体系由五阶构成。

- 一阶，基本法。宪法是国家的根本大法，是治理国家的总章程，适用于国家领土的全境及国家全体公民，是特定的社会经济和政治文化综合作用的产物。
- 二阶，法律。通常是指由社会认可，国家确认，立法机关制定规范的行为规则，并由国家强制力（主要是司法机关）保证实施的，以规定当事人权利和义务为内容的，对全体社会成员具有普遍约束力的一种特殊社会行为规范。
- 三阶，行政法规。国务院为领导和管理国家各项行政工作，根据宪法和法律，并且按照《行政法规制定程序条例》的规定而制定的政治、经济、教育、科技、文化、外事等各类法规的总称。
- 四阶，地方性法规。即地方立法机关制定或认可的，其效力不能及于全国，而只能在地方区域内发生法律效力的规范性法律文件。
- 五阶，自制条例和单行条例。指省、自治区、直辖市人民政府以及省、自治区、直辖市人民政府所在地的市、经济特区所在地的市和国务院批准的较大的市人民政府，根据法律、行政法规所制定的规章。具体表现形式有规程、规则、细则、办法、纲要、标准、准则等。

根据《中华人民共和国宪法》和《中华人民共和国立法法》规定的立法体制来看，目前与股权激励相关的法律法规，效力级别较低，且相关规定存在矛盾之处。

员工持股与股权激励作为现代企业重要制度，国家层面出台的大部分仅是部门规章，法律地位与其无法匹配。各地根据实际情况制定的相关操作办法，但大部分也不过是操作办法文件，缺乏权威性和操作指导性。

（2）企业股权激励实操不规范

从专业角度而言，股权激励属于一种激励技术。任何一种技术都是在其初级阶段就对“发烧友”们充满吸引力，进而被推广应用的；待其逐渐成熟时，已经被广泛应用；而当其完全成熟时，一定会被一种新的技术所替代。这也是为什么我们经常听到新名词，如阿米巴、合伙制、赋能组织，当然，还有股权激励。

很多企业在应用股权激励时，并不是站在客观分析企业真实需求及现实的股权激励效果期待的角度，运用系统的思考方法，科学地实施股权激励项目；而是在只知其形，不知其意的情况下，为了实施股权激励项目而去实施股权激励项目，生搬硬套，不仅没有激励效果，还滋生了很多棘手的问题。

通过对现实中企业实施股权激励项目出现的问题的总结，由于操作不规范而出现问题的常见情形列举如下。

- 持股方式不规范：持股隐名化，持股方式没有明确的法律要件；甚至有的企业只是口头承诺给员工股份，而实际没有任何的书面法律载体文件确认员工持股的事实。
- 强制摊派或变相降低成本：违背投资自愿原则；或者以股权激励名义内部集资；将应付补偿或福利变相转化，将股权激励按福利模式操作等。
- 股权激励形式化：有名无实的口头承诺，股权激励等于简单出资购股。

口号喊得大，实际行动少，受激励人数极少等。

- 没有合理的退出机制约定：没有提前约定各种退出情形的退出办法或退出办法缺乏合理性；除非上市没有其他变现退出路径；过度考虑法律风险的退出约定而忽略激励性。
- 股份分配机制不明确：人为决定股份分配，论资排辈的股权奖励；

老员工坐吃，新员工无望；定价缺乏让人信服的依据。

- 没有限售约定：股权激励不是单纯的投资变现，通常需要约定一段时间的限售期及限售条件；限售期及限售条件条款的缺失，造成激励对象可转让权力过大，甚至可以将股权转让给公司以外的股东。

- 购股资金没有合理的安排：需要支付认购本金的实股激励，应考虑员工的收入情况，适当给予购股资金的折扣或补贴。
- 忽视持股员工的民主权利：股权激励可以约定激励对象的权利委托、或一致性行动协议等，但应当站在公司与股东利益一致的大前提下，而非一刀切地剥夺持股员工合理的民主权利。

3. 如何管控股权激励法律风险

我们前面已经提过，股权激励的风险表现形式主要是法律诉讼；所以防止因此而出现的法律诉讼是股权激励风险管控工作的重心。

（1）人们为何会提起法律诉讼

中国人其实普遍法律意识淡薄且更讲人情，不到万不得已，不会轻易拿起法律的武器去维护自己的合法权益。

而对于股权激励中的诉讼，通常为公司受让股权的员工产生了各种不满情绪导致法律诉讼的发生。俗话说得好："冰冻三尺非一日之寒"，员工起诉公司，往往不是因为憋着一口气，就是为了争口气，起诉的缘由和内容未必一定与股权激励本身有多大联系。

所以，与其说员工因为股权激励项目的实施不利而起诉公司，不如说是由于员工与公司之间的劳资关系破裂而引发的双方财产分配的纠纷；这就好比一对夫妻因为财产分配而打官司，而其实双方引发财产分配的缘由其实是婚姻关系的破裂，否则，何来财产分配的纠纷？

再深究员工与公司劳资关系的破裂的原因我想大多与平等、公平、公正、公开的企业价值观及员工相对成熟的职业素质直接相关。

（2）企业如何规避因股权激励而引发的法律诉讼风险

从股权激励本身而言，尽最大可能使其实施过程更多体现企业平等、公平、公正、公开的价值观；在各项实操细节中尽可能让员工主观感受公平，具体可以从以下四个方面进行操作。

- 有参与：股权激励政策的制定及项目实施过程，要有相应的民主参与。
- 有原则：股权激励标的分配兼顾内、外部横纵相对公平；政策实施公开透明，避免搞特殊；股权激励方案既面向未来，又兼顾过去；在股权激励项目实施过程中聘请外部中立身份的咨询专家全程参与和辅导。
- 有政策：专业、全面、合理的机制决定分配额度；业绩决定兑现数量；

实施流程清晰，制度文件公示并确认。

- 有确认：公开并公示制度，进行法律文件签署；相关证明要件应及时发放，工商变更及时办理。

（3）企业如何做可以有效提升劳资关系的和谐度

企业与员工的劳资关系和谐与否，直接关系到企业的管理效率和价值的产出。企业如何做，可以让员工将时间和精力尽量投入到工作中去，而非浪费时间去争“气”，那口未必利己的更不利公司的“气”。其实也不需要什么高深莫测的专业理论去平复，只需要做好以下四点，就会有不一样的效果。

- 信守承诺得人心：不要随意承诺没有确认的利益，一旦承诺，必须兑现。
- 重视沟通和处理问题的方式：特别是有些实际问题，不必遮遮掩掩，不如直接面对，坦诚与员工进行沟通。
- 加强企业领导班子的领导能力提升：员工加入的是一家企业，往往离开的是一个上司，再好的制度或政策，如果没有优秀干部团队的正向传播，实际执行起来也容易偏离企业初心，造成各种误解和问题。
- 处罚要有据可依，有章可循：企业不要总站在自身角度，以“父母”的视角去看待员工，动不动就拿出一副高高在上的姿态批评或者惩罚；而是要将员工视作平等合作的对象，理解每位员工合理的个性差异，包容其“干得多，可能错得多”的现实；鼓励其保持积极向上的工作态度；培养其独立的工作能力；用通过成就员工从而成就企业的格局去引进人才、培育人才、用好人才、留住人才。

总之，所谓的风险往往避而不及，更需要企业从长远角度出发，做好平日里的点点滴滴，才可能未雨绸缪，真正从根本上避免风险的生根，发芽。

5.12 股权激励对象的购股资金管理

股权激励对象的购股资金即激励对象用于购买公司股权的本金。对激励对象的购股资金如何进行管理，我们需要从资金不同的来源、不同激励标的选择方面来确定激励对象的购股本金的管理逻辑和方法。

1. 从资金来源角度确定购股本金管理逻辑

本书前文有关资金来源的详细讲解，激励对象用于购买公司股份的本金来源共有三类，即自筹资金、回偿支付、融资融券。基于这三类本金来源，结合现实应用，延展为自筹资金、奖金回偿、红利回偿、工资回偿、融资融券五种常见的激励对象购股本金支付方式。

从资金来源角度确定购股本金的管理逻辑的基本原则是：除激励对象自筹资金外，其余方式均为企业未来应支付给激励对象的负债。

未来用股份进行支付的部分，需要进入企业所有者权益账户，成为股东投资；对企业而言，这是一个用股权偿还负债（应付职工薪酬）的过程，需要依据国家关于股份支付的财务会计处理规定进行后期管理。

未来用资金支付的部分，直接从应付职工薪酬账户进行支付；这是一个用资金偿还负债（应付职工薪酬）的过程，通过财务会计的账户处理过程将负债变为企业管理费用的过程。

激励对象购股资金回偿类本金支付方式的后期财务处理及资金管理基本原则是“股份支付是投资，资金支付是负债”。前者是将应付给员工的回偿标的转换成以其名义在本公司投资且成为股东的过程，对员工而言是奖金变投资，对公司而言是负债变资本。后者是将激励对象的回偿标的以资金偿还给激励对象的过程，对员工而言是奖金变现，对公司而言是负债变费用。

2．从激励标的角度而言激励对象的购股资金管理

从激励标的角度来看，对激励对象的购股资金管理产生影响的要素为实股标的激励抑或是虚拟标的激励的差别。因为无论何种具体的激励标的，最终支付的形式无非就两种，一种是资金，一种是股份。具体资金管理逻辑与方法与前文内容相同。

（1）实股激励类标的

实股激励类标的有期股、限制性股份、业绩股票、经理人回购、优先股、出资购股、技术入股、赠予股份、分红回偿、员工持股计划。

实股类激励标的需要由激励对象自筹资金直接购股，一次性用资金付款，并完成股份权益交割，同时进行工商变更。需要回偿支付的，公司需要区分回偿的具体标的（分红、奖金、工资），是全部用于回偿购股本金还是部分回偿，并确定未来哪些需要以股份支付，哪些需要以资金支付，提前做好财务规划，后期做好财务账面处理和后期资金的管理。

（2）虚拟类激励标的

虚拟类标的有超额利润分享计划、在职分红、虚拟股权、虚拟股票。以上虚拟

激励标的，通常未来以资金支付；如果未来以股份进行支付的，则后期变为实股类激励标的。

（3）可虚可实类激励标的

可虚可实激励标的有期权、账面价值增值权、股票增值权、延期支付、股权激励计划。可虚可实的激励标的，一定要约定清楚后期标的支付的方式，以资金支付的则为虚拟标的；以股份支付的则为实股激励标的。

无论何种方式，对激励对象购股资金管的基本要求是：只要牵涉非一次性支付交割的情形，公司应当建立专款专户，清晰的明细账本，并定期分别向激励对象发送资金管理报告。

第 6 章

教你做好：股权激励项目后期管理

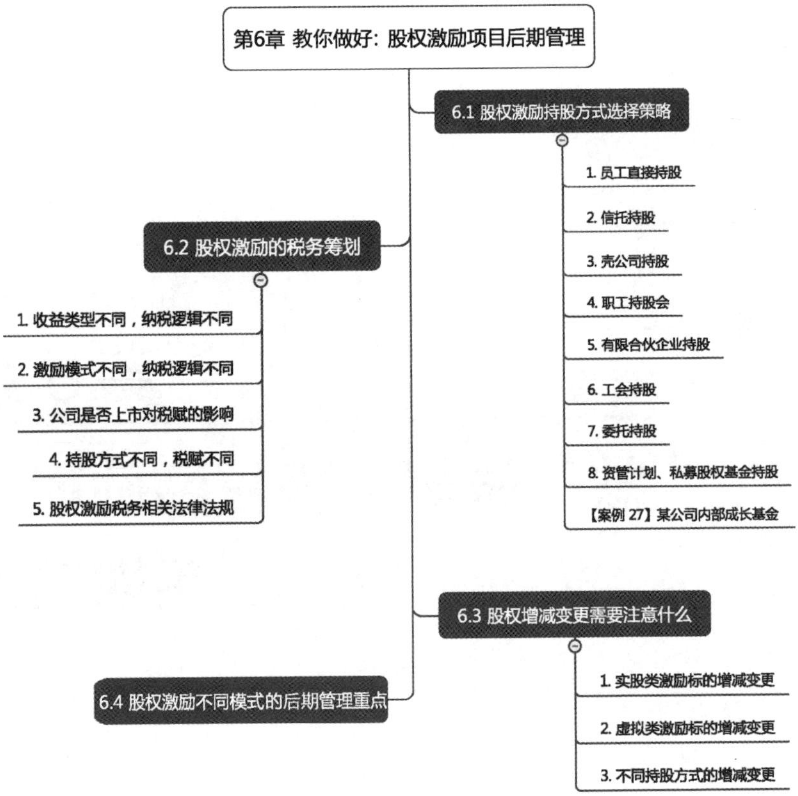
第6章 教你做好：股权激励项目后期管理
6.1 股权激励持股方式选择策略
1. 员工直接持股
2. 信托持股
3. 壳公司持股
4. 职工持股会
5. 有限合伙企业持股
6. 工会持股
7. 委托持股
8. 资管计划、私募股权基金持股
【案例 27】某公司内部成长基金
6.2 股权激励的税务筹划
1. 收益类型不同，纳税逻辑不同
2. 激励模式不同，纳税逻辑不同
3. 公司是否上市对税赋的影响
4. 持股方式不同，税赋不同
5. 股权激励税务相关法律法规
6.3 股权增减变更需要注意什么
1. 实股类激励标的增减变更
2. 虚拟类激励标的增减变更
3. 不同持股方式的增减变更
6.4 股权激励不同模式的后期管理重点

我们之所以将股权激励作为项目在企业中实施，是因为项目管理的思路和方法贯穿股权激励的始终。如果将特定股权激励方案作为股权激励项目前半段的重点，那如何执行好方案便是股权激励项目后半段的重点，本章主要讲述此方面的内容。

6.1　股权激励持股方式选择策略

股权激励持股方式主要指股权标的受让对象通过什么方式或者载体持有标的公司的股份，以及由于持股方式或载体的不同所享受的股份权益的区别。另外从公司角度而言，采取不同的持股策略的意义和后期操作时的侧重点不同。

1. 员工直接持股

员工直接持股是指员工以自己的名义持有公司股权，直接行使股东权利，员工即为公司股东。

（1）员工直接持股的优点

- 员工可直接行使股东权利，反映自身的真实意愿，对员工而言更安全、更便捷。
- 对公司和员工双方而言，法律关系明晰，不易产生法律纠纷。
- 对于员工行权来说沟通成本少，行权及转让变现税赋最低。

（2）对公司而言，员工直接持股的缺点

- 原则上受股东人数限制，有限责任公司的股东上限为 50 人，股份有限公司的股东上限为 200 人。
- 股权退出或转让导致股权变动频繁，增加工商变更等手续的管理成本。
- 股权分散，如果不做特殊约定，决策效率低下。
- 由于持股人数过多，对企业公开募股的审核通过率有潜在影响。

2. 信托持股

所谓信托持股，是指根据《中华人民共和国信托法》将员工所持股份委托给专职信托机构，由其按照委托人的意愿进行管理或处分。信托持股有以下六大特点。

（1）财产独立

委托人的财产与受托人的财产相互独立，受托人的债权人无权对信托财产主张权利。

（2）财产保值增值

信托财产脱离委托人的控制，让具有理财经验的受托人进行管理，较好地保证了信托财产的保值增值。

（3）委托人享有收益或承担损失

信托财产取得的收益或损失都由委托人享有或承担，受托人不以任何名义享有信托利益。

（4）财产安全

信托财产除法律规定外不得强制执行。

（5）持股人数不受限制

可突破有限责任公司股东不得超过 50 人，或股份公司股东不得超过 200 人的限制，解决员工持股的资格问题。在本书写到此时，证监会已发布 17 号公告《关于试点创新企业实施员工持股计划和期权激励的指引》，该文件指出，试点创新企业实施员工持股计划，可以通过公司制企业、合伙制企业、资产管理计划等持股平台间接持股；对于符合要求的，在计算公司股东人数时，按一名股东计算。

（6）避免双重征税

委托人通过信托财产所得的收益只需缴纳个人所得税。

公司采用信托机构使股权激励授予对象间接持有公司股份，也有一定的劣势。一方面是对任托机构要求较高，必须为专业信托机构；另一方面是可能对企业上市在股权清晰合规审批方面带来一定的影响。

3. 壳公司持股

壳公司持股是指参与员工持股的个人共同出资设立或收购有限责任公司，该公司购买目标公司的股权，员工通过壳公司间接持有目标公司的股权。

（1）壳公司持股四大优点

- 可相对解决股东人数限制问题。
- 不改变主体企业的股权架构。
- 利于主体企业决策效率的稳定。
- 可适当规避法律纠纷所带来的风险。

（2）壳公司持股五点劣势

- 程序烦琐：持股公司多为有限公司，也受股东人数 50 人的限制，如持股员工人数较多需要成立多家持股公司，程序较为烦琐。

- 决策效力低：员工只能在壳公司层面行使股权，而非直接行使目标公司的股权，相较个人持股而言决策效力较低。
- 员工税赋较重：壳公司作为公司实体，需要缴纳企业所得税，转让变现过程中还需缴纳个人所得税，因此存在双重征税问题，员工税负较重。
- 股东收益降低：壳公司在进行盈余分配时，需要根据法律规定提取法定公积金、公益金等 ，会造成资金限制，股东收益降低。
- 不能突破发行人数限制：原则上证监会对发行人成立的单纯以持股为目的的壳公司要追溯壳公司后面的自然人股东，一并合计股东人数，除非符合创新试点企业实施员工持股计划的符合股东人数按一个股东计算的相关要求，否则不能突破发起人数 200 人的限制，

4．职工持股会

职工持股会模式曾经在 20 世纪 90 年代初期我国员工持股浪潮下得到大规模运用，是我国职工持股实践中内容最完善、形式最丰富的载体。

（1）职工持股会的两种操作方式

- 社团法人：地方主管部门发布职工持股会管理办法，在办法中确认职工持股会作为社团法人，由地方民政部门进行注册登记。
- 企业内部组织：不单独赋予职工持股会社团法人地位，而将它作为企业内部的组织，由企业工会领导，并由工会行使需由法人行使的权利、承担需要由法人承担的义务。

（2）职工持股会目前作为持股载体的障碍

1988 年 5 月，国家工商管理局明确了职工持股会或工会代持职工股份的合法地位，但随即由民政部办公厅于 2000 年下发的《关于暂停对企业内部职工持股会进行社团法人登记的函》否认了职工持股会的法人资格。

5．有限合伙企业持股

有限合伙企业持股是指员工根据《中华人民共和国合伙企业法》的要求组成有限合伙企业，其合伙人分为普通合伙人和有限合伙人，由企业方担任普通合伙人，执行合伙事务并承担无限连带责任；持股员工成为不执行合伙事务的有限合伙人间接持有目标公司的股份。

（1）有限合伙企业持股的四大优势

- 避免双重征税：有限合伙企业按照 5%～35%的超额累计税率计征个人所得

税，部分地区有税收优惠政策，有的地区税率甚至低于 20%。

- 操作灵活：合伙人之间的权利义务关系及收益分配方式等可根据合伙协议约定，操作灵活，自主性强。
- 设立程序简便：无注册资金要求，也无须验资，普通合伙人可以劳务出资，设立程序简便。
- 入伙机制简便：新入伙的合伙人经全体原合伙人一致同意，并在签订入伙协议后即可入伙。新入伙的合伙人和原合伙人享有同等权利，承担同等责任。

（2）有限合伙持股的两点劣势

- 普通合伙人需承担无限连带责任：普通合伙人需要对有限合伙企业的债务承担无限连带责任，所以通常公司方会以有限公司的形式成为普通合伙人，而非直接的自然人。
- 不能突破合伙人数的限制，一个有限合伙企业最多可以有 50 个合伙人。

6. 工会持股

工会持股也曾经作为 20 世纪 90 年代初期我国员工持股热潮中的持股载体被广泛运用。

7. 委托持股

委托持股即持股员工通过授权委托的形式，将所持股份委托给受托人，由其按照委托人（持股员工）的意愿进行股份托管或处理的方式。

委托持股具有对委托持股的受托对象没有具体限制的优势；与信托持股必须委托信托机构相比，委托持股的选择更自由。

委托持股容易造成公司申请上市受到 200 个发起股东的限制；证监会规定以上市为目标的员工持股不得采用委托的方式，在上市前企业必须处理好委托持股股权问题。

8. 资管计划、私募股权基金持股

在金融创新的背景下，越来越多的企业选择采用金融产品作为持股载体，资管计划和私募股权基金是在实践中应用最多的两种方式。

（1）资管计划、私募股权基金持股的优势

- 安全性高：运作机构专业，计划或基金成立受证监会监管并备案。
- 操作规范：操作过程受证监会监管并备案。
- 相对便捷：企业只需支付管理费委托基金公司进行管理。

- 可用于非上市公众公司的股份发行：认购资产管理计划、私募股权基金等金融产品，已经完成核准、备案程序并充分披露信息的，可以参与非上市公众公司的股份发行。

（2）资管计划、私募股权基金持股的劣势

- 对合格投资者资金要求高：个人合格投资者的金融资产不低于 300 万元；最近三年个人年均收入不低于 50 万元。
- 对资金运营流程要求严格：需要专业金融机构在证监会的监管下进行规范且专业化的运作。

持股方式各有千秋，企业需要根据自己的实际需求选用。选择持股方式时需要考虑：对股权激励效果的期待、企业的控股需求、企业是否有上市计划、税赋等各方面综合因素；站在企业长远发展的角度，确定更适合企业自身的方式。

【案例 27】某公司内部成长基金

（1）公司背景

某公司为一家多元化经营的集团化管控模式的企业；旗下控股子公司之一为第三方理财服务公司，为吸引并激励优秀的人才，公司实施了内部成长基金激励计划。

（2）成长基金成立

基金为公司内部虚拟基金，模拟金融市场基金成立及运作模式进行内部管理运作；只对公司内部员工开放，参与方式为由公司统一评估确认员工资格。

（3）成长基金管理及决策机构

基金由专门的投资委员会进行管理；投资委员会含浮动收益产品投资团队，固定收益产品投资团队；投资委员会成员初定为 3 人，成员由研究部相应研究员及在相应投资领域见长的公司员工组成。

投资委员会定期和不定期根据市场情况，对投资产品和基金表现进行检视，调整投资策略和投资产品。

（4）成长基金投资方向

基金风格为灵活配置型；基金投资对象为国内 A 股，公募/私募基金，信托产品，债券、银行理财产品、货币市场等；每项投资的比例皆在 0～100%。

（5）成长基金的参与及退出

各部门员工按照既定规则每月计算加入金额，季度计提加入金额，即本季度后第一个月计提上季度的加入金额，计提日为开放申购日，即1月15日为开放申购日、4月15日为开放申购日、7月15日为开放申购日、10月15日为开放申购日。

参与成长基金的员工入职满3年的方可第一次赎回，其后每年可赎回一次；如果员工在劳动合同期满前提前离职，其成长基金中的份额不得赎回，全部留在成长基金中，用于增厚每份净值；如果员工在劳动合同期满后正常离职，但期限未达到赎回时间安排，则可部分退出，剩余部分留在成长基金中，用于增厚每份净值。部分退出安排如下：前3年内满2年离职的，可退出比例为50%；满3年的可100%退出；部分退出的，按照离职或者退出时间点计算退出金额，但费用给付的时间为规定的赎回时间点。

如果员工因为未达到绩效考核而被公司辞退的，前2年内，可退出50%，此后可退出80%；退出金额为辞退时间点对应净值；费用给付为规定赎回时间点。

由于员工严重违反公司制度、违背职业操守或者损害公司集体利益而被公司辞退的，可退出比例为0。

如果基金净值低于0.7元，则本期基金运作结束，投资委员会应立即清算，并于清算后按照份额给付持有人。

赎回日为每自然年度后第一个月的15日。基金为金额参与，份额赎回。基金份额为每个参与者的累积基金份额减去已赎回基金份额。每次加入份额=每次加入金额/当前开放申购日基金净值。

（6）成长基金分红

成长基金每年度分红一次，分红日为每年的1月15日。分红方式可选择现金分红和分红再投资；分红后，重新计算参与人份额和基金净值。

（7）成长基金的管理费用

作为投资委员会的管理报酬，基金每年计提一次浮动管理报酬，不计提固定管理报酬；每年设定10%的基金回报基准，超过10%的超额收益部分，投资委员会计提8%作为浮动管理报酬；浮动管理报酬于每年的1月15日，直接从基金中计提，浮动报酬的计提先于分红；浮动管理报酬如何使用和分配，由投资委员会成员协商确定。

（8）基金的信息披露

基金每个开放申购日公布一次净值和投资总结；基金每个开放申购日向每个参与者发送对账单，告知基金净值、持有份额和持有市值。

（9）其他

原则上基金不对外开放，即不接受企业外部人士投资成长基金；其他未尽事宜由投资委员会或上报公司上级决策机构临时协商解决。

6.2　股权激励的税务筹划

股权激励的税赋与股权激励标的实施过程中的收益类型、激励模式的选择、实施股权激励主体公司的性质及持有方式的选择等直接相关；在税务筹划过程中，相关人员必须站在激励效果期待及企业实际需求的角度同时考虑各项因素的影响。

1. 收益类型不同，纳税逻辑不同

站在激励对象的角度来说，通过获授股权激励标的所获得的收益分为奖金类收益、分红收益、股权溢价收益三种；不同的收益来源对应不同的纳税逻辑，公司或激励对象需承担相应的税费。

（1）奖金类收益纳税逻辑

激励对象在股权激励中获得的奖金类收益的激励标的，通常是以资金兑付的一种奖金制度。例如，超额利润分享计划的超额增值收益、在职分红的部分利润分享收益、账面价值增值的账面增值收益等，都是将公司经营所得的一部分剩余价值以资金奖励给员工，其本质一种奖金收益。

根据我国相关税法的规定，奖金类收益属于工资薪金所得范畴，激励对象应依据《中华人民共和国个人所得税法》的规定缴纳个人所得税，企业所得税前列支奖金为管理费用。

（2）分红收益纳税逻辑

分红收益是指公司股东依据《中华人民共和国公司法》和公司章程，分配企业税后利润所得。分红所得根据《中华人民共和国个人所得税法》属利息、股息、红利收入范畴，应按 20%计征个人所得税，上市公司根据股份持有时间有相应的优惠政策。

（3）股权溢价收益纳税逻辑

股权溢价收益指持股股东以高于其获股原始价格转让股份后获得的财产增值收益。其收益根据《中华人民共和国个人所得税法》规定，属于财产转让所得范畴，应缴纳财产增值收益税；上市公司不同模式征税时间点另有规定的除外。

不同的收益类型，所遵从的纳税逻辑及由此承担的税赋不同，公司在实施股权激励项目前应区分收益类型，提前做好税务筹划。

2. 激励模式不同，纳税逻辑不同

站在税务筹划的角度来说，凡是未经工商注册的股权激励模式均属于虚拟模式，其授予权利的载体为协议约定，其本质是公司奖金制度，应按照工资薪金所得缴纳个人所得税，纳税义务人为获得激励标的的员工，公司负有代扣代缴的义务。而公司可将奖金支付作为费用，在企业所得税前列支。

凡是经工商注册的实股激励模式，获得激励标的即员工成为公司在册股东的，应根据《中华人民共和国公司法》及公司章程，遵从《中华人民共和国个人所得税法》中关于股东获得股息红利所得或财产转让所得的相关规定履行纳税义务。

3. 公司是否上市对税赋的影响

（1）上市公司股权激励税务筹划提示

- 股息红利所得：股票持有一年以上分红免征个人所得税，股票持有一个月以上一年以内分红所得按 10%缴纳个人所得税，股票持有一个月以内分红所得按 20%缴纳个人所得税。
- 期权激励标的：上市公司期权激励标的的纳税时间点和规定如图 6-1 所示。

期权授予时激励对象无须缴纳个人所得税；在期权行权时，行权日收盘价与行权价之间的差额部分依据工资薪金所得缴纳个人所得税；应纳税额计算公式为：应纳税额=（股票期权形式的工资薪金应纳税所得额/规定月份数×适用税率−速算扣除数）×规定月份数；规定月份数最长为 12 个月，超过 12 个月的按 12 个月计算。限售期间不需要缴纳个人所得税。在转让变现时境内企业免征个人所得税。

- 限制性股票标的：个人所得税的计算受是否可以提供获得股份时的原始凭证影响较大。可提供原始凭证的，应纳税额=【限售股转让收入−（限售股原值+合理税费）】×20%；不能提供原始凭证的，限售股转让收入的 15%核定限售股原值及合理税费，应纳税额=【限售股转让收入−（限售股转让收入×15%）】×20%。

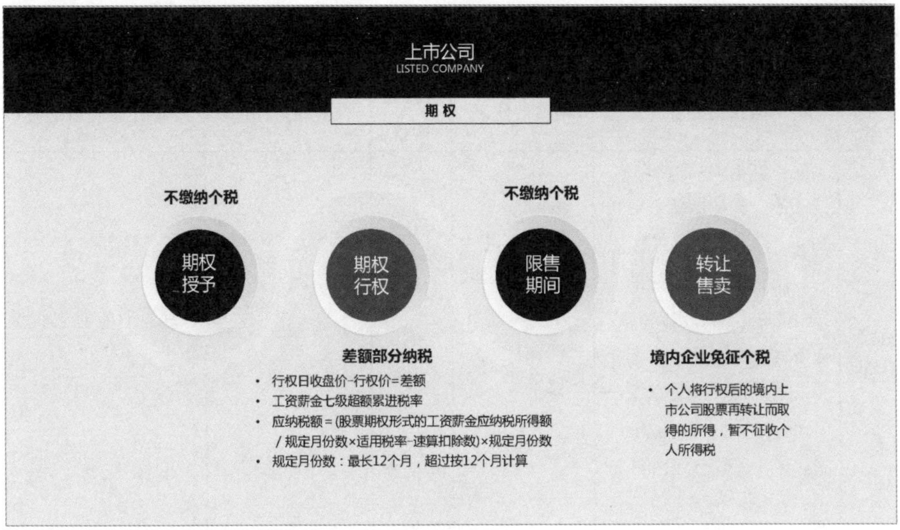

图 6-1

（2）非上市公司股权激励递延纳税提示

- 非上市公司授予本公司员工的股权期权、限制性股权奖励，符合规定条件的，向主管税务机关备案后，可实行递延纳税政策，即员工在获得股权激励时可暂不纳税，递延至转让该股权时纳税。
- 股权转让纳税：股权转让时，按照股权转让收入减除股权取得成本及合理税费后的差额，适用“财产转让所得”项目按照 20%的税率计算个人所得税。
- 递延纳税需满足的条件：境内居民企业；股权激励计划经股东大会、董事会通过；激励标的为境内居民企业本公司股权；激励对象为高管及核心骨干；时间条件须在股权激励计划中列明；股权自授予日至行权日的时间不得超过 10 年。
- 股权期权取得成本按行权价确定；限制性股份取得成本按实际出资额确定；股权奖励取得成本为零。

4．持股方式不同，税赋不同

不同的持股方式或持股载体对应的税赋不同，具体税赋对比如下。

- 上市公司股权激励持股平台纳税义务对比，如表 6-1 所示。

表 6-1

持股方式	个人所得税		持股平台纳税税种		综合税负水平不计红利所得税
	限售股转让	限售股红利	企业所得税	营业税/增值税	
个人直接持股	能提供本金+合理税费凭证的，转让增值部分按20%计税；不能提供凭证的，统一按转让金额的15%核算本金。例如，转让所得100万元，本金50万元，提供凭证就交（100-50）×20%=10万元；无凭证就交（100-100×15%)×20%=17万元	持1年以上：免税 持1～12月：10% 持1个月内：20%	无	无	转让增值的20%取决于凭证提供
有限合伙企业	5%～35%（按个体工商户累进税率）或20%及以下（部分地区优惠）	20%	无	5.65%（5%营业税及营业税附加按13%计）	10.37%～38.67%（按个体工商户累进税率0或24.52%（部分地区）
有限责任公司	20%	20%	25%	6.72%（6%增值税及附加按12%计）	44% 注：1-（1-20%）×（1-25%）×（6.72%）=44%

• 非上市公司股权激励持股平台纳税义务对比，如表 6-2 所示。

表 6-2

持股方式	个人所得税		持股平台纳税税种		综合税负水平不计红利所得税
	股权转让	股权分红	企业所得税	营业税	
个人直接持股	20%	20%	无	无	20%
有限合伙企业	5%～35%（按个体工商户累进税率）或20%及以下（部分地区优惠）	20%	无	无	5%～35%（按个体工商户累进税率0或20%（部分地区）
有限责任公司	20%	0%	25%	无	45.00%

5. 股权激励税务相关法律法规

股权激励税务相关法律法规如表 6-3 和表 6-4 所示。

表 6-3

个人所得税	《中华人民共和国个人所得税法》
	《国家税务总局关于股权奖励和转增股本个人所得税征管问题的公告》
	《财政部国家税务局证监会关于上市公司股息红利差别化个人所得税政策有关问题的通知》
	国家税务总局关于发布《股权转让所得个人所得税管理办法（试行）》的公告
个业所得税	《中华人民共和国企业所得税法》
	《中华人民共和国企业所得税法实施条例》
	国家税务总局《关于我国居民企业实行股权激励计划有关企业所得税处理问题的公告》
其他法规	国家税务总局《关于个人非货币性资产投资有关个人所得税征管问题的公告》
	财政部、国家税务总局、证监会《关于实施全国中小企业股份转让系统挂牌公司股息红利差别化个人所得税政策有关问题的通知》
	国家税务总局《关于个体工商户、个人独资企业和合伙企业个人所得税问题的公告》
	国家税务总局《关于委托投资情况下认定受益所有人问题的公告》

表 6-4

文　件　号	文　件　名
财税[2016]101 号	国家税务总局《关于完善股权激励和技术入股有关所得税政策的通知》
财税[2005]35 号	财政部、国家税务总局《关于个人股票期权所得征收个人所得税问题的通知》
国税函[2006]902 号	《关于个人股票期权所得缴纳个人所得税有关问题的补充通知》
财税[2009]167 号	财务部、国家税务总局、证监会《关于个人转让上市公司限售股所得征收个人所得税有关问题的通知》
财税[2015]101 号	财务部、国家税务总局、证监会《关于上市公司股息红利差别化个人所得税政策有关问题的通知》
国税公告[2014]67 号	国家税务总局关于发布《股权转让个人所得税管理办法（试行）》的公告
国税公告[2015]80 号	国家税务总局《关于股权奖励和转增股本个人所得税征管问题的公告》
国税函[2009]461 号	国家税务总局《关于股权激励有关个人所得税问题的通知》

股权激励相关法律法规本书仅提供参考，由于我国相关法律法规政策会根据时代需求不断进行动态调整，加之本书内容创作与出版上市的时间差，不能保证法律法规相关内容的适时更新，敬请读者在阅读时结合最新的法律原文进行学习。

6.3 股权增减变更需要注意什么

在股权激励项目后期管理过程中，增减变更的情形主要有增加新的激励对象或减少激励对象（即原有激励对象的退出），以及激励制度或激励标的授予协议相关条款的变更等。增减变更的事项与股权激励模式是实股模式还是虚拟模式直接相关。

1. 实股类激励标的增减变更

（1）实股类激励标的增项

实股类激励标的增项的情形主要是增加新的激励对象，即增加新的股东。现实中增加新的股东通常是原有股东转让股份给新股东或向原有股东增发股份；也可以说实股类标的增项的工作其实就是股权转让或增资扩股的操作过程。

（2）实股类激励标的减项

实股类激励标的减项的情形主要是减少原有激励对象，即原有股东退出。而原有股东退出无非也是两种情形，要么将股权转让给内部原有股东，换言之，相当于原有股东执行了优先认购权；要么将股权转让给外部股东，即原有股东放弃了优先认购权。所以实股类标的减项工作其实也是股权转让的过程。

（3）实股类激励标的变更

实股类激励标的的变更主要指除股东基本信息的变更外的其他关键事项的变更，常见的有投资数额，持股比例，投票决策权，股权质押及公司章程其他相关内容的变更。以下为实股类激励标的实操中常见的工作内容提示。

- 期权：对于非上市公司而言，授予股权时签订协议；行权时进行实股工商变更，分期行权的需要分期进行变更工商登记；禁售期间可以颁发持股证明；转让变现时进行股东退出工商变更。
- 限制性股权：对于非上市公司而言，授予股权时签订认购协议，进行认购，需要支付资金对价的，付款后进行股权交割和工商变更；限售期内可颁发持股证明；转让变现时进行付款及股权交割并进行工商变更。
- 期股：授予股权时签订协议；认购支付首付款并签发持股证明；分期付款可设窗口变更期；付清股份本金后进行股权交割和工商变更。
- 业绩股份：授予股权时签订协议；业绩考核达标后进行股权交割并进行工商变更；持股期间可颁发持股证明；转让变现时支付款项并在交割股权后进行工商变更。

- 技术入股：入股时进行技术专利的知识产权变更，同时签订入股协议，进行工商变更。

综上所述，实股类激励标的增减工作主要集中在股权转让上，而股权转让过程的顺畅，需要通过事先的协议约定及事后的遵守契约来保证。所以在实施实股激励时，一定要在授予股权时将有关股权转让的细节通过一对一的书面协议约定清晰，包括但不限于激励对象受让股权的方式、价格、数量及未来转让的限制等。

而实股类激励标的变更工作主要集中在股东基本信息外的与激励标的直接相关的关键信息的变更上，并且与不同激励标的的应用相关性较大。

站在公司的角度来说，为确保工作的效率及必要的责任免除，实股类激励标的增减变更事项最好设置由激励对象在公司总体股权制度的框架下由个人发起申请后，公司进行相应的增减变更受理。而不是由公司主动发起各项增减变更。另外，遇到激励对象人数较多的情况，公司最好根据实际需要，设置统一的增减变更的窗口期，尽量集中办理。

2. 虚拟类激励标的增减变更

（1）虚拟类标的增减变更的情形

虚拟类标的的增加主要体现在增加新的激励对象，而非在册股东。而增加新的激励对象的情形通常为股权激励分期授予计划或引进新的人才。

虚拟类标的减少主要体现在激励对象的退出。实际退出过程中的主要工作内容有两个方向，即激励标的退出时的资金收益结算及给付；或将原有激励标的进行注销或做失效的确认，抑或是激励计划的结束处理。

虚拟类标的变更项体现在激励对象相关信息的变更或激励制度条款或激励标的授予协议的条款变更等；而更多的情形是由于虚拟激励标的不同的形式而对应的执行流程所带来的工作内容的变化。

（2）虚拟类标的增减变更注意事项

- 在职分红：授予股权时签订协议，约定分红权益；行权时激励对象根据制度规定填报行权申请；兑现时根据激励计划进行分红结算并兑付。
- 账面价值增值权：授予股权时签订协议，约定增值分享办法；行权时，条件成熟，由公司统一进行兑现，结算给付后本期计划结束。
- 超额利润分享计划：授予股权时签订协议，约定利润分配方式；行权时，业绩达成，公司进行结算兑付。

虚拟类标的可能的变更通常发生在标的授予后及兑现前由于执行原激励计划的客观条件发生重大变化的情形。例如，经营大环境带来的效益大浮下滑，以致无法如期履行原激励计划。

相较于实股类标的增减变更而言，虚拟类标的增减变更工作最好由公司统一发起。

3. 不同持股方式的增减变更

不同持股方式股权激励增减变更的工作内容不尽相同，如表 6-5 所示。

表 6-5

持股方式	增	减	变更	注意事项
员工直接持股	股东变更或增加	股东退出或变更	股东信息变更	可统一设变更窗口期
信托持股	协议变更	协议变更	修改协议	可统一进行协议变更
壳公司持股	股东变更或增加	股东退出或变更	股东信息变更	可统一设变更窗口期
有限合伙持股	合伙人入伙或变更	合伙人退伙或变更	合伙人信息变更	可统一设变更窗口期
职工持股会	内部花名册增加	内部花名册减少	内部花名册信息变更	可即时修改
工会持股	内部花名册增加	内部花名册减少	内部花名册信息变更	可即时修改
委托持股	协议变更	协议变更	修改协议	可即时修改
资管计划、私募股权基金持股	基金认购	基金转让	基本没有	认购人基本条件符合

6.4 股权激励不同模式的后期管理重点

不同的股权激励模式，其项目后期的管理工作重点不同，本节将根据不同的股权激励模式分别提炼其后期管理重点，供读者学习参考。

1. 股票增值权的后期管理重点

股票增值权是以股票增值为计算依据的奖金制度。我们将其后期管理重点浓缩为五个字，即算，定，授，行，兑。

（1）算——实施股权激励项目前的必要核算

- 根据股票增值计划条款预估增值额。
- 根据增值分享约定额计算兑现需要的奖金。
- 根据激励对象的达标程度计算个人应获奖金。

（2）定——确定关键取值策略

- 明确股票基准价取值策略。
- 明确股票增值额取值策略。

（3）授——标的授予

- 与符合授予资格的激励对象签订授予协议。
- 并按激励计划条款进行相应考核。

（4）行——行权

- 确认行权条件达成。
- 由激励对象根据规定流程发起书面申请。
- 由公司根据制度及协议约定准许激励对象行权。

（5）兑——兑现

- 公司根据制度兑现奖金。
- 代扣代缴相应个人所得税。
- 若进行股份支付应进行相应的工商变更手续。

2．账面价值增值权的后期管理重点

账面价值增值权是根据账面价值增值为计算依据的奖金制度。账面价值增值权一般应用于非上市公司，其后期管理重点主要有以下几方面。

（1）确定账面净值计算方法

确定账面净值可参照财务逻辑，即资产-负债=账面净资产=所有者权益=实收资本+资本公积+盈余公积+未分配利润。

（2）确定账面净值基准值

账面净值基准值通常以账面价值增值激励计划启动前最后一次财务审计结果为准；也可以根据公司实际情况，按激励计划实施当年年初经财务审计确认后的财务报表进行确定。账面净值基准值确定规则及方法应提前在激励计划中明确。

（3）签发授予证明

制作授予协议或证明并签订发放；制作授予人员花名册并存档。

（4）进入考核期

根据激励计划相关考核办法实施考核；考核结束后及时公布考核成绩。

（5）计算应付奖金

根据激励计划及考核成绩计算每个人的奖金；计算应付奖金总额；提前与财务确认发放奖金的时间及流程。

（6）奖金兑付

奖金兑付并代扣代缴个人所得税；如果有延期支付部分应一对一发送延期支付剩余额度报告。

3. 在职分红的后期管理重点

在职分红是企业税后利润分配权的分享计划，可以资金兑付奖金的一种奖金制度；也可以股份兑付作为企业长期激励计划。在职分红激励计划的后期管理重点如下。

（1）总分红额度确定

在总利润分配比例及额度的核算后，在激励计划中明示总分红额度的确定办法以及具体分配比例。

（2）个人分红比例确定

个人可以从总分红额度中分得的比例，可以利润为基准确定相应的比例或以净资产为基准确定相应的比例，比例一经确认不可轻易更改。

（3）个人分红计算

依据在职分红激励计划的规定，计算个人实际应分红的额度。

（4）分红资金兑付

依据在职分红激励计划，进行应分红的资金兑付。当期全额兑付的，兑付完成后进行相关手续的核销。例如，原有激励计划的失效或结束；当期部分兑付的，应明示每次资金兑付的部分及剩余部分的个性化报告；资金兑付需履行代扣代缴个人所得税义务。

（5）延期支付部分的资金管理

做好每期留存资金滚存的管理，资金余额信息披露机制的决定及执行。

（6）股份兑付

做好股份兑付计算；股份兑付手续办理；股份兑付的财务处理；股份兑付工商变更。

4．虚拟股权的后期管理重点

广义的虚拟股权是未经工商注册的与实股股份权益对应的股东权益的分享。其后期管理重点主要体现在权益约定、权益计算、权益兑付三个方面。

（1）权益约定

权益约定主要指明确出让股份权益的具体内容，是只可享受经济收益权，还是与实股股东同股同权？如果只可享受经济收益权，只包含分红权还是可享受分红权和股份的增值收益权？大部分虚拟股权只分享经济收益权的在职分红和股份增值收益权，不包括非经济收益权的分享。

（2）权益计算

依据虚拟股权激励计划和双方签订的授予协议条款进行权益计算；计算逻辑和方法可参考在职分红及账面价值增值计划。

（3）权益兑付

权益支付需确定是一次性兑付还是部分延期兑付；是资金兑付还是股份兑付；具体支付策略及管理重点参考在职分红和账面价值增值权计划。

5．经理人回购的后期管理重点

经理人回购多数应用于投资协议中利于投资方的风险控制条款。经理人回购的管理重点取决于投资协议关于回购条款的约定，是投资方为规避资金风险约定的经理人回购条款还是被投资企业为保证控制权要求的经理人回购权。不同方向的经理人回购约定，其后期管理重点不同。

如果是投资方为规避投资风险约定的经理人回购条款需针对约定条款提前设置预警机制，提前做好投资方启动经理人回购请求时的应对措施。例如，可以在即将触发回购条款前提前与投资方进行现实情况说明延缓回购程序的启动；或者在必须的经理人回购发生前准备相应的资金或提前启动回购资本融资计划。

如果是被投资企业为保证控制权而在业绩对赌条件达成后可按约定低于当期市值的情形下进行部分或全部股权回购的，应在适当的时机由被投资企业启动回购计划，并同步准备启动资金的融资计划。

6．超额利润分享计划的后期管理重点

超额利润分享计划的激励点是超出企业设定基准业绩之外的部分利润的分享权。其实施重点集中在基准利润确定、分享额度计算、奖金兑付三方面。

（1）基准利润确定

尽量选择激励对象相对认可度高的方式确定基准利润，如在历史业绩均值的基础上设定基准利润值；确定后不可轻易更改，并将确定办法写入公示制度。

（2）分享额度计算

根据公示超额利润分享计划制度，以及实际完成基准额外的利润计算分享额。

（3）奖金兑付

奖金兑付管理流程可参考在职分红计划。

7. 分红回偿的后期管理重点

分红回偿是认购股份本金的支付方式之一。

分红回偿的后期管理重点是根据股权激励计划及授予协议确定需要回偿的股权标的比例及本金的总额度；并确定回偿的具体方式，即全额回偿还是部分回偿，以及回偿期限；根据回偿兑付约定履行兑付义务。

8. 延期支付的后期管理重点

延期支付是公司当期奖励基金延期发放的制度安排。

延期支付的后期管理重点主要侧重于根据延期支付计划确定奖金额度，并计算当期应发奖金额度；确定当期及延期支付的具体比例；确定延期支付的标的是资金还是股权；确定延期支付的具体时间安排。

9. 出资购股的后期管理重点

出资购股指员工用自有资金购买公司的股份。出资购股的后期管理重点主要体现在以下六个方面。

（1）股份定价

股份定价尽量选择双方均可接受的估值逻辑，出资购股股权激励模式通常应用于公司创业初期，因其股权价值相对较低且风险较高，定价策略应秉持就低而不就高的原则。

（2）股份获得方式

股份获得方式是原有股东协议转让，还是原有股东同比稀释股份增资扩股，需提前做出股东决议，并根据股份获得方式进行相应的财务处理及工商变更。

（3）股份持有

股份强制持有期及持有期内应履行的义务约定。例如，股权不得进行质押或用于担保等。

（4）股份权利约定

受让股份所享受的具体权利应提前约定清晰，避免产生分歧。例如，在职分红权、投票决策权、优先认购及受让权、质询权等权利是否与其他股东同股同权。

（5）股份变现

股份变现通道的约定，是否允许公司股东相互转让股权，是否允许公司股东在放弃受让权时将股权转让给外部股东，是否允许持有人将股权转让给投资方，还是除公开募股外没有其他股份变现的出口。

（6）股份退出

受让对象在正常或非正常退出情形出现时退出办法的约定。

正常退出手续的办理，如离职、退休、去世；非正常退出办理，企业单方解除劳动合同及员工在锁定期内辞职的友好协商和相关手续的办理。

10．期股的后期管理重点

期股是可以分期付款的实股。期股的后期管理重点主要集中在分期付款的约定；总分期数，每期付款额度，付款方式，以及支付凭证的提供等。

11．技术入股的后期管理重点

技术入股指以技术作价支付本金来获得股份的方式。技术入股的后期管理重点主要体现在技术价值评估、持股比例、工商变更手续的办理三个方面。

（1）技术价值评估

技术价值评估最好请专业机构评估作价；如果企业能与技术专利发明者进行友好协商，双方共同确定价格也可。

（2）持股比例

通过技术价值与企业价值的计算，确定合理的技术作价入股的比例，或者双方商议直接确定持股比例。

（3）工商变更手续

技术入股需要进行技术专利知识产权的转让手续的办理；修改企业章程，进行工商变更，并在持股过程中设定技术专利发明者的锁定条件。

12．期权的后期管理重点

期权是企业授予激励对象未来可以购买公司股份的权利。期权的后期管理重点与其实施的流程环环相扣，包括授予时、行权时、限售期、变现期的管理。

（1）期权授予时

期权授予时的关键是公司与授予对象需签订一对一的授予协议，并在协议中清晰约定：未来可购买股份的时间；股份购买的价格；可购买股份数量的上限；需要满足的条件；购买股份发起的方式；购买股份的程序等。

（2）期权行权时

期权行权就是激励对象决定并购买公司股份的行为。激励对象根据授予协议的约定发起行权申请；公司予以受理；确定并告知申请人当期可行权数量；按约定进行当期购股手续的办理；并书面告知其未来剩余可行权上限。

（3）持股限售期

激励对象需依据授予协议的约定，持有行权后的股份一定的时间。公司根据章程约定兑现分红；不同行权方式及禁售期需要分别进行管理，如一次性行权的，在办理股份认购变更手续后行权结束，直接进入限售期；而在一段时间内分次行权的，应分别进行当期行权手续的办理，同时重新确定剩余可行权数及行权条件。做好新授予及原期权的行权交替工作。在限售期满时，最好有提醒机制。

（4）转让变现

激励对象可根据授予协议约定在适当变现出口进行转让变现。通常由授予对象发起转让变现申请；除上市公司员工直接持股的情形外，公司受理变现申请，进行转让变现手续的办理；兑付资金并代扣代缴个税。

13．优先股的后期管理重点

优先股是介于普通股和债券之间的一种混合证券。在现实应用中，优先股通常应用在投资中，而企业股权激励采取优先股模式的先例并不多见。

所以优先股的后期管理重点主要针对在公司引进股权投资时，投资协议关键条款的约定。例如，优先利润分配权、优先固定收益率的约定、优先出让权或优先受让权等。

14．赠予股份的后期管理重点

赠予股份是股东将自己持有的股份赠予受让对象。赠予股份的表象是赠送股份相关手续的办理，本质其实是受让对象以非资金价值换取股权的过程。

所以赠予股份的后期管理重点更侧重于为什么而赠，也就是受让对象需要用什么非资金价值来换取股权？换言之，非资金价值也就是知识、能力、时间及工作成果的设定和考核是赠予股份管理工作中的重点。

关于赠予条件，企业需要与受让对象进行书面约定：赠予条件的具体条款、赠予条件的认定考核办法、赠予条件成熟的股份赠予标的及兑现策略。

关于股份赠予手续的办理，不同的程序纳税逻辑有不同的程序。如果直接履行股份赠予程序，即 0 元转让股份，则受让对象需承担受让标的所产生的个人所得税。

15. 员工持股计划的后期管理重点

员工持股计划是员工自愿认购企业股份进行投资的过程。员工持股计划不属于股权激励，重点强调让员工持股的过程，而非用股份激励员工。本着遵循员工持股计划的三原则，即依法合规、自愿参与、风险自担的前提下，做好后期管理。

（1）自愿出资购买

相关法律法规明确规定，员工自愿购买股份，公司不得强行摊派。所以在后期管理中可以通过员工持股管理制度，明确公示市场公允股份价格，并披露必要的财务及经营信息，进行风险提示；强调员工自愿购买股份的申请流程及公司不进行任何员工购股资金的支持声明等。

（2）普惠式持股

员工持股计划更加强调公平、普惠，所以需适当弱化股份分配机制的思想，不是将股份分配给针对公司未来价值更大的岗位任职者或者关键人才，而是设定大多数员工符合的持股条件。

由于员工持股计划会带来持股人数多的问题，所以在后期管理中需要慎重选择持股载体，尽量避免自然人直接持股造成股权过度分散的问题。

（3）合法合规

我国有针对员工持股计划的法规，如《关于上市公司实施员工持股计划试点的指导意见》及《关于试点创新企业实施员工持股计划和期权激励的指引》等，这些法规明确规定了企业特别是上市公司员工持股计划的基本原则，以及实施策略，在后期管理过程中应以此作为工作重点方向的指引。

16. 限制性股份的后期管理重点

限制性股份是有限售期的实股激励。其实施后期的管理重点贯穿整个实施流程，即授予时签订协议，支付股本金认购过程的手续办理；限售期内的绩效考核；限售期满可转让条件达成的评估；转让变现时的申请受理及手续办理等。

17. 业绩股票的后期管理重点

业绩股票是以业绩达标为授予条件的实股激励。业绩股票激励标的实施后期的管理工作侧重于业绩条件的约定，内容包括业绩目标值、业绩达标时间、业绩达标评估办法等；业绩股票授予时的业绩评估及股票交割手续的办理；业绩股票授予后的财务账务处理等。

针对不同的激励模式，公司需要做好相应的股权激励项目后期管理工作，以保证股权激励实施过程的完整性，如果没有及时得当的后期管理工作，整个项目都可能失败。

第 7 章

带你成为：股权激励项目落地专家

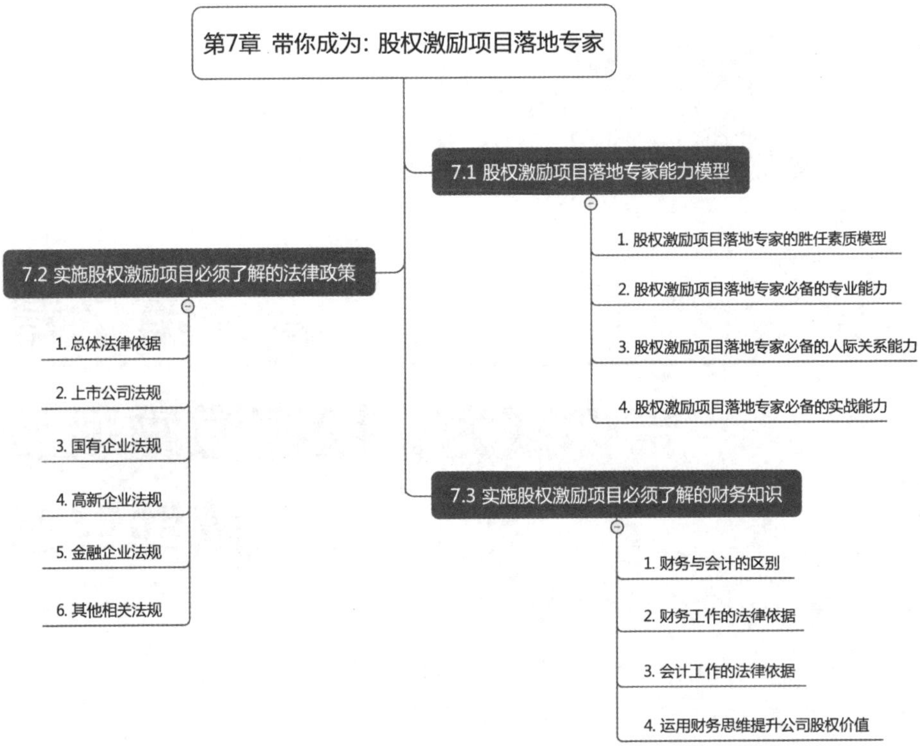

第7章 带你成为：股权激励项目落地专家
7.1 股权激励项目落地专家能力模型
1. 股权激励项目落地专家的胜任素质模型
2. 股权激励项目落地专家必备的专业能力
3. 股权激励项目落地专家必备的人际关系能力
4. 股权激励项目落地专家必备的实战能力
7.2 实施股权激励项目必须了解的法律政策
1. 总体法律依据
2. 上市公司法规
3. 国有企业法规
4. 高新企业法规
5. 金融企业法规
6. 其他相关法规
7.3 实施股权激励项目必须了解的财务知识
1. 财务与会计的区别
2. 财务工作的法律依据
3. 会计工作的法律依据
4. 运用财务思维提升公司股权价值

股权激励项目落地专家应该是什么样的？我为什么要成为股权激励项目落地专家？欢迎你带着这样的疑问阅读本章的内容。

此专家非彼专家，这里的专家指的是能力超出一般水平的，人群中更优秀的人；职场中习惯称他们为“牛人”；如果用一句话来概括他们，那就是：“他们最擅长的是将自己正在做的事短时间内变成自己最擅长的事！”

他们有值得人尊敬的品格；有自己独特的思维；他们是某领域中被很多人公认的专家；他们有丰富的实战经验；他们有独特的育人方法；他们有忠实的追随者；更令人敬佩的是，他们有不卑不亢的个性以及选择客户的勇气和资本。

而我也一直努力在成为“能为他人带来价值的真专家”的路上，从未停歇，这也是我要用后半生继续去追求的人生目标。

7.1　股权激励项目落地专家能力模型

股权激励项目落地专家需要的基本能力是专业能力、人际关系能力、实战（即帮助客户达成目标）的能力，而这些能力其实是一个人做好各项工作所必需的综合能力，也是一名职场精英必须掌握的关键胜任素质。

1. 股权激励项目落地专家的胜任素质模型

即使是股权激励项目落地专家，也会有优秀与平常之分。而优秀者少之又少，所以我们所指的专家，一定是专家中的优秀者。

优秀者与平常者之间最大的差别就是，优秀者身上具备的是专家的胜任素质，而平常者不过是刚刚具备可以实施股权激励项目的基本资格而已。

专家的胜任素质模型，如图 7-1 所示。

图 7-1

（1）资深专业水平

作为专家，自己所研究或从事的领域相关的专业知识必须达到资深水平。例如，作为股权激励项目落地专家，必须将有关股权激励的知识技能应用纯熟；力争达到“心手无剑”的境界。换言之，是根据公司所需运用专业知识助其目标达成，而非用专业知识“套”用公司。

（2）懂点心理学知识

之所以建议读者懂点心理学知识，是因为大多数专家的工作模式其实都是通过“售卖”自己的知识、技能和时间，甚至认知体系来提供咨询的；而咨询的工作模式最困难的不是专业本身够不够资深，而是咨询对象愿不愿意接受并且相信你能帮助他们实现目标。

例如，在咨询过程中，我听到最多的抱怨是：企业经营者总觉得员工不够努力，或者能力都达不到自己的要求。而事实是，企业经营者不停地用自己主观意识中的努力与否来要求员工，本就是一个永远都不可能解决的问题。因为员工永远也不知道企业经营者认为的努力是什么标准，其实就连企业经营者也说不清楚自己要求的努力到底是什么标准。要解决这样的问题，必须从本质入手，先明晰企业经营者主观世界中的“努力”包含什么具体的行为，重要的行为有哪些，行为背后期待的具体成果是什么，以及需要多长时间达成这些成果。然后需要咨询者与企业经营者共同分析这些主观“努力”背后的期待是否符合客观现实，即公司是否有足够的资源，员工是否具备知识、能力及时间去达成这些期待。

很多时候，通过运用心理学的知识和技能，可以将一些原本就不可能有解的“伪”问题转化成切实可行的工作计划去实施，并一步步实现既定目标。

（3）掌握教练技术

人们擅长站在自己主观的世界里评价他人的所作所为；并且喜欢在未被邀请的前提下给他人提一些自己认为对他人有益的建议。而事实却是，大多数人并不喜欢别人来评价自己的所作所为。

而教练技术最经典的部分是要相信人是有潜力的，最擅长解决自己的问题的人是我们自己，只是由于某种认知的陷阱使我们出现了暂时性的思维遮蔽。教练技术教会我们一种智慧的提问技术，通过系统的、有逻辑的提问方式，站在当事人的角度，通过不断地发问，一步步引导当事人自己找到问题的答案。

（4）通晓职业常识

所谓职业常识，其实就是在职场中大多数人认为“对”的东西。这里的职场包括广义的大职场和你在不同时间段里所处的小职场。例如，在广义的大职场中，大多数职场人认为通过能力的提升和加倍付出，获得升迁的概率更大。与自己的上司保持相对和谐的人际关系，获得重用的概率更大等。而此时你所在的小职场里，雇员的升迁却主要是由老板自己说了算，与雇员的能力和加倍付出，以及与自己直属上司的关系如何等联系并不大。而所有这些，作为专家的你，必须要在短时间内凭直觉做出判断。否则你可能会面临的现实是，使尽浑身解数也看不到想要的效果。因为有些小职场是不按常理“出牌”的。如果在这样的公司实施股权激励项目，任凭你的方案有多专业，实施过程有多么严谨，激励效果也会不尽如人意。

（5）熟知法律知识

作为股权激励项目实施专家，有必要熟知与股权激励项目实施相关的法律法规。在学习法律法规的同时，不断去寻找各项法规法律的立法目的及不同立法层级的法律法规之间的内在联系，更利于我们对其的掌握和应用。

（6）具有财务思维

这里的财务思维并非是会计理论。运用财务思维站在不同的视角去分析一家公司不同阶段的整体质量，对公司未来发展策略的选择帮助很大。只有财务视角，可以将不同行业、不同发展阶段，甚至完全不相关的公司的数据全部转换成货币计值放在一起做比较、分析。

我们可以运用财务思维对公司的基本面（如总资产周转率）、利润（毛利率及净利润率）、营业（营业周期的天数）、负债（经营负债的比率）、资产（运营资产占比）、资金（经营净资金流量）等与公司整体质量相关度较高的关键财务指标来分析并判断公司当期及未来的股权价值，为公司融资谈判提供有价值的依据。

我们可以运用财务思维对公司不同时期的资产结构、经营效率、竞争优势等进行详细分析，并不断为内部管理者提供关键的数据，以利于公司未来发展的决策。

以上是我认为的股权激励专家应具备的各项胜任能力及素质，我之所以没有具体推荐各项胜任力素质的学习途径，是因为我觉得一个爱学习的人，通常擅长找到适合自己学习的渠道和方法，去寻找并探索最适合自己的学习方法吧！

2. 股权激励项目落地专家必备的专业能力

股权激励属企业长期激励设计范畴，实施股权激励项目必备的专业能力包括与人力资源长期激励设计相关能力的组合，即企业组织架构设计、人力资源战略规划、企业长期激励计划、全面薪酬体系搭建、绩效管理体系设计、人力资源专业盘点、人才梯队建设能力及股权激励项目实施能力。

以上能力的组合运用，基于企业不同发展阶段的战略目标达成的需求。其基本逻辑是：股权激励项目的实施最终落在人才上；所以我们必须确定达成企业未来目标所需要的关键人才。而未来关键人才必须在清晰明确的组织架构的基础上才可确定。组织架构是为企业战略而服务的，所以学会研究公司战略是成为股权项目落地专家的起点。

还是那句："忘记自己学过什么，站在企业战略选择的现实角度，去思考如何在'用人'的环节助企业达成目标。"至于最终您所运用的专业知识，都是帮助企业达成目标的"手段和方法"，这种目标导向的思维和行动力就是一位股权激励项目落地专家必备的专业能力。

（1）企业组织架构设计能力

企业组织架构的设计建立在相关人员对企业未来发展方向及发展策略的选择上。简而言之，我们在认真思考并回答以下问题的基础上才可能设计出支持企业未来发展的组织架构。

- 企业要去哪里？即企业的愿景、使命是什么？
- 企业要用多久去那里？即企业不同时期的战略和目标是什么？
- 企业如何去？即企业的商业模式、产品和服务、赚钱的逻辑是什么？

通过以上关键问题的回答，我们可以确定企业需要带谁去？怎么去？有关组织架构设计的关键要素，包括基于战略目标选择的工作流程的梳理和设计、组织模式的整体布局、组织架构的确定、部门及具体岗位的设置、人才资源的盘点和获取等。

（2）人力资源规划能力

人力资源规划是在组织架构确立的前提下，具体解决并优化组织架构体系下的适才适岗的问题，包括以下六个方面的工作。

- 企业未来需要什么样的兵？即站在企业未来发展的角度分析并确定企业未来需要的人才数量及质量标准。
- 企业现在有什么兵？站在企业未来人才需求的角度，在企业内部实施专业的人才盘点，对企业现有人才进行包括并不限于以下各项指标的分析，即企业人才总体的软技能（职业素质）、硬技能（知识、经验、技能）、工作饱和度（时间及效率）、动机（持续的工作积极性）、稳定性等；尽可能地掌握企业内部人才的各项动态指标的变化，为未来人力资源整体规划策略提供必要的依据。
- 企业未来缺什么兵？根据企业对人才质量和数量的需求，参考现有人才的盘点结果，进一步确定企业在不同时间段内需要补给的人才。

- 企业缺的兵如何供给？企业通过外部人才吸引策略和内部人才发展计划的双通道机制来保证达到任职资格或符合胜任条件的人才及时到岗。
- 企业的兵是否各就各位？没有不优秀的人，只有没有放对位置的人才。将合适的人放在合适的位置上，通过工作分析、任职资格的测评、胜任能力的评估等专业方法，本着适才适岗的原则，通过动态调整不断优化人才与岗位的匹配度，提升组织核心能力。
- 企业如何持续提升组织能力？运用组织设计和发展策略做到人员的持续优化；运用管理梯队的建设和领导力水平的提升，保证企业组织的核心力量具备持续的战斗力；运用企业文化的无形之手，抚慰员工的心灵，使其满意度不断提升。

（3）长期激励计划设计能力

长期激励计划是保证员工具备持久战斗力的必备食粮。让员工发自内心地为自己而努力工作，是企业长期激励工作内容的目标和重心。所以，我们有必要去研究有关员工努力工作的核心要素，即动机、意愿、动力、行动。

- 动机：员工努力工作的内心原动力；我们需要站在员工的角度，思考并回答“我为什么要努力工作？”和“努力工作会获得什么价值？”的问题，在不断寻求能说服自己的答案中，找到让员工工作动机更强的源点。
- 意愿：有想做的理由，可能在行动与否间徘徊，需要精神和物质的刺激。
- 动力：有行动的准备，可能不知如何下手，需要资源支持和能力的提升。
- 行动：付诸行动，在行动过程中可能有倦怠或迷茫，需要不断引导、持续鼓励及长期激励。

以上过程其实不只是员工努力工作的核心要素，也是我们每个人持续保持做事热情的必要基础。为什么要做？做了对我有何价值？如何去做？不做又会怎样？这些问题是我们都要去面对的。只有建立在愿意做的基础上，而非不得不做的基础上，我们才会发自内心地努力，从而离自己的梦想越来越近。

（4）薪酬体系搭建能力

股权激励属于企业薪酬体系的一部分，股权激励项目的实施，对企业薪酬的公平性、竞争性起到至关重要的调节和补充作用。企业全面薪酬体系搭建的目标是让组织效率更高；让员工感到更公平、更满意、更有激情。

- 让组织效率更高。即通过薪酬体系的科学设计，是否可以提升企业的投入产出比率及人效比率；是否可能通过薪酬结构和薪酬水平的重新设计达到降本增效的目标。

- 让员工主观感觉更公平。通过科学的企业内部薪酬水平和结构的分析，外部薪酬水平和结构的调研，尽量保证企业内部薪酬政策的横向、纵向公平；外部具有合理的竞争水平。并且结合个人主观感受的调研和分析报告尽量降低薪酬不满意率和平均不满意度。
- 让员工主观感受更满意。面对并接受“分钱即是分感觉的”哲学现实；学习并运用“双因素理论”的思想；从解决人的主观公平的角度出发，结合企业资源局限的现实，尽最大可能去设计在支持企业战略的达成同时让员工主观感受更公平的薪酬体系。
- 让员工更有激情。员工工作激情的产生，一定是建立在没有或者很少有不满意的基础上。换言之，让员工产生对组织的兴趣甚至为之去充满激情地工作，前提是员工对组织没有太多的不满意。之所以不是更多的满意是因为现实中往往做到没有或者很少有不满意已属不易，更多的满意则是激励产生的效果，也就是我们这里所说的激情的产生。

基于上述目标，企业需要的是一套广义的包含员工基本工资、绩效奖金、年度奖励、长期股权激励及社会福利、企业特殊福利政策的薪酬体系。通过看得到的物质激励模式的科学设计，达到看不到的精神激励的效果。

（5）绩效管理体系设计能力

股权激励项目的实施过程，离不开企业绩效管理体系的不断完善。甚至股份标的兑现条件需要与绩效管理挂钩。

绩效管理的重心在管理，通过对企业绩效的全面管理，不断提升组织的整体绩效。企业全面绩效管理，包括目标设定、目标的分解、绩效考核、结果应用和绩效反馈、绩效提升六方面的工作；而企业绩效管理也是通过这六个方面工作的动态循环而实现绩效不断提升的。

① 目标的设定和分解

目标设定是企业实现愿景和使命的必经之路。根据企业不同的价值创造阶段，设定不同时间段内具体的、可衡量的且有可能实现的目标。没有总体目标的设定，绩效管理工作将无法展开。

目标分解是将企业总体目标通过横向层层分解至各业务单元、各部门、各岗位、每个人；通过纵向层层分解至每年、每季度、每月、每周的过程。目标分解的是绩效管理价值实现的重要环节，通过绩效管理可使企业总体目标与每个人每天的工作直接挂钩；从而实现每个人认真将每天的工作做好，企业的总体目标才能实现。

② 绩效考核

绩效考核相对于绩效管理而言，是一个“点”的话题。绩效考核是用于检查某一段时间内公司整体绩效，同时也是企业检验总体目标实现的阶段性成果的工作。其重点在于用合理的计分方法对之前已经约定的考核指标（由公司总体指标分解）进行质量和数量方面的考核。

③ 绩效反馈和结果应用

绩效反馈和结果应用是将绩效考核的结果用数据的方式进行确定和呈现并应用的过程。应用领域包括公司整体及各业绩单元和员工个人绩效的分析和提升计划、员工晋升或激励的重要参考依据、培训需求的依据、薪酬设计的参考、股权激励的数据对接、员工发展规划参考等。

④ 绩效提升

绩效提升是企业及个人找出每期绩效考核的结果与目标之间的差距，运用系统分析的方法，提出改进和提升绩效的具体计划，并执行的过程。

在企业绩效管理实践中，我们常用的工具有以下七种，本书仅做简要介绍供读者延展学习参考。

- 战略地图（SM：Strategy Map）。由平衡计分卡的创始人罗伯特·卡普兰和戴维·诺顿提出。战略地图是以平衡计分卡的四个层面目标（财务层面、客户层面、内部层面、学习与增长层面）为核心，通过分析这四个层面目标的相互关系，绘制而成的企业战略因果关系图。通过企业战略因果关系的梳理，绘制具有全面绩效指导意义的战略地图来显示企业战略目标的分解过程。
- 绩效棱柱模型（PP：Performance Prism）。由克兰菲尔德学院教授 Andy Neely 与安达信咨询公司于 2000 年联合开发的三维绩效框架模型：用棱柱的五个方面分别代表组织绩效内在因果关系的五个关键要素，即利益相关者的满意、利益相关者的贡献、组织战略、业务流程和组织能力。通过对组织绩效关联度较高的五个绩效要素的全面分析，去分解不同的组织子系统应承担的企业目标所对应的责任。
- 目标管理（MBO：Management By Objective）。目标管理理论是由现代管理大师彼得·德鲁克根据目标设置理论提出的目标激励方案。目标管理强调组织群体共同参与指定具体的、可行的、能够客观衡量的目标。运用目标管理的思想，相信员工是“企业小社会”中的一个社会人，相信并且强调员工可以通过自我控制而非他人管理来主动承担企业目标中的个体责任。

- 关键绩效指标（KPI：Key Performance Indicator）。关键绩效指标是通过对企业目标的关键成功要素的分解，形成组织内部各子系统及子系统中的每个组织个体的小目标的过程。通过个体小目标的实现，从而达成企业目标。关键绩效指标的理论基础是由意大利经济学家帕累托基于“二八原理”提出的一个经济学原理，即一个企业在价值创造过程中，每个部门和每位员工的 80%的工作任务是由 20%的关键行为完成的，抓住 20%的关键，就抓住了主体。
- 关键成功因素法（CSF：Critical success factors）。关键成功因素法是信息系统开发规划方法之一，1970 年由哈佛大学教授 William Zani 提出。关键成功因素法就是通过分析找出企业目标达成的关键因素，然后再围绕这些关键因素来确定企业整体的需求，并进行规划的过程。
- 目标与关键成果法（OKR：Objectives and Key Results）。目标与关键成果法是企业进行目标管理的一个简单有效的系统，它能够将目标管理自上而下贯穿到基层。这套系统由英特尔公司制定，被投资者约翰·都尔引入谷歌，并一直沿用至今。也是目前人力资源界比较热门的绩效管理技术。
- 平衡积分卡（BSC：Balanced Score Card）。按照卡普兰和诺顿的观点，平衡计分卡是一种绩效管理的工具。传统的财务会计模式只能衡量过去发生的事情（落后的结果因素），但无法评估组织前瞻性的投资（领先的驱动因素）。组织必须通过在客户、供应商、员工、组织流程、技术革新等方面的投资，获得持续发展的动力。组织应从四个角度审视自身业绩：创新与学习、业务流程、顾客、财务。

以上是我们听说较多，且应用较广的绩效管理方法。实践证明，没有一种方法可以直接应用到任何一家企业中，很多时候，我们可能运用的是各种方法的组合。我们可以在系统学习前辈们的各种理论和实践成果的基础上，去创新自己企业的绩效管理思想。所有的绩效管理之术必须建立在适合自己企业发展之道的前提下，切忌“术”的过度学习和应用，造成用绩效管理之术生搬硬套企业，不仅达不到企业绩效提升的目的，反而会滋生很多无法预想的问题。

（6）人力资源盘点能力

人才是企业资本的重要组成部分，企业也需要适时掌握自己的人才资源情况。

而股权激励的实施，尤其是股份分配也需要建立在企业人力资源盘点结果的前提下才有意义。

企业通常可以通过以下六个方面完成人力资源盘点。

- 企业进行人才盘点的出发点是以始为终，即是基于当下的人才资源规划未来；还是基于未来的规划倒推当下的人才需求。前者重在掌握当下的人才数据，后者则重在找到未来的人才需求。
- 企业未来需要什么人才及企业当下有什么人才资源。
- 通过盘点找出完成 80%业绩的 20%的关键人才；而股份分配的原则也是将股份重点分配给企业的关键人才。
- 通过盘点不断优化人岗匹配度，保证企业核心岗位上的任职者是 20%的关键人才。
- 通过能力和态度双指标，区分人“财”（意愿强、能力强）；人“才”（意愿弱、能力强）；人“材”（意愿强、能力弱）；人“裁”（意愿弱、能力弱），并分别制定任用和激励策略。即重用人“财”；培养人“材”；策略使用人“才”；淘汰人“裁”。并形成动态的、积极的企业吸引、保留、激励人才的人力资源管理战略。
- 企业通过不断的人才盘点和分析，逐步形成以助力企业目标达成为使命、打造高胜任能力组织为追求、适才适岗为底线的良性循环。通过不断提升人才的核心能力及核心人才的占比来优化组织的整体核心竞争力。

（7）人才梯队建设能力

人才是企业的第一生产力。为了生存和发展，企业必须跟上科技进步的步伐；甚至现在和未来的企业要通过颠覆式创新才能得以生存。而所有这一切，都需要人才这一流动的、鲜活的、动态的特殊资源，经过科学组合成为有核心竞争力的组织才可能实现。

因此，企业永远需要一支训练有素，具备未来一定时期内核心能力的人才队伍，人力资源部门必须适时做好人才梯队发展建设工作。人才梯队建设可以从未来人才需求分析、战略人才储备、人才发展路径、人才培养机制四方面开展。

- 人才需求分析：企业需要根据战略发展，确定不同时期的人才需求；让员工清楚自己不同时期需要达到的胜任能力要求；建立公平、公正的人才竞争机制，让优胜劣汰在机制中自然发生。
- 战略人才储备：通过外部人才随访和内部人才储备等机制，确保未来人才的供应。

- 人才发展路径：建立管理和专业双通道发展路径，破除唯有升迁至管理者才会有发展的独木桥机制；尽最大可能让人才需求与企业的需求相结合。
- 人才培养机制：将人才根据能力水平分成不同的专业等级，分别制订短期及长期的培养计划，形成由资深专家传授、老人带新人的人才长效培养机制。

企业通过系统分析，确定未来的人才需求数量及能力要求；通过战略人才储备和双通道的人才发展路径，以及科学的人才培养共同作用机制，保证战略目标的实现，企业的长久发展。

（8）股权激励项目实施能力

股权激励项目的实施能力属于股权激励项目专家的基本能力。如图 7-2 所示。而这本书，也是为此而准备。希望你通过阅读本书，获得股权激励项目专家的基本能力。

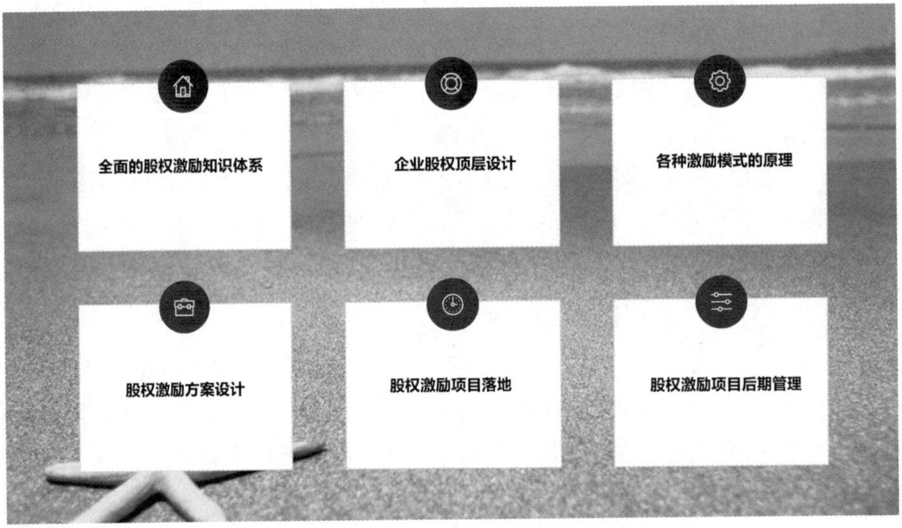

图 7-2

3. 股权激励项目落地专家必备的人际关系能力

作为股权激励项目落地专家，健康的人际关系交往价值观和能力，是其开展工作的基本素质。除去性格对人际交往意愿的影响，大多数人际交往的能力是可以通过后天的学习或适应生存和发展环境的需要而习得的。

所以，这里所指的人际交往能力和要求，是指自己在有交往意愿的前提下，才有意义。股权激励项目落地专家因其发展所需，最好具备外部双赢，内部“合协”

的人际关系交往能力。

（1）外部双赢

外部双赢是专家所从事的具有咨询特性的职业所必备的人际交往能力。因为你可能不在组织内部，而是以第三方的角色为组织提供咨询服务，所以，力争双赢的人际交往理念和原则是你获得客户信任的第一步。而双赢的人际交往需要你和企业的良性互动，并做到以下几点才可能实现。

- 平等合作。平等合作是基础，股权激励项目专家需要视企业管理者为平等的交流对象；而企业管理者则视专家为“货比三家”的潜在选择对象，与专家平等地建立合作关系，平等地进行沟通和交流，视专家为平等的合作方。
- 互利互惠。企业管理者需要达成战略目标需要得到专家的支持和帮助；而专家需要在为企业管理者提供服务过程中获得成就感和职业发展，双方站在互利互惠的前提下展开合作。
- 契约精神。企业管理者和专家通过契约建立互信的合作关系；双方在平等、尊重、协商一致的前提下建立契约。
- 优势互补。企业管理者处在“局”中，容易出现当局者迷的窘境；作为专家，一定要相信企业管理者自身的潜力，运用第三方角色的优势和专业方法，引导企业出“局”思考，鼓励企业撕开思维遮蔽之纱，勇敢地行动，鼓励企业运用自身的潜在力量去解决问题并达成目标。
- 求同存异。作为专家，你的方法未必在所有企业中都是有效的；你的理念未必在企业的任何阶段都是适合的。大胆给出你认为对企业发展有利的建议，勇于接受企业管理者的不同意见，求同存异；你的目标是帮助企业管理者达成企业的目标，而非你的建议是否被采纳。
- 不卑不亢：优秀的专家更有勇气和资本选择适合自己的客户。面对可能暂时气场不对路的客户，可以勇敢且礼貌地拒绝为其提供咨询服务；而你需要不断修炼和提升的是你对客户的直觉判断及拒绝和你不对路的客户的资本和勇气。

（2）内部“合协”

这里之所以用“合协”而非和谐，是因为企业中的团队合作不只追求和谐的氛围，更重要的是在合作、协同的前提下和谐的竞争。

而专家的价值是在为企业的服务过程中实现的，也是在作为内部“合协”团队中的一分子的过程中实现的。无论你在企业外部，还是内部，人际交往都是一个永无止境的话题。如果你在企业内部实现价值，作为专家，有几点人际交往原则可以借鉴。

- 与领导交往：做一个合格的下属或者追随者，通过成就领导来成就自己。很多人的成长和发展都是“踏着领导的肩膀”实现的，而踏其肩必先助其有肩可踏才更现实。
- 与同事交往：向比你专业的人请教，让对方感到舒服。
- 与下属交往：收起你的权利，以专业和人格魅力赢得他人的尊重和追随。

无论外部的双赢，还是内部的“合协”，良好的人际关系都离不开人与人之间的尊重；中立地看待每个人的独特；理解他人的世界。信用是你必须坚守的堡垒；价值互换是长久交往的纽带；真实是获得信任的基础。

4. 股权激励项目落地专家必备的实战能力

除了以上所有的能力组合外，优秀的股权激励项目落地专家，想要获得更有优势的核心竞争能力，还必须在实践中培养自己乱中有序、闹中取静、不卑不亢、顺势而为、坚持原则、适时引导的价值观和能力。

（1）乱中有序

作为专家，你经常要面对的并不是客户清晰的需求，而是一堆毫无关联的抱怨式问题的堆集及随时变换的各种急待解决的，实际根本无法解决的“伪”问题。

你需要保持头脑的清醒和冷静，运用目标引导、同类项合并、强制排序等方法引导客户将所有的问题转换成问题背后有实现意义的目标，并且将目标逐渐分解并细化为组织内各业务模块或个体可执行的行为。

（2）顺势而为

这里的势，指大势。专家必须时刻保持对市场及社会整个大环境的敏锐度，养成快速了解时事的能力，尽量避免出现客户提出的观念和词汇自己一无所知的尴尬局面。而在提供咨询服务的过程中，有时候你不得不将其实本质没有太大改变的一些传统理念和言语运用客户认为的“时髦”的语言及工具传递给对方。

（3）坚持原则

如果你没有自己的原则，其实你不太具备专家的资格。而所有的专家之所以被称为专家，是因为他们身上有着大多数人不具备的有能量的原则。

有时候，面对客户，我们面临说与不说的两难境地时，宁可选择暂时不语也不必附和，甚至可以将“可否长久合作”置之度外，也要坚持自己认为真正对客户生存或发展有利的原则。事实是，你坚持应有的原则更容易让客户意识到你对原则的坚持对他们的价值和意义是深远的。

（4）适时引导

作为专家，你需要擅长审时度势，随时发现适合引导客户的时机；运用个性化的方法，巧妙地让客户自己意识到需要改变。

例如，你可以不用直接告诉对方，企业当前并不适合系统科学的绩效管理方案；而是直接邀请他用一下午的时间和你一起完成某一重要岗位的目标分解；直到对方自己说出我的企业现在不具备绩效管理的资源时，将更适合企业现状的方案拿出来给他讲解。

以上将自己打造成股权激励项目落地专家的理念和经验，是我多年来秉承“自己愿意且可以成为某方面的专家”的信念，并在一步步向之迈进的过程中经验的总结。

7.2　实施股权激励项目必须了解的法律政策

在企业中实施股权激励项目，底线是合法合规。本节将站在合法的角度，重点提示在实施股权激励项目实施过程中需要了解或掌握的法律法规。

我们将根据我国立法的法律法规的效力层级向读者分别介绍与股权激励直接相关的法律法规内容。

1．总体法律依据

与股权激励实施过程直接相关的总体法律如图 7-3 所示。

图 7-3

（1）《中华人民共和国公司法》

在股权激励项目实施前，我们必须认真研读《中华人民共和国公司法》，特别是以下内容需要重点学习并应用。

- 《中华人民共和国公司法》的立法目的：规范公司的组织和行为，保护公司、股东和债权人的合法权益，维护社会经济秩序，促进社会主义市场经济的发展。
- 股东基本权利受保护：股东依法享有资产收益、参与重大决策和选择管理者等权利。
- 可个性化约定条款：凡是在《中华人民共和国公司法》中可以自行约定的条款，一定要认真学习并在实践中注意约定。
- 出资多样化：货币或非货币，应签发出资证明。
- 股东的权利：明确持股比例、分红、投票决策权、质询权、查阅企业经营资料等的规定。
- 股权的转让：明确转让的权利和转让的程序（可约定）。
- 股权的继承：可以约定。
- 股份有限公司：相关条款一定要阅读，如合并、分立、解散、清算、破产等有相关法律规定。
- 其他相关内容：《中华人民共和国公司法》中与企业实施股权激励有关的内容的了解，如公司采取回购本公司股份的方式作为股权激励标的来源，则必须详细阅读有关公司回购条款的内容。

（2）《中华人民共和国劳动法》

企业与激励对象建立合法劳动关系，签订书面劳动合同是参与股权激励项目的前提。所以，我们需要认真学习与劳动关系建立和维持直接相关的《中华人民共和国劳动法》《中华人民共和国劳动合同法》及《中华人民共和国劳动合同法实施条例》的有关内容。并且清楚地了解《中华人民共和国劳动法》《中华人民共和国劳动合同法》的不同作用。

- 《中华人民共和国劳动法》是保证劳动者的合法权益，调整劳动关系，建立和维护适应社会主义市场经济的劳动制度。
- 《中华人民共和国劳动合同法》的立法目的为是完善劳动合同制度，明确劳动合同双方当事人的权利和义务，保护劳动者的合法权益，构建和发展和谐稳定的劳动关系。

- 《中华人民共和国劳动合同法实施条例》是为了进一步贯彻实施劳动法而制订。

（3）《中华人民共和国证券法》

如果是上市公司实施股权激励项目，必须认真研读《中华人民共和国证券法》。详细了解《中华人民共和国证券法》与股权激励项目实施直接相关的条款。

- 《中华人民共和国证券法》的立法目的是规范证券发行和交易行为，保护投资者的合法权益，维护社会经济秩序和社会公共利益，促进社会主义市场经济的发展。
- 证券交易当事人依法买卖的证券，必须是依法发行并交付的证券。非法发行的证券，不得买卖。
- 在中华人民共和国境内，股票、公司债券或国务院依法认定的其他证券的发行和交易，适用本法；本法未规定的，适用《中华人民共和国公司法》和其他法律、行政法规的规定。
- 依法发行的股票、公司债券及其他证券，法律对其转让期限有限制性规定的，在限定的期限内不得买卖。

（4）《中华人民共和国合同法》

股权激励项目实施中的各种合同协议都须以《中华人民共和国合同法》为依据。而所有合同或协议的订立都必须遵循合同法的立法精神，订立合同各方需在平等自愿，协商一致的前提下签署合同，在合法的契约关系下履行义务并享受相应的权益。学习《中华人民共和国合同法》，需重点关注以下几点。

- 《中华人民共和国合同法》是调整平等主体之间交易关系的法律。
- 主要规定合同的订立、合同的效力及合同的履行、变更、解除、保全、违约责任等问题。
- 合同是当事人协商一致的产物，是两个以上的意思表示相一致的协议。
- 合同以发生、变更、终止民事法律关系为目的。
- 合同是当事人在符合法律规范的基础上达成的协议，故应为合法行为。

（5）《中华人民共和国合伙企业法》

企业通常采用有限合伙企业的形式使激励对象成为其有限合伙人，而间接持有目标公司的股份激励标的。所以在实施股权激励项目时，需要重点学习《中华人民共和国合伙企业法》的相关规定。

- 《中华人民共和国合伙企业法》的立法目的是规范合伙企业的行为，保护合伙企业及其合伙人、债权人的合法权益，维护社会经济秩序，促进社会主义市场经济的发展。

- 《中华人民共和国合伙企业法》所称的合伙企业，是指自然人、法人和其他组织依照本法在中国境内设立的普通合伙企业和有限合伙企业。
- 有限合伙企业由普通合伙人和有限合伙人组成，普通合伙人对合伙企业债务承担无限连带责任，有限合伙人以其认缴的出资额为限对合伙企业债务承担责任。
- 有限合伙企业至少有一位普通合伙人，普通合伙人执行合伙事务。
- 国有独资公司、国有企业、上市公司及公益性的事业单位、社会团体不得成为普通合伙人。
- 其他有关有限合伙企业的规定。

(5)《中华人民共和国会计法》

在股权激励项目实施过程中，企业财务人员负有熟悉《中华人民共和国会计法》及股份支付相关法律法规的义务；而股权激励项目负责人有告知义务。

- 《中华人民共和国会计法》的立法目的是为了规范会计行为，保证会计资料真实、完整，加强经济管理和财务管理，提高经济效益，维护社会主义市场经济秩序。
- 各单位必须根据实际发生的经济业务事项进行会计核算，填制会计凭证，登记会计账簿，编制财务会计报告。
- 会计人员应当具备从事会计工作所需要的专业能力。
- 下列经济业务事项，应当办理会计手续，进行会计核算：款项和有价证券的收付；财物的收发、增减和使用；债权债务的发生和结算；资本、基金的增减；收入、支出、费用、成本的计算；财务成果的计算和处理；需要办理会计手续、进行会计核算的其他事项。

(6)《中华人民共和国企业所得税法》

股权激励标的的选择，企业所得税前列支的是费用，企业所得税后分配的是红利；需根据企业所得税法的规定进行区分并依法履行纳税义务。企业所得税法与股权激励相关的内容提示。

- 在中华人民共和国境内，企业和其他取得收入的组织（以下统称企业）为企业所得税的纳税人，依照企业所得税法的规定缴纳企业所得税。
- 个人独资企业、合伙企业不适用本企业所得税法。

- 企业所得税的税率为 25%。
- 非居民企业取得本法第三条第三款规定的所得，适用税率为 20%。
- 企业每一纳税年度的收入总额，减除不征税收入、免税收入、各项扣除及允许弥补的以前年度亏损后的余额，为应纳税所得额。
- 企业以货币形式和非货币形式从各种来源取得的收入均计入收入总额。包括销售货物收入；提供劳务收入；转让财产收入；股息、红利等权益性投资收益；利息收入；租金收入；特许权使用费收入；接受捐赠收入；其他收入。

（7）《中华人民共和国个人所得税法》

股权激励是将股权作为标的通过一系列的以激励员工为目的运作而最终转换为员工的经济收入达到激励员工效果的过程。站在履行个人所得税义务的角度，需要确认股权激励过程中员工收入的类型，包括但不限于工资奖金、股息红利、财产转让所得、获赠所得、提供劳务等；不同的所得类型需要缴纳相应的个人所得税。

《中华人民共和国个人所得税法》的掌握，关乎员工切身利益和股权激励效果，有必要认真学习。

- 在中国境内有住所，或者无住所而在境内居住满一年的个人，从中国境内和境外取得的所得，依照个人所得税法规定缴纳个人所得税。
- 在中国境内无住所又不居住或者无住所而在境内居住不满一年的个人，从中国境内取得的所得，依照个人所得税法规定缴纳个人所得税。
- 与股权激励相关的应纳个税所得额有：工资薪金所得（实行超额累进税率 3%～45%）、利息、股息、红利所得；财产转让所得，偶然所得（20%）。
- 对股票转让所得征收个人所得税的办法，由国务院财政部门另行制定，报国务院批准施行。
- 财产转让所得，按照一次转让财产的收入额减除财产原值和合理费用后的余额，缴纳所得税。
- 扣缴义务人在向个人支付应税款项时，应当依照税法规定代扣税款，按时缴库，并专项记载备查。

（8）《中华人民共和国民事诉讼法》

除以上法律外，我们有必要在实施股权激励项目前阅读民事诉讼法，因为无论劳动关系还是股权激励所可能产生的纠纷均属于民事诉讼。

- 《中华人民共和国民事诉讼法》的任务，是保护当事人行使诉讼权利，保证人民法院查明事实，分清是非，正确适用法律，及时审理民事案件，确认民事权利义务关系，制裁民事违法行为，保护当事人的合法权益，教育公民自觉遵守法律，维护社会秩序、经济秩序，保障社会主义建设事业顺利进行。

- 人民法院受理公民之间、法人之间、其他组织之间及他们相互之间因财产关系和人身关系提起的民事诉讼，适用民事诉讼法的规定。
- 因合同纠纷提起的诉讼，由被告住所所在地或者合同履行地人民法院管辖。
- 因公司设立、确认股东资格、分配利润、解散等纠纷提起的诉讼，由公司所在地人民法院管辖。
- 合同或者其他财产权益纠纷的当事人可以书面协议选择被告住所所在地、合同履行地、合同签订地、原告住所所在地、标的物所在地等与争议有实际联系的地点的人民法院管辖，但不得违反本法对级别管辖和专属管辖的规定。

本书仅对与股权激励相关的法律做重点提示，请读者自行查阅最新版本的法律原文进行学习。

2. 上市公司法规

上市公司有关股权激励及员工持股的法规主要包括员工持股法规、股权激励法规、员工持股与股权激励通用法规。

（1）上市公司员工持股法规

上市公司员工持股法规主要是，中国证券监督管理委员会公告的《关于上市公司实施员工持股计划试点的指导意见》。该法规主要从四个方面对上市公司员工持股进行了相关规定，即基本原则、主要内容、实施程序、披露和监管，以下仅做重点提示，请读者查阅法规原文学习。

- 基本原则：依法合规原则、自愿参与原则、风险自担原则，如图 7-4 所示。

图 7-4

- 主要内容：参与对象、资金来源、股票来源、持股期限、持股计划的规模、员工持股计划的管理，如图 7-5 所示。

参加对象

员工持股计划的参与对象为公司员工，包括管理层人员。

持股计划的规模

上市公司全部有效的员工持股计划所持有的股票总数累计不得超过公司股本总额的10%，单个员工所获股份权益对应的股票总数累计不得超过公司股本总额的1%。员工持股计划持有的股票总数不包括员工在公司首次公开发行股票上市前获得的股份、通过二级市场自行购买的股份及通过股权激励获得的股份。

股票来源

员工持股计划可以通过以下方式解决股票来源：上市公司回购本公司股票；二级市场购买；认购非公开发行股票；股东自愿赠予；法律、行政法规允许的其他方式。

持股期限

每期员工持股计划的持股期限不得低于12个月，以非公开发行方式实施员工持股计划的，持股期限不得低于36个月，自上市公司公告标的股票过户至本期持股计划名下时起算；上市公司应当在员工持股计划届满前6个月公告到期计划持有的股票数量。

资金来源

员工持股计划可以通过以下方式解决所需资金：员工的合法薪酬；法律、行政法规允许的其他方式。

员工持股计划的管理

自行管理或授权具有资产管理资质的机构管理。信托公司、保险资产管理公司、证券公司、基金管理公司、其他符合条件的资产管理机构。

图 7-5

- 实施程序：可遵循以下五个步骤，并注意与其对应的法规规定。

第一步：征求意见。上市公司在实施员工持股计划前，应当通过职工代表大会等组织充分征求员工意见。

第二步：提出员工持股计划草案。上市公司董事会提出员工持股计划草案并提交股东大会表决，员工持股计划草案至少应包含如下内容。

员工持股计划的参与对象及确定标准、资金、股票来源；员工持股计划的存续期限、管理模式、持有人会议的召集及表决程序；公司融资时员工持股计划的参与方式；员工持股计划的变更、终止，员工发生不适合参加持股计划情况时所持股份权益的处置办法；员工持股计划持有人代表或机构的选任程序；员工持股计划管理机构的选任、管理协议的主要条款、管理费用的计提及支付方式；员工持股计划期满后员工所持股份的处置办法；其他重要事项。

第三步：独立董事或监事会发表意见。独立董事和监事会应当就员工持股计划是否有利于上市公司的持续发展，是否损害上市公司及全体股东利益，公司是否以摊派、强行分配等方式强制员工参与本公司持股计划发表意见。上市公司应当在董事会审议通过员工持股计划草案后的两个交易日内，公告董事会决议、员工持股计划草案摘要、独立董事及监事会意见及与资产管理机构签订的资产管理协议。

第四步：律师出具法律意见书。上市公司应当聘请律师对员工持股计划出具法律意见书，并在召开关于审议员工持股计划的股东大会前公告法律意见书。

第五步：表决通过。员工持股计划拟选任的资产管理机构为公司股东或股东关联方的，相关主体应当在股东大会表决时回避；员工持股计划涉及相关董事、股东的，相关董事、股东应当在股东大会表决时回避；公司股东大会对员工持股计划做出决议的，应当经出席会议的股东所持表决权的半数以上通过。

- 披露和监管：员工持股计划监管的核心是防止内幕交易的发生，在学习相关法规时，可以注意以下几个数字或时间的相关法规提示。

两个交易日：上市公司实施员工持股计划的，在完成标的股票的购买或将标的股票过户至员工持股计划名下的两个交易日内，以临时公告形式披露获得标的股票的时间、数量等情况。

5%：员工因参加员工持股计划，其股份权益发生变动，应当履行相应义务的，应当依法履行；员工持股计划持有公司股票达到公司已发行股份总数的 5%时，应当依据法律规定履行相应义务。

6 项：上市公司至少应当在定期报告中披露报告期内下列员工持股计划实施情况：报告期内持股员工的范围、人数；实施员工持股计划的资金来源；报告期内员工持股计划持有的股票总额及占上市公司股本总额的比例；因员工持股计划持有人处分权利引起的计划股份权益变动情况；资产管理机构的变更情况；其他应当予以披露的事项。

（2）上市公司股权激励法规

上市公司实施股权激励，主要依据的法规是《上市公司股权激励管理办法》及其他有关信息披露的备忘录。

读者重点需要学习《上市公司股权激励管理办法》的相关内容，并根据公司实施的股权激励模式选择深度学习有关限制性股权或者股票期权的具体内容。

有关法规原文内容，本书不做赘述，请读者自行查阅最新版本的法规原文。

（3）上市公司员工持股与股权激励通用法规

以下为与上市公司实施股权激励或员工持股计划相关的通用法规，读者可根据列举内容进行延展学习。

- 上市公司董事、监事和高级管理人员所持本公司股份及其变动管理规则。
- 上市公司大股东、董事、监事、高管减持股份的若干规定。
- 上市公司股东持股变动信息披露管理办法。

- 工商行政管理机构股权出质登记办法等。

3．国有企业法规

国有企业有关股权激励的法规设立原则是防止在股权激励项目的实施过程中，造成国有资产的流失。国有控股或参股企业实施股权激励项目的法规主要有以下几方面。

（1）关于员工持股的相关法规

《关于国有控股混合所有制企业开展员工持股试点的意见》及《股份制试点企业国有股权管理的实施意见》的通知。

（2）关于股权激励的相关法规

国务院国有资产监督委员会、财政部《关于规范国有控股上市公司实施股权激励制度有关问题的通知》《国有控股上市公司（境内）实施股权激励试行办法》；《国有控股上市公司（境外）实施股权激励试行办法》。

（3）员工持股与股权激励通用法规

《企业国有资产交易监督管理办法》《企业国有资产评估管理暂行办法》《企业国有产权转让管理暂行办法》。

（4）地方政策：各省市关于进一步深化国资国企改革的意见。

4．高新企业法规

（1）高新技术企业与股权激励实施的特殊法规

主要是关于《国有科技型企业股权和分红激励暂行办法》的问题解答。

解答围绕高新技术企业实施股权和分红激励的四个关键部分，即企业适用条件；对激励对象要求；激励实施条例；激励方案管理的 35 个常见问题进行了解答。

（2）高新技术有关股权激励的其他规定列举

- 《关于在部分中央企业开展分红权激励试点工作的通知》。
- 《国务院办公厅转发财政部、科技部<关于国有高新技术企业开展股权激励试点工作指导意见>的通知》。
- 《财政部、科技部关于实施<关于国有高新技术企业开展股权激励试点工作的指导意见>有关问题的通知》。
- 《财政部、科学技术部<关于中关村高新技术企业产权激励试点工作>的复函》。
- 《关于印发<关于支持科技成果出资入股确认股权的指导意见>的通知》。

- 《关于印发<关于进一步加强职务发明人合法权益保护促进知识产权运用实施的若干意见>的通知》。
- 《财政部、国家知识产权局<关于加强知识产权资产评估管理工作若干问题>的通知》。

5. 金融企业法规

金融企业实施股权激励，可以了解以下专项法规内容。

（1）金融企业通用法规

- 《财政部、中国人民银行、银监会、证监会、保监会<关于规范金融企业内部职工持股>的通知》。
- 《财政部关于金融类国有和国有控股企业负责人薪酬管理有关问题的通知》。

（2）银行业企业适用法规

- 《中国银监会办公厅关于银行业金融机构进一步做好绩效考评工作的意见》。
- 《中国银监会关于印发银行金融机构绩效考评监管指引的通知》。
- 《中国银行业监督管理委员会关于印发<商业银行稳健薪酬监管指引>的通知》。

（3）保险业企业适用法规

- 中国保险监督管理委员会《关于进一步规范保险专业中介机构激励行为的通知》。
- 中国保险监督管理是委员会《关于严格规范保险专业中介机构激励行为的通知》。
- 证券企业适用法规

证券公司股权激励约束机制管理规定。

6. 其他相关法规

其他可能有关股权激励的特殊法规，读者可根据需要进行延展学习。

（1）外经贸企业员工持股法规。

- 《国务院对<外经贸股份有限公司内部职工持股试点暂行办法>的批复》。
- 《对外贸易经济合作部关于外经贸企业内部职工持股试点过程中选择律师、注册会计师、资产评估师的指导意见》。

（2）电力企业员工持股法规

《国务院国有资产监督管理委员会、国家发展和改革委员会、财政部、国家电力监管委员会关于印发<关于规范电子系统职工投资发电企业的意见>通知》。

（3）定向募集企业员工持股法规

《定向募集股份有限公司内部职工持股管理规定》。

（4）外汇企业员工持股法规

《国家外汇管理局关于境内个人参与境外上市公司股权激励计划外汇管理有关问题的通知》。

以上股权激励实施过程中必须了解的法律政策基于本章写作时间点法律法规的环境；之所以未对法律法规的最新版本号进行标注，是担心可能本书在出版过程中法律法规的动态调整引发内容适时更新的问题，还望读者海涵。

7.3　实施股权激励项目必须了解的财务知识

成为股权激励项目实施专家，不仅需要了解有关财税的具体知识，更重要的是学会运用财务思维和视角全面分析企业，根据企业所需，为企业定制最适合其未来发展的个性化股权激励方案。

所以，我们有必要学习一些基础的财务知识，逐步养成用财务的思维从不同的视角分析企业质量和竞争力的习惯。只有运用财务的思维和计值方法，才可能把不同行业、不同规模、不同发展阶段的企业放在一起进行分析与比较，为企业各项决策提供依据。

1．财务与会计的区别

财务与会计的区别，体现在七个方面：概念不同、职能作用不同、依据不同、面向的时间范围不同、目的和结论不同、影响其结果的因素不同、分类不同。

（1）概念不同

财务是在企业一定的整体目标下，关于资产的购置、投资、融资和管理的决策体系。

会计是以货币为主要计量单位，采用专门的方法，对单位经济活动进行完整、连续、系统地核算和监督， 通过对交易或事项确认、计量、记录、报告，并提供有关单位财务状况、经营成果和现金流量等信息资料的一种经济管理活动。

换言之，财务更注重企业经营的过程管理；会计则更注重对企业经营事实的反映。财务需要关注的是企业经营数据的动态变化，会计则更需要关注某一时间点企业经营成果的静态反映和记录。

（2）职能作用不同

对企业而言，会计的基本职能是核算和监督，侧重于对资金流向的反映和监督。而财务的基本职能是预测、决策、计划和控制，侧重于对资金的组织、运用和管理。

（3）依据不同

会计核算的依据是国家统一的会计制度；具体会计政策、会计估计的选用是由企业根据国家统一会计政策，结合企业实际情况选定的。而财务管理的依据则是在国家政策法律允许范围内，由企业制定内部财务管理办法，企业享有独立的理财自主权和决策权。

（4）面向的时间范围不同

会计更多面向过去，必须以过去的交易或事项为依据，对过去的交易或事项进行确认和记录。

财务则更注重未来，是基于一定的假设条件，在对历史资料和现实状况进行分析及对未来情况预测和判断的基础上，为企业提供决策依据。经济业务或事项应不应该发生、应发生多少，是财务需要考虑的问题。

（5）目的和结论不同

会计的目的是要得出一本“真账”，结论具有合法性、公允性、一贯性，相对财务而言结论是“死的”；不同的人对相同的会计业务进行核算，在所有重大方面不应存在较大的出入。

财务的目的在于使企业财富的最大化或价值最大化，其结论相对会计而言是“活的”，它没有极值，只有恰当的、合理的结果，其结果不是唯一的。不同的人在不同的时期，由于经验、取舍、偏好等的不同，得出的结论可能差异较大。

（6）影响其结果的因素不同

会计的结论主要受会计政策和会计估计的影响。企业选定的会计政策、会计估计既受到国家统一会计制度的限制，同时受到会计人员专业判断能力的制约。

财务管理目标实现的程度，主要受到企业投资报酬率、风险，以及投资项目、资本结构和股利分配政策的影响。

（7）分类不同

会计通常面向企业内部，包括财务会计（对外报告会计）和管理会计（对内报告会计）等。财务则根据资本提供的角度，分为出资人财务和经营者财务。

在股权激励项目实施过程中，有些环节需要财务视角的前瞻性和过程性；也有些数据需要会计提供不同时间点企业经营的客观结果；学会区分财务和会计，实施股权激励项目将事半功倍。

2．财务工作的法律依据

财务工作的开展主要法律依据包括但不限于《企业财务通则》，我们需要在认真学习《企业财务通则》的前提下，根据自己所服务的企业的特征进行延展学习：金融企业财务规则、行政单位财务规则、事业单位财务规则、基本建设财务规则，以及各省财务规则等。认真学习《企业财务通则》，不仅对企业财务工作的重点方向有全面的了解，更重要的是从各项关键规定条款中了解到企业管理的核心是资本的管理；资本管理的核心是资金的管理；资金管理的核心是经营过程的管理；经营过程管理的核心是资金流的管理。

而股权激励项目在企业得以成功实施的重要条件是，企业有相对成熟、规范且合法的财务管理体系。以下是我摘录的《企业财务通则》中的重点内容，企业可根据此框架建立并完善财务管理体系。

（1）总则

《企业财务通则》立法目的是为了加强企业财务管理，规范企业财务行为， 保护企业及其相关方的合法权益，推进现代企业制度建设；企业财务管理应当按照制定的财务战略，合理筹集资金，有效营运资产，控制成本费用，规范收益分配及重组清算财务行为，加强财务监督和财务信息管理。

（2）企业财务管理体制

企业实行资本权属清晰、财务关系明确、符合法人治理结构要求的财务管理体制。

（3）资金筹集

企业可以接受投资者以货币资金、实物、无形资产、股权、特定债权等形式的出资。其中，特定债权是指企业依法发行的可转换债券、符合有关规定转作股权的债权等。

（4）资产营运

企业应当根据风险与收益均衡等原则和经营需要，确定合理的资产结构，并实施资产结构动态管理。

（5）成本控制

企业应当建立成本控制系统，强化成本预算约束，推行质量成本控制办法，实行成本定额管理、全员管理和全过程控制。

（6）收益分配

投资者、经营者及其他职工履行本企业职务或者以企业名义开展业务所得的收入，包括销售收入及对方给予的销售折扣、折让、佣金、回扣、手续费、劳务费、提成、返利、进场费、业务奖励等收入，全部属于企业。

（7）重组清算

企业通过改制、产权转让、合并、分立、托管等方式实施重组，对涉及资本权益的事项，应当由投资者或者授权机构进行可行性研究，履行内部财务决策程序，并依法组织开展清算工作。

（8）信息管理

企业可以结合经营特点，优化业务流程，建立财务和业务一体化的信息处理系统，逐步实现财务、业务相关信息一次性处理和实时共享。并逐步创造条件，实施统筹企业资源计划，全面整合和规范财务、业务流程，对企业物流、资金流、信息流进行一体化管理和集成运作。

（9）财务监督

企业应当依法接受主管财政机关的财务监督和国家审计机关的财务审计。

经营者在经营过程中违反本通则有关规定的，投资者可以依法追究经营者的责任。

企业应当建立、健全内部财务监督制度。

3．会计工作的法律依据

开展会计工作的法律依据主要为《中华人民共和国会计法》，以及会计准则、企业财务会计报告条例和其他相关管理办法。以下为与股权激励项目实施有关的《中华人民共和国会计法》学习重点提示：

（1）总则

《中华人民共和国会计法》的立法目的是为了规范会计行为，保证会计资料真实、完整，加强经济管理和财务管理，提高经济效益，维护社会主义市场经济秩序。

（2）会计核算

下列经济业务事项，应当办理会计手续，进行会计核算。

- 款项和有价证券的收付。
- 财物的收发、增减和使用。
- 债权债务的发生和结算。
- 资本、基金的增减。
- 收入、支出、费用、成本的计算。
- 财务成果的计算和处理。
- 需要办理会计手续、进行会计核算的其他事项。

（3）公司、企业会计核算的特别规定

公司、企业必须根据实际发生的经济业务事项，按照国家统一的会计制度的规定确认、计量和记录资产、负债、所有者权益、收入、费用、成本和利润。

（4）会计监督

各单位应当建立、健全本单位内部会计监督制度。单位内部会计监督制度应当符合下列要求。

- 记账人员与经济业务事项和会计事项的审批人员、经办人员、财物保管人员的职责权限应当明确，并相互分离、相互制约。
- 重大对外投资、资产处置、资金调度和其他重要经济业务事项的决策和执行的相互监督、相互制约程序应当明确。
- 财产清查的范围、期限和组织程序应当明确。
- 对会计资料定期进行内部审计的办法和程序应当明确。

（5）会计机构和会计人员

各单位应当根据会计业务的需要，设置会计机构，或者在有关机构中设置会计人员并指定会计主管人员；不具备设置条件的，应当委托经批准设立从事会计代理记账业务的中介机构代理记账。

（6）法律责任

企业法律责任：罚款，情节严重构成犯罪的，追究刑事责任；财务工作人员法律责任：取消资格，构成犯罪的，追究刑事责任。

（7）附则提示

单位负责人，是指单位法定代表人或者法律、行政法规规定代表单位行使职权的主要负责人。

国家统一的会计制度，是指国务院财政部门根据本法制定的关于会计核算、会计监督、会计机构和会计人员及会计工作管理的制度。

4. 运用财务思维提升公司股权价值

在企业咨询实践中，我会站在投资方的角度用财务思维来全面分析企业的投资价值，从各个方面帮助企业提升未来股权投资的价值；我会用企业不同时期的会计数据分析结果来与内部管理者共同商讨有关企业未来发展的各个业务模块或单元提升的方向和策略选择。

相对于投资方而言，在风险相对可控的前提下，投资回报周期和投资回报率是其关心的指标。而一家企业是否具有投资价值，是由其股权未来的增值潜力决定的；而企业的各项财务经营数据及动态变化的趋势共同影响股权价值的估值。我们可以从财务思维的角度，用以下六项关键指标来综合判断企业股权增值的潜力大小。如表 7-1 所示。

表 7-1

关键项	分析项目	竞争策略
	现金占比	尽量高
资金	应收账款占比	尽量低
	存货占比	尽量低
资金	预付款占比	尽量低
	运营占比合计	尽量占总资产高
资产	固定资产占比	尽量低
	无形资产占比	合规/合理
	股权投资占比	合理的规划内投资
	投资占比	尽量低于同行业
负债	经营负债占比（欠）	在建立契约的前提下欠款代表上游谈判力
	金融负债占比（借）	合理的比率（息前利润倍数适宜）
	资产负债率	关键看借的还是欠的
营业	营业周期（天）	天数越少，速度越快，效率越高
	剩余折旧年限（年）	越少代表设备越旧
	剩余摊销年限（年）	无形资产价值
利润	毛利率	高于同行业中的企业或对标公司代表竞争力
	营业税金率	不高于同行业中的企业
	销售费用率	不高或低于同行业中的企业
	运营利润率	高于同行业中的企业则更有优势
	管理费用率	不高于或低于同行业中的企业
	净利润率	高于同行业中的企业且稳定持续增长

续表

基本	总资产（亿元）	尽量比同行业中的企业少
	销售收入（亿元）	高于同行业中的企业及对标公司
	总资产周转率	快于同行业的平均水平

（1）从基本面看速度

从企业的资产及销售收入来判断其总资产的周转率是否快于同行业平均水平或竞争对手；同等规模的资产，周转速度越快其未来增值潜力就越大。

（2）从利润角度看未来增长潜力

从企业利润相关的所有指标来综合判断其未来利润的增长潜力；站在财务角度来说，在营收不变的情况下，其毛利率越高，营销推广费用及管理费用越低，利润空间则越大。

（3）从营业看管理效率

与营业相关的重要指标是营业周期天数，即从采购原材料到库存；从库存到在产品；从在产品到产成品；从产成品到销售；从销售到收回货款；整个过程所用的天数之和是否比竞争对手少，营业周期天数越少，经营效率则越高。通常情况下，行业内都有参考值，如制造业平均周期一般为 90 天，高于此值则有必要进行优化提升。

（4）从负债结构看竞争力

分析负债的具体债务是企业在经营过程中欠上游供应商的钱，还是在融资过程中欠债权人的钱。金融负债占比高，投资风险相对较大。在建立契约前提下保持合理的经营负债，则表明公司在产业链竞争中的优势明显。

（5）从资产结构分析投资回报周期

主要分析其资产的结构，尤其是运营资产的比重决定了资产的轻、重程度；同等营收增长潜力的公司，总资产越少投资价值越大。

（6）从资金面评估抗风险能力

从与资金相关的几个指标，综合判断公司的竞争水平及资金管理能力。相对充足的日常流动现金；风险可控的应收账款占比；合理的预付款占比；在保持销售增长的前提下，不断降低存货量等。

以上指标的综合分析的结果，将直接影响企业未来的股权价值。企业可以根据融资目标，从以上六个方面中的各项财务指标入手，通过从点到面的全面优化，不断提升企业的股权价值。也可以将股权激励的期待与股权价值目标直接挂钩，根据这些指标制订具体的工作计划。

在企业实施股权激励项目的过程中，我们经常会面临财务和会计的重要工作责任划分和接口人确定问题。作为项目咨询专家，清晰地区分财务和会计在企业中发挥的不同作用，并在工作中明确哪些信息需要向财务人员获取，哪些数据需要会计提供，尽最大努力获得他们的反馈和支持，股权激励项目实施过程中所必需的财务数据和决策才会更快得到肯定的答案，而这一过程对推进项目的进展起到至关重要的作用。

所以，你可以不懂会计，但不可以没有财务思维。

后　记

感谢您选择我的书。很多时候，我也是读者；我愿意设身处地地理解每位读者，当我们选读一本书时，不仅仅是选择书中的内容，更重要的是选择了一种价值观；一种从书的字里行间所流露出的思维方式；一种从始至终贯穿整本书的作者的思想乃至人生哲学。

我在创作本书的过程中，深有体会的是：其实写书真的比讲课还要难。而且这种难是我预料之外的。我一直以为，我的脑子里装着股权激励整体知识架构，加之为企业提供咨询服务的实战经验，写书应该是顺理成章的事情。但事实上，书作为一种表达载体，其本身就具有局限性，尤其是非彩印版面，我的资源只有文字和黑

白图片，需要更缜密的逻辑能力和语言组织能力。

期待有一天我们不期而遇，能和您在一个环境优雅的咖啡厅里相对而坐，倾听您阅读本书后的感受，认真回答您的问题，接受您对本书提出的宝贵意见和建议！

读者服务

微信扫码回复：38549

- 获取博文视点学院 20 元付费内容抵扣券
- 获取免费增值资源
- 获取精选书单推荐